Carsten Bothe

LEDERNÄHEN

Neue Projekte

Land & WERKEN

HEEL

HEEL Verlag GmbH
Gut Pottscheidt
53639 Königswinter
Tel.: 02223 9230-0
Fax: 02223 9230-13
E-Mail: info@heel-verlag.de
www.heel-verlag.de

Autor: Carsten Bothe
Satz und Gestaltung: gb-s Mediendesign, Königswinter
Coverdesign: Axel Mertens, Königswinter
Lektorat: Helge Wittkopp

Fotos: © Carsten Bothe
Mit Ausnahme von
© stock.adobe.com:
NorGal (U1 o), Eky Chan (U1 M), Iricat (U1 rundes Leder), simone_n (U1 u), 123creative (U4 Hintergrund), emevil (S. 4/5), Sven Käppler (S. 30)

Printed in Slovakia

ISBN: 978-3-96664-124-1

Hinweis

Bei der Beschreibung der Tätigkeiten haben wir uns aus Gründen der leichteren Lesbarkeit für die Ausführung für Rechtshänder entschieden. Linkshänder müssen entsprechend umgekehrt arbeiten.

Liebe Leser,

Ledernähen ist ein Thema, das immer mehr Verbreitung findet und das als Hobby mit wenig Aufwand und Investitionen begonnen werden kann. Zusätzlich macht es Spaß, man schafft etwas Individuelles und es macht auch keinen Dreck. Ideal also, um auch am heimischen Küchentisch tolle Ledererzeugnisse zu fertigen, die individuell, langlebig und nachhaltig sind.

Wer schon Erfahrungen mit Leder als Werkstoff hat, der wird in diesem Buch weitere Anregungen finden und als Einsteiger findet man in der Kategorie „einfache Projekte" gute Anleitungen für den Start. Dabei geht es nicht so sehr darum, ein vorgestelltes Projekt eins zu eins nachzubauen, sondern darum, sich daran zu orientieren und etwas Eigenes zu schaffen. Die Methoden sind daher bei jedem Projekt genau beschrieben. Bei der Schürze geht es beispielsweise nicht darum, dass Sie meine vorgestellten Schritte genau nachmachen, sondern ich möchte Ihnen zeigen, wie Sie Ihr eigenes Schnittmuster entwickeln und warum etwas in einer bestimmten Weise konstruiert wird und nicht anders. Mit diesem Wissen können Sie dann kreativ tätig werden und eine maßgeschneiderte Schürze Ihr Eigen nennen.

Für Ihre Leder-Projekte wünsche ich Ihnen viel Erfolg und Spaß am Handwerk und freue mich auf Rückmeldungen oder Fragen, die Sie mir gerne an info@carstenbothe.de senden können.

Herzlichst, Ihr

Carsten Bothe

Inhalt

LEKTION 1

Erste Schritte – Werkzeug

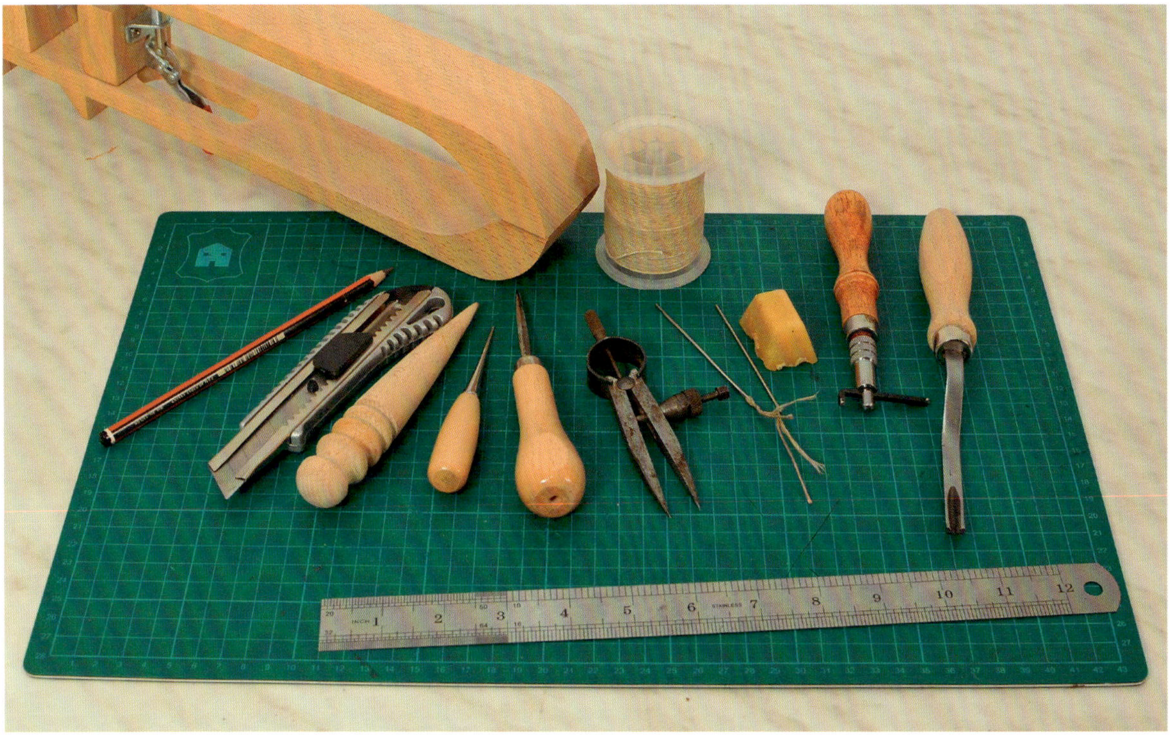

Mit diesen wenigen Werkzeugen lassen sich bereits ansehnliche Lederprojekte verwirklichen

Für das professionelle Ledernähen benötigen Sie eine gewisse Anzahl an Werkzeugen. Mit einer Ahle, zwei Nadeln, einer Rolle Garn und einem scharfen Cutter sind Sie aber im Hobbybereich bereits gut ausgestattet und alles andere lässt sich improvisieren. Beispielsweise können Sie das Leder zum Nähen in einen Schraubstock spannen, die Nähte mit dem Zirkel aus der Schulzeit anzeichnen und die Kanten mit einem Werkzeuggriff polieren. Besser und professioneller werden die Ergebnisse, wenn Sie nach und nach spezialisierte Arbeitsgeräte kaufen. Im Folgenden finden Sie eine Übersicht über die gebräuchlichsten Werkzeuge.

Arbeitsplatz

Das Schöne am Ledernähen ist die Tatsache, dass es kaum Dreck macht und auch keinen Krach, so dass Sie sogar einfach Ihren Küchentisch als Arbeitsplatz nutzen könnten. Sie benötigen beim Arbeiten aber immer ausreichend diffuses Licht aus allen Richtungen. Das ist besonders beim Punzieren wichtig, weil dort immer eine Hand oder ein Werkzeug einen Schatten wirft. Der Tisch sollte stabil sein und ausreichend Platz bieten, um auch eine große Haut auszubreiten, wenn Sie beispielsweise Muster auslegen oder Riemen abschneiden wollen.

Schneidunterlage

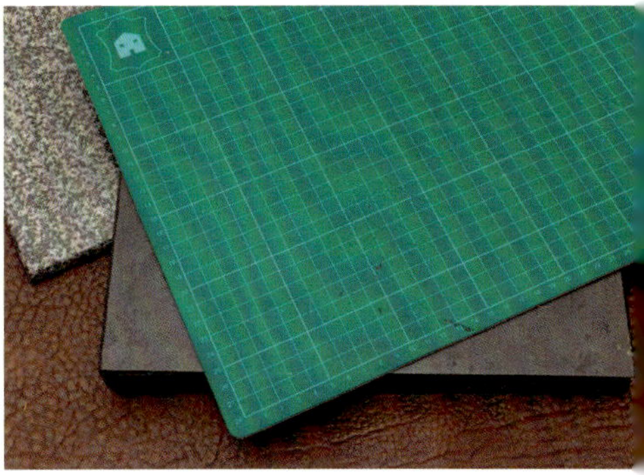

Viele Dinge werden Sie auf einer Schneidunterlage ausschneiden müssen. Daher ist eine große Bastel-Unterlage unerlässlich. Am besten sind „selbstheilende" Schneidunterlagen geeignet, die auch tiefe Schnitte mit einer glatten Oberfläche quittieren und Schlaggeräusche dämpfen. Zur Not geht auch erst mal ein Schneidbrett aus der Küche. Damit das Brett nicht verrutscht, hilft eine untergelegte Antirutschmatte, die Sie auch für andere Anwendungen während der Lederbearbeitung gut gebrauchen können.

Steinplatte

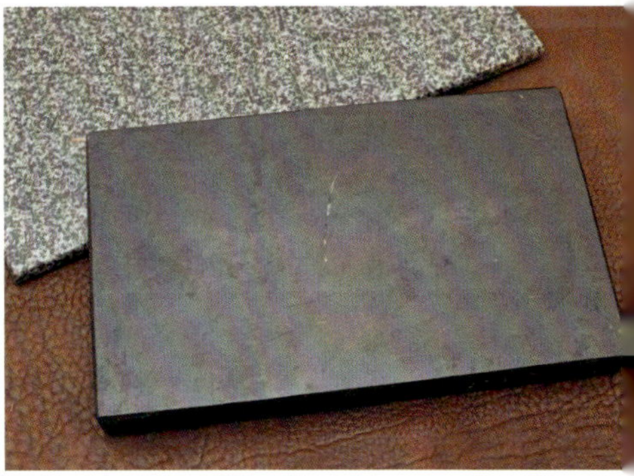

Für das Punzieren benötigen Sie eine solide Unterlage, die dem Punzierwerkzeug ein Widerlager bietet. Zwischen dieser Unterlage und dem Punzierwerkzeug wird das Leder verdichtet. Daher darf die Unterlage keinesfalls nachgeben. Polierte Steinplatten haben sich bewährt und sind mit etwas Glück günstig zu erwerben. Ich selbst nutze eine Platte von einem alten „Heißen Stein", aber auch Teile von Marmor-Fensterbänken sind geeignet. Die Platten müssen spiegelblank poliert und eben sein, um keine Abdrücke auf dem Leder zu hinterlassen. Das Gewicht ist ebenfalls entscheidend, denn je schwerer und größer die Platte ist, desto besser können Sie darauf arbeiten. Dafür brauchen Sie natürlich einen massiven Tisch, der weder wackelt noch nachgibt. Je größer die Steinplatte ist, desto dicker muss sie sein, um nicht durchzubrechen. Unter die Platte kommt eine Antirutschmatte, die es als Meterware zu kaufen gibt. Achten Sie darauf, dass gerade dünnere Platten immer satt und nicht hohl aufliegen, sonst brechen diese eventuell durch.

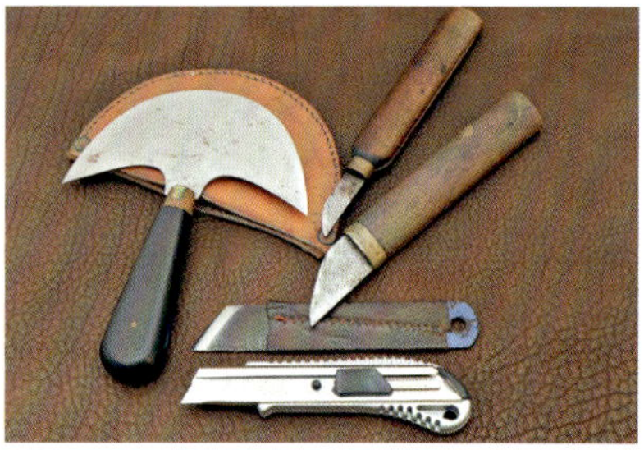

Messer

Für Profis gibt es die nicht gerade günstigen Halbmondmesser, deren Benutzung aber geübt werden muss. Einseitig angeschliffene Schustermesser mit einer schrägen Schneide sind für den Geldbeutel attraktiver. Nachteil dieser Messer ist aber, dass Sie sie selbst schleifen müssen – was nicht leicht ist. Für den Anfang sind einfache Cutter mit Klingen zum Abbrechen ideal und unschlagbar günstig.

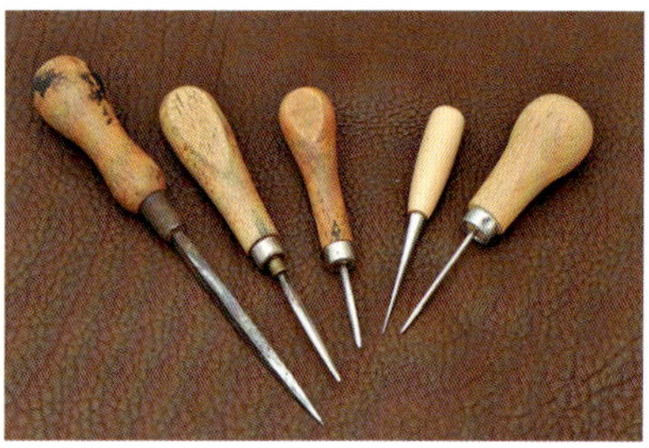

Ahle

Ohne Ahlen geht beim Ledernähen nichts. Sie brauchen zwei Arten, zum einen eine scharf geschliffene Schwertahle mit einem rautenförmigen Querschnitt und scharfen Seiten, und zum anderen eine Rundahle. Mit letztgenannter weiten Sie die Löcher, falls Sie zwei Stiche zurücknähen möchten, um die Naht abzuschließen, ohne Gefahrzulaufen, den Faden zu zerschneiden, wie es bei einer Schwertahle allzu leicht geschieht.

Die Schwertahle sollte einen Griff mit flachen Seiten besitzen, so dass Sie die Lage der Ahle und besonders der scharfen Schneiden intuitiv erfühlen. Auch sollten Sie die Ahle spiegelblank polieren, aber die Spitze nicht nadelspitz ausführen, sondern auf der Breite von einem Millimeter vorne abrunden und scharf anschleifen. So lässt sie sich leichter im Leder führen. Die Rundahle kann ein rundes Heft besitzen, hier ist die Ausrichtung egal.

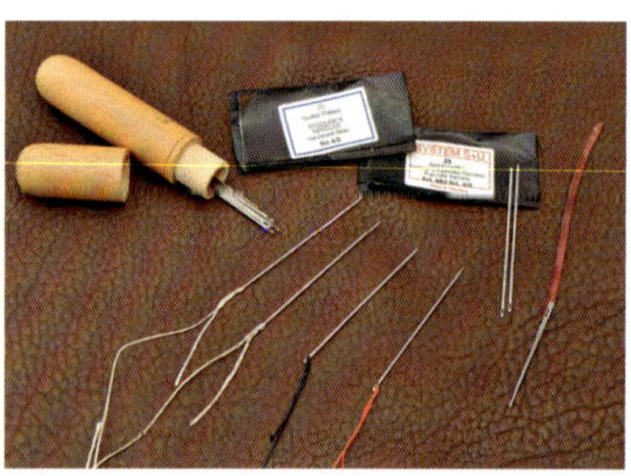

Nadel

Nadeln, die für das Ledernähen geeignet sind, besitzen eine runde, stumpfe Spitze, damit Sie sich nicht stechen und auch nicht so leicht in den anderen Faden stechen können. Damit die Nadeln nicht verloren gehen, können Sie immer den Rest des Fadens so lange in der Nadel lassen, bis Sie einen neuen Faden vorbereitet haben. Alternativ können Sie die Nadeln auch zwischendurch einfach in den Klotz Bienenwachs stechen (siehe S. 11).

Faden

Grundsätzlich gibt es zwei Arten: Naturfäden aus Flachs, Baumwolle oder Hanf, und dann Fäden aus Kunststoff. Ich persönlich benutze nur Naturmaterial, denn das fühlt sich gut an und passt für mich einfach besser zu dem natürlichen Material Leder. Naturfäden haben den Nachteil, dass sie sich maschinell nur schwierig verarbeiten lassen. Das liegt daran, dass sie in der Dicke und Rauigkeit schwanken, was bei der Handnaht aber keine Rolle spielt. Ein Vorteil von gedrehten Naturfäden ist, dass sie sich besser anspitzen und auffädeln lassen. Die Fäden sind aus mehreren Strängen zusammengedreht und lassen sich zum Auffädeln leicht aufdrehen, um die Nadel durchzustechen. Dafür ist die Farbauswahl eher bescheiden, viel mehr als schwarze, weiße und naturfarbene Fäden gibt es nicht.

Fäden aus Kunststoff – aber auch manche Sorten aus Baumwolle – sind nicht gedreht, sondern geflochten und heißen dann Forellenfaden. Sie lassen sich nicht zwischen den Fingern aufdrehen. Je nach Hersteller sind diese Fäden bereits gewachst und somit direkt bereit zum Nähen. Fäden aus Polyester gibt es in allen Farben des Regenbogens, sie eignen sich daher gut für Ziernähte.

Kunststofffäden können Sie recht einfach sichern, indem Sie zwei Stiche zurück nähen, den Faden von der Sichtseite noch einen weiteren Stich, und die Fäden dann auf der Rückseite des Werkstücks bis auf 5 mm abscheiden. Diesen 5-mm-Rest schmelzen Sie anschließend mit einem Feuerzeug zu einer Kugel, die sicher verhindert, dass sich die Naht löst.

Die Fäden sollten 0,7 bis 1 mm stark sein – bei Leder von 4 mm Stärke ist das ein gutes Verhältnis von Faden- und Lederstärke. Ein zu dünner Faden schneidet ein und hält nicht richtig, ein zu dicker Faden erfordert zu große Löcher, die das Leder schwächen.

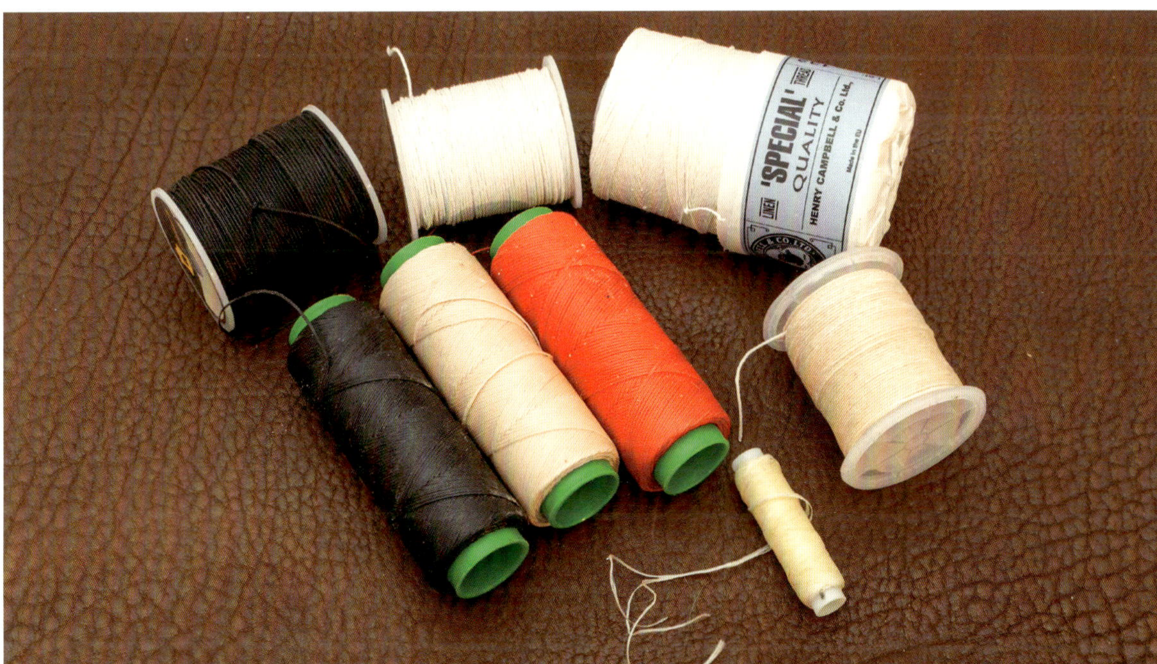

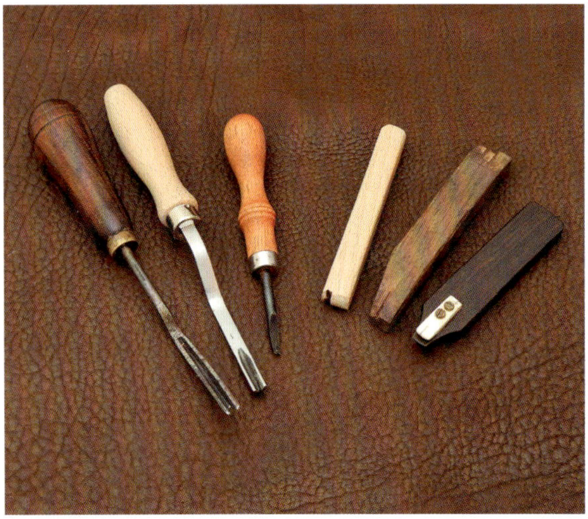

Reifelholz und Kantenzieher

Neben der Lederoberfläche, die man sieht, wirkt ein Werkstück auch durch die saubere Bearbeitung der Kante. Um eine rechtwinklig zur Oberfläche geschnittene Kante in Form zu bringen, ziehen Sie zunächst mit dem Reifelholz eine Zierrille in die Hautseite. Dafür gibt es verschiedene Werkzeuge, von Metallkonstruktionen über speziell zurechtgeschliffene Holzstücke bis zu Werkzeugen mit Knocheneinsatz. Die Funktionsweise ist aber immer gleich: Ein Teil hält den Abstand zur Kante, indem man das Werkzeug so an der Kante entlangführt, dass der Abstandshalter sauber anliegt. Der andere Teil drückt die Kerbe ein. Beim Ziehen dieser Linie kommt es darauf an, erst mit wenig Druck zu arbeiten und sich dann schrittweise vorzuarbeiten und dabei nach und nach den Druck zu erhöhen, bis Tiefe und Farbe wie gewünscht ausgearbeitet sind.

Mit dem Kantenzieher brechen Sie die Kante, indem Sie einen Teil des Leders im 45-Grad-Winkel abschneiden. Der Kantenzieher sollte so ausgewählt werden, dass er etwa ¼ der Lederdicke jeweils auf der Haut- und Fleischseite abträgt. Zu diesem Zweck gibt es im Handel verschiedene Breiten an Kantenziehern.

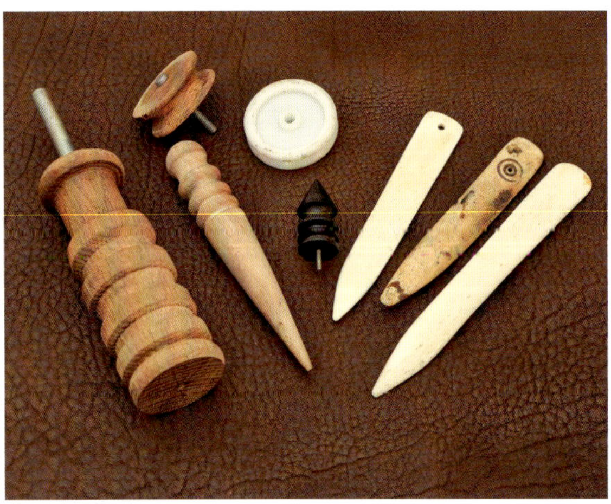

Polierholz und Falzbein

Um die Kanten vom Leder zu polieren, benötigen Sie ein Polierholz. Das ist ein rundes Werkzeug, in das verschieden breite Rillen eingedrechselt sind. Sie streichen mit diesen Rillen über die Kante und mit etwas Gefühl, dann Kraft und Geschwindigkeit, wird die Kante abgerundet und poliert.

Alternativ können Sie auch ein aus Knochen gefertigtes Falzbein nutzen. Mit diesem ist es etwas schwieriger, aber auch möglich. Ein Vorteil ist, dass Sie mit der Spitze des Falzbeines auf der Hautseite des Leders Linien anzeichnen und mit der runden Seite auch wieder „wegradieren" können.

Nähkloben

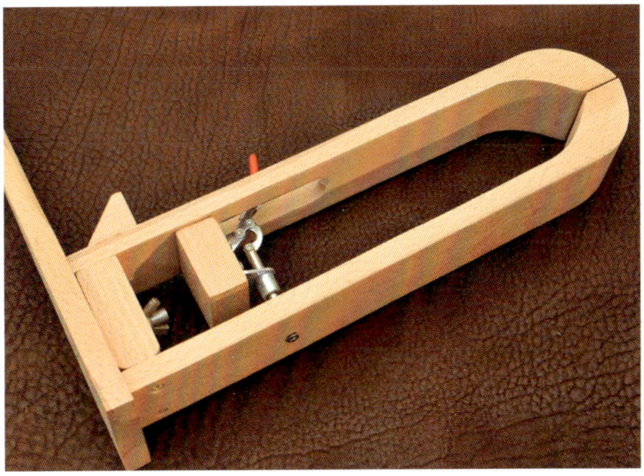

Um Leder sicher und präzise zu nähen, ist ein Nähkloben – auch Nähpony genannt – zwingend erforderlich. Inzwischen gibt es diese auch für den Hobby-Sattler bei vielen Lederhändlern im Internet zu kaufen. Wichtig ist, dass Sie dieses Werkzeug sicher und solide befestigen – beispielsweise mit zwei Schraubzwingen am Tisch. Sie können einfache Modelle aufwerten, indem Sie die Klemmbacken mit dünnem Leder bekleben.

Sonstiges

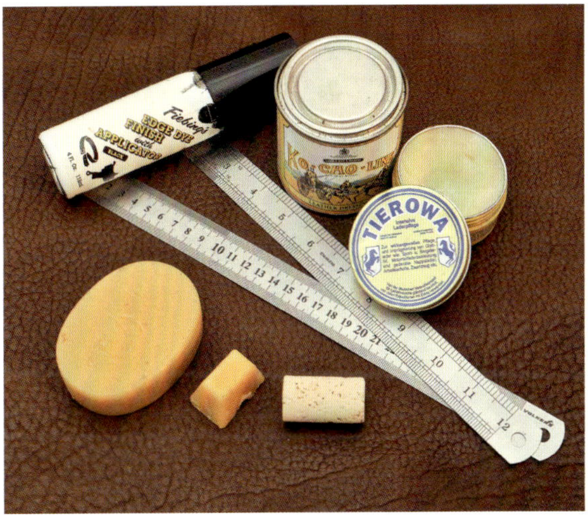

Ein **Metalllineal** ist hilfreich, um gerade Linien anzuzeichnen und auch zuzuschneiden. Sollte das Lineal auf dem Leder zu sehr rutschen, dann können Sie die Unterseite einfach mit feinem Sandpapier bekleben.

Sie sollten einige **Korken** bevorraten, um die Ahlen beim Transport zu schützen. Auch können Sie damit Ihre Hände schützen, wenn die Ahle einmal nicht problemlos durch dickes Leder gleitet. Halten Sie dafür einen Korken von der anderen Seite gegen das Werkstück, sobald die Spitze der Ahle erscheint, sticht diese höchstens in den Korken und nicht in Ihren Finger.

Um einen Naturfaden vorzubereiten, brauchen Sie einen Klotz **Bienenwachs**. Ein Stück so groß wie ein Seifenstück reicht aus. Mit dem Wachs können Sie auch die Lederkanten einreiben und so polieren.

Wenn Sie die Kante einfärben wollen, brauchen Sie **Kantenfarbe**. Diese gibt es mit einem Applikator, so geht es sauber und schnell, oder in kleinen Kanistern, aus denen sie mit einem großen Wattestäbchen die Farbe entnehmen müssen. Kantenfarbe geht nur schwer wieder aus Textilien raus und Sie sollten sehr achtgeben, diese kleinen Behälter nicht auf dem Küchentisch umzuwerfen. Sie können eine flache Schüssel mit Sand füllen und den Farbbehälter hineindrücken – das verhindert das Schlimmste.

Nach der Fertigstellung sollten Sie das Werkstück schützen. **Lederfett** oder andere handelsübliche Pflegeprodukte gibt es in vielen Varianten auf dem Markt. Diese unterscheiden sich aber in der Art und Weise, wie das Leder nachdunkelt. Sie sollten darum vorher an einem Abschnitt testen, ob Ihnen das Ergebnis zusagt. Denn wenn es zu dunkel sein sollte, dann lässt es sich nicht mehr korrigieren.

LEKTION 2

Ledersorten, die Sie wirklich brauchen

Bei Leder gibt es gewaltige Unterschiede in der Art und Weise der Gerbung. Weltweit wird das meiste Leder für die industrielle Verarbeitung gegerbt. Meist handelt es sich dabei um minderwertige Häute, die mit chemischen Substanzen gegerbt wurden. Sie sind meist so dünn, dass sich keine vernünftige Handnaht anbringen lässt. Darum ist es auch für die Projekte, die in diesem Buch beschrieben werden, nicht geeignet.

Im Wesentlichen brauchen Sie für die Projekte die folgenden Ledersorten.

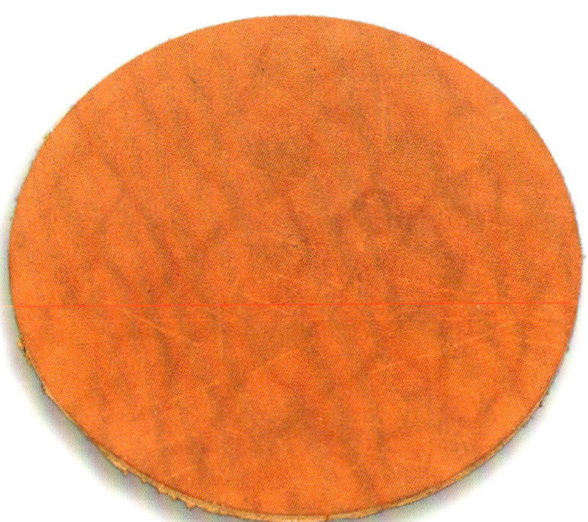

Fett-/Sattelleder

Fett- bzw. Sattelleder ist eine dicke Rinderhaut, die vegetabil gegerbt wurde und quasi fertig zubereitet ist, also keine spätere Fettung oder Oberflächenbehandlung braucht. Sie benötigen es, wenn Sie einen einfachen Gürtel oder Hosenträger fertigen wollen. Dieses Leder lässt sich nur schlecht punzieren, sondern wird meist so verwendet, wie es ist.

Chromleder

Chromleder ist eine sehr strapazierfähige Ledersorte, die auch mit weiteren Features ausgestattet sein kann, wie beispielsweise mit einer wasserabweisenden Beschichtung. Es findet als Möbelleder oder für derbe Schürzen Verwendung. In diesem Buch ist die Lederschürze aus Chromleder gefertigt, weil es weich fällt und sich Flecken einfach abwischen lassen.

Blankleder

Blankleder, auch Fahlleder genannt, ist im Grunde das gleiche Leder wie Fettleder. Der Unterschied besteht darin, dass es noch unbehandelt ist. Darum saugt es sich wie ein Schwamm mit Wasser voll, was für das Punzieren notwendig ist. Dieses Leder lässt sich auch mit wassergebundenen Lederfarben oder Beizen einfärben. Blankleder ist jedoch sehr empfindlich und verfärbt sich, wenn es ungeschützt der Sonne ausgesetzt wird. Sie können aus diesem Leder alles fertigen, was Sie auch aus Fettleder fertigen können. Der Vorteil liegt in der Möglichkeit, es zu färben oder zu punzieren. Dafür müssen Sie es im Anschluss mit Fett oder anderen Pflegeprodukten wasserabweisend machen. Dabei dunkelt es je nach verwendetem Produkt mehr oder weniger nach, so dass Sie das Pflegeprodukt unbedingt vorher an einem Abschnitt testen sollten.

Sämischleder

Bei Sämischleder handelt es sich um die älteste Zurichtungsart. Es zeigt sowohl auf der Haar- als auch auf der Fleischseite eine gleichmäßige Oberfläche und ist als Bekleidungsleder, beispielsweise für bayerische Lederhosen, beliebt. Eigentlich ist es weiß bis leicht gelblich, kann aber auf einer Seite durch eingebürstete Farbe gefärbt sein. Es ist sehr weich und fällt eher wie ein schwerer Stoff. Es ist zu beachten, dass es keinen Stand wie andere Ledersorten hat.

Nähtechniken

„Eine gute Naht hält so lange wie das Leder"

Leder zu nähen ist der klassische Weg, um zwei Lederstücke miteinander zu verbinden. Kleben und Nieten sind erst später dazugekommen, um Produktionskosten zu sparen. Eine professionell aussehende und vor allem haltbare Sattlernaht können Sie bereits mit wenig Werkzeug und etwas Übung anbringen. Im Folgenden eine Auswahl von Nähten und Techniken, mit denen Sie schnell Erfolge erzielen.

Sattlernaht – zwei Lederstücke überlappend verbinden

Um zwei Lederstücke miteinander zu verbinden benutzt man eine sogenannte Sattlernaht. Dabei arbeitet man mit zwei Nadeln, die an jedem Ende eines Fadens angeschlauft werden. Durch das Bearbeiten mit Bienenwachs und gegebenenfalls Pech wird der Faden noch strapazierfähiger. Es verklebt in den Nahtlöchern, so dass sich die Naht nicht auflöst, falls ein Teil des Fadens durchgescheuert oder aufgetrennt werden sollte.

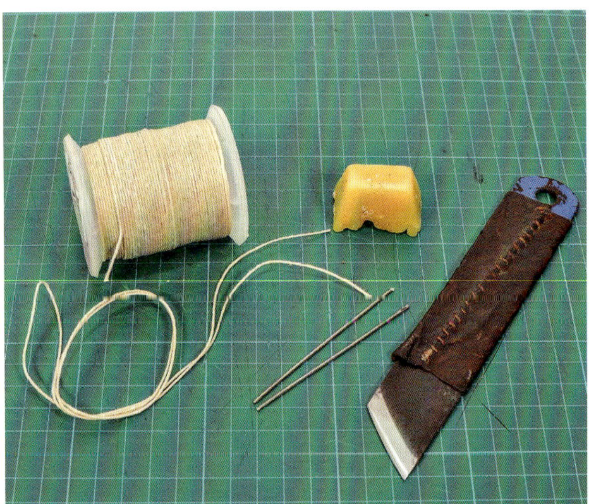

Vorbereiten von Nadel und Faden: Faden, zwei Nadeln, Bienenwachs und Messer

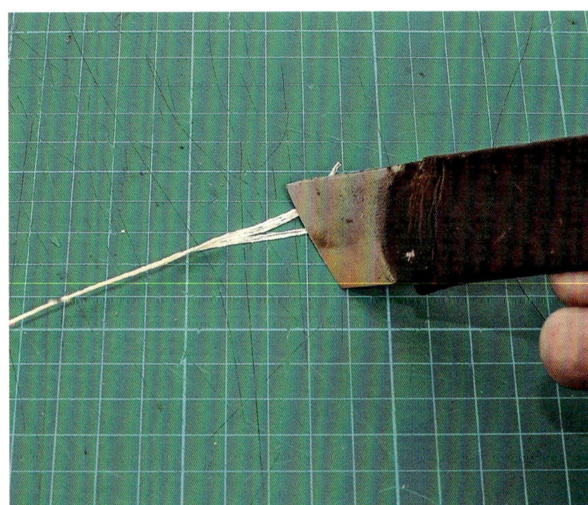

Ziehen Sie das Ende des Fadens unter der Messerklinge durch, um den Faden auszudünnen und so anzuspitzen

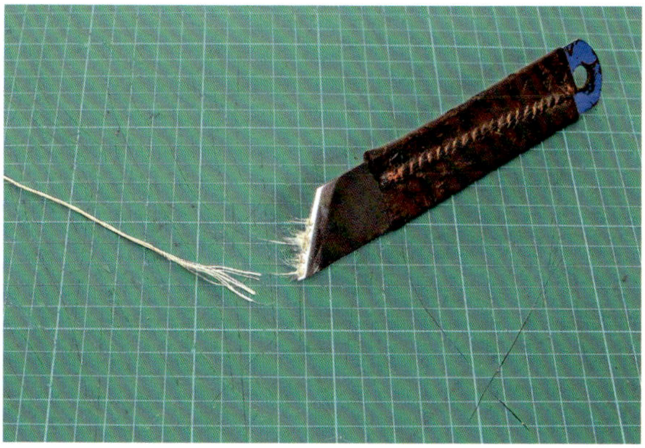

Hier sehen Sie die abgeschabten Fasern und den ausgedünnten Faden

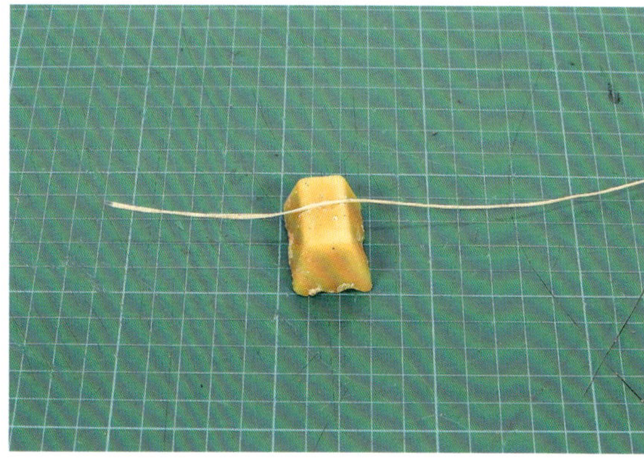

Ziehen Sie den Faden und besonders die Enden durch den Klotz aus Bienenwachs

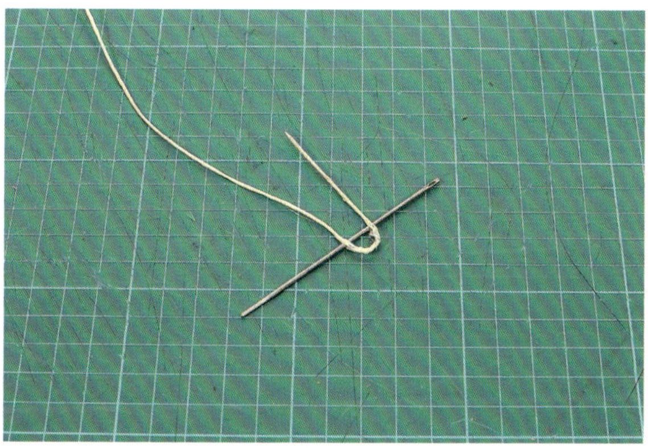

Stechen Sie vom Ende beginnend zweimal durch den Faden

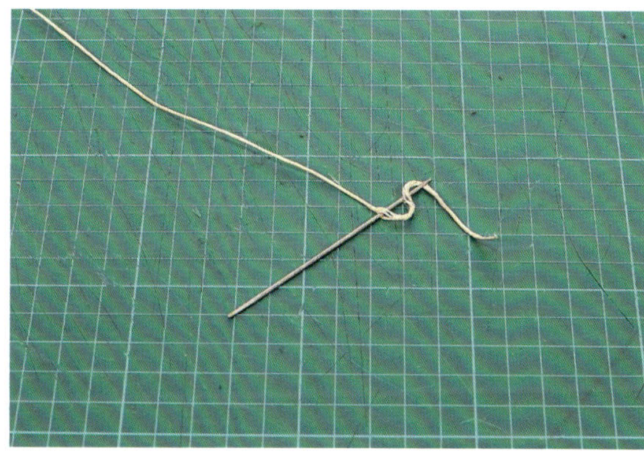

Schieben Sie den Faden zum Öhr der Nadel und fädeln Sie den Faden ins Öhr ein

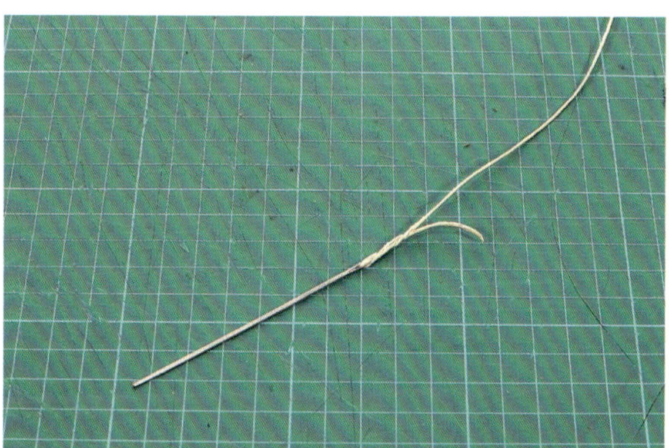

Wenn Sie jetzt am langen Ende vom Faden ziehen, verschlauft er sich so, dass er nicht wieder aus dem Öhr rutschen kann

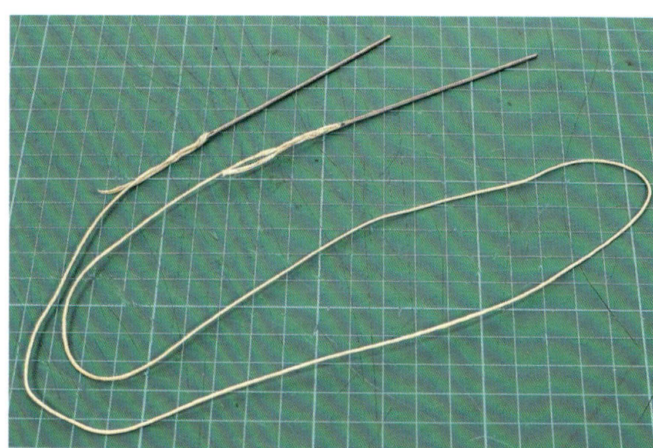

Die Nadeln werden an beiden Enden vom Faden angebracht

Vor dem Nähen müssen beide Teile miteinander verbunden und fixiert werden, entweder durch Kleber, durch eingeschlagene Metallpins oder dünne Eisennägel – die Stecknadeln des Sattlers. Bei letzterer Methode schlagen Sie die Nägel durch einige der angezeichneten Löcher, aber nicht ganz, sondern nur so weit, dass die beiden Stücke zusammenhalten. Mit einer Zange oder mit den Fingern ziehen Sie die Nägel dann bei Bedarf wieder heraus, sollten sie beim Nähen stören. Die Metallpins können Sie einfach mit der Hand ziehen.

Zunächst müssen Sie die beiden zu vernähenden Enden aneinander anpassen, indem Sie die Teile zuschneiden und passend aufeinanderlegen. Dann zeichnen Sie den gewünschten Verlauf der Naht an und heben mit dem Nahtversenker eine kleine Rille aus, in der der Faden verschwinden kann. So steht nichts über und der Faden kann nicht durchscheuern. Im Anschluss zeichnen Sie die Abstände der einzelnen Stiche an. Es hat sich bewährt, den Abstand der Stiche und den Abstand der Naht zum Rand sowie die Dicke des Fadens aufeinander abzustimmen. Der Abstand der Naht zum Rand sollte mindestens der einfachen bis der anderthalbfachen Lederdicke entsprechen. Ist das Leder also 4 mm stark, dann sollte der Abstand der Naht zum Rand 4–6 mm betragen. Der Abstand der Stiche sollte das Anderthalbfache der einfachen Lederstärke betragen. In diesem Fall also 6 mm. Bei dünnem Leder müssen Sie gegebenenfalls größere Abstände einplanen, um nicht zu dicht an den Rand zu kommen. Extrem dünnes Leder wird nicht mit der Sattlernaht genäht, sondern mit einer industriellen Nähmaschine, die in diesem Buch aber keine Berücksichtigung findet. Mit der Zeit bekommen Sie ein Auge dafür, was haltbar ist und was gut und ausgewogen aussieht.

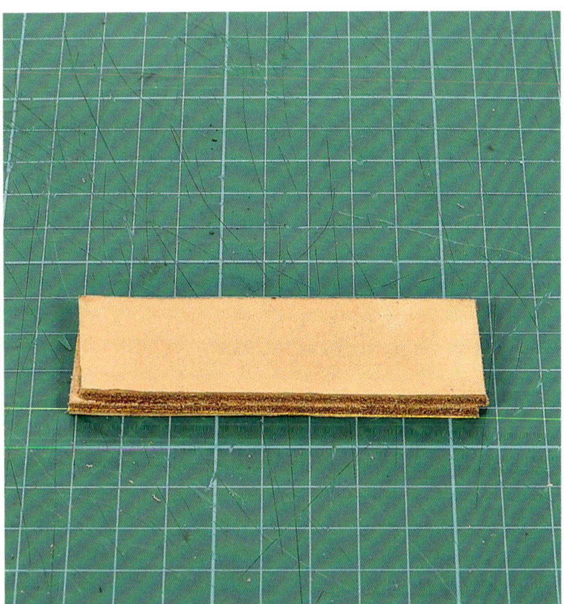

Zum Üben hilft es, die beiden Lederstücke aufeinander zu kleben

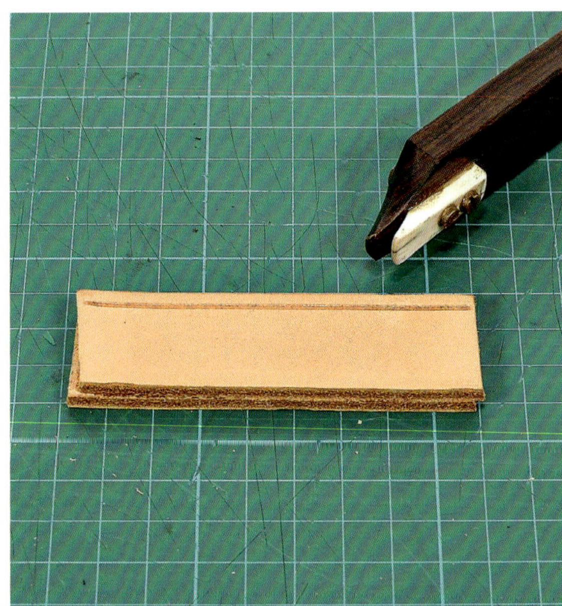

Ziehen Sie zunächst die Zierrille

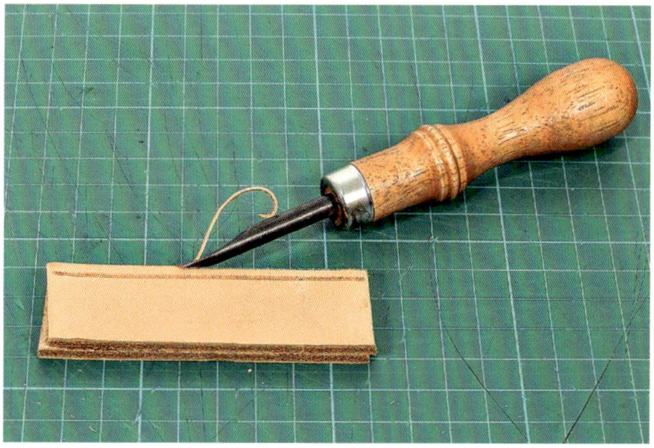

Brechen Sie dann die Kanten auf beiden Seiten (siehe S. 10)

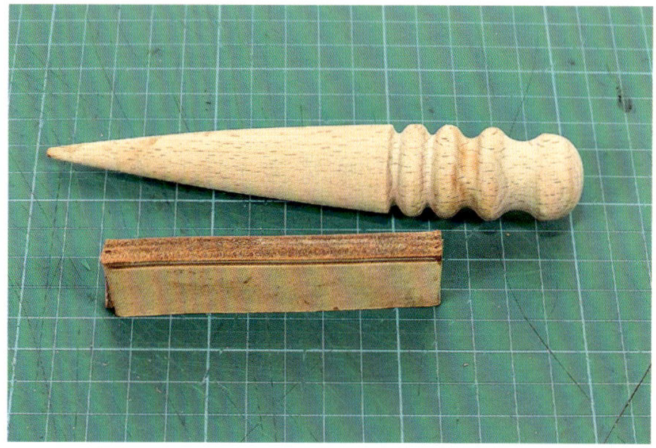

Mit dem Polierholz runden und glätten Sie die Kante

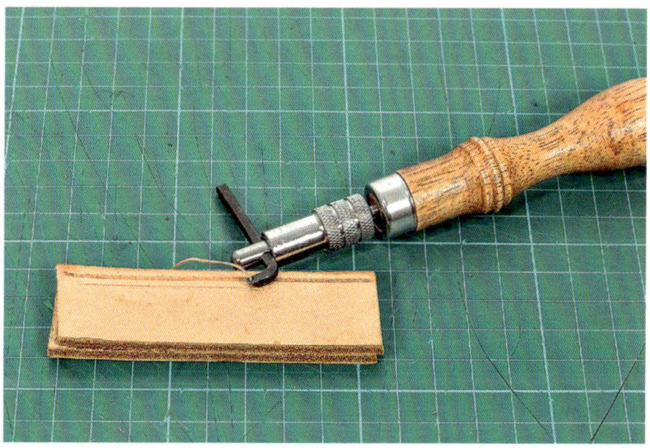

Mit dem Nahtausheber ziehen Sie eine Rille für die Naht

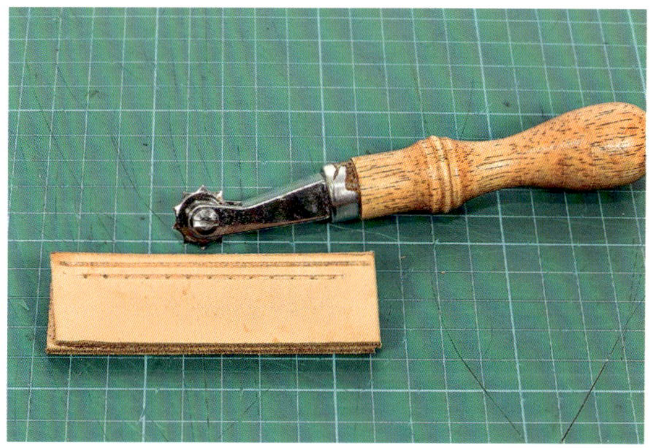

Markieren Sie den Abstand der Stiche mit einem Rädchen oder Stechzirkel

Das Werkstück wird so in den Nähkloben eingespannt, dass Sie auf sich zu arbeiten und die Vorderseite rechts liegt. So ist garantiert, dass Sie immer von der schönen Seite einstechen können. Zum Nähen benötigen Sie eine Schwertahle, die Sie als Rechtshänder mit der rechten Hand führen.

Stechen Sie dann das erste Loch, wobei Sie die Ahle so halten, dass die beiden Schneiden auf 2 und 8 Uhr liegen, wenn Sie von rechts auf das Werkstück schauen. Das schräge Einstechen sorgt dafür, dass sich einerseits die beiden Fäden besser und sauberer in die Naht legen lassen und andererseits, dass das Leder nur so wenig wie möglich geschwächt wird. Mit parallel zur Kante gestochenen Löchern würden sich die Löcher schnell zu einem durchgehenden Schwachpunkt entwickeln, an dem das Leder reißen kann.

Sobald das erste Loch gestochen ist, führen Sie eine Nadel hindurch und ziehen beide Seiten so an, dass die freien Enden gleich lang sind. Dann kommt das zweite Loch und jetzt fängt das Nähen an: Stechen Sie das Loch und halten Sie nach wie vor beide

Nadeln in je einer Hand, in der Rechten zusätzlich die Ahle, die Sie nicht mehr aus der Hand legen sollten. Stechen Sie dann die linke Nadel von links nach rechts durch das Loch, bis diese auf der rechten Seite zu ⅔ herausschaut. Legen Sie die rechte Nadel von unten quer unter die linke Nadel. Ziehen Sie so beide Nadeln nach rechts und drehen Sie die Hand, so dass Sie die rechte Nadel ebenfalls durch das Loch stechen können. Dabei müssen Sie den Faden, der von links kommt, zu sich ziehen, damit der Faden von rechts dahinter zu liegen kommt. Nur so erreichen Sie den leicht schrägen, treppenförmigen Sitz der Nähte.

Ziehen Sie die beiden Fäden stramm und es geht mit dem nächsten Loch weiter.

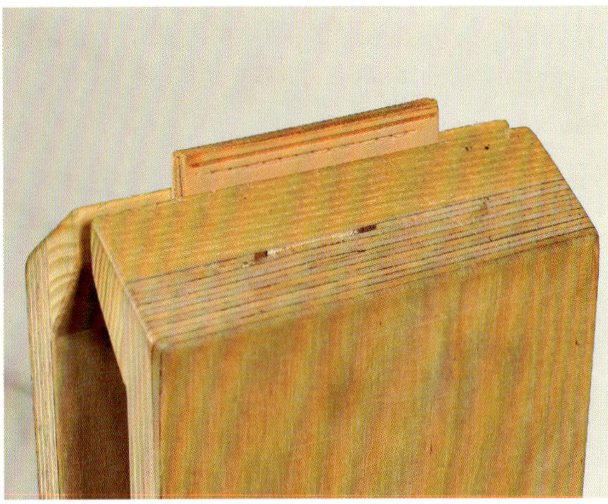

Spannen Sie das Werkstück zum Nähen in den Nähkloben

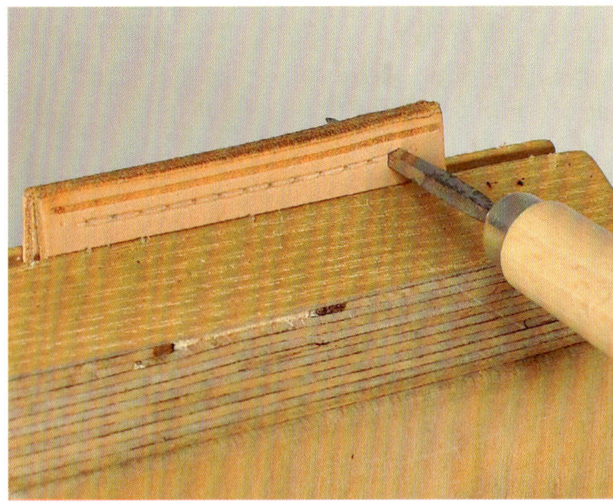

Stechen Sie das erste Loch am von Ihnen entfernten Teil des Werkstücks ein – Sie arbeiten auf sich zu

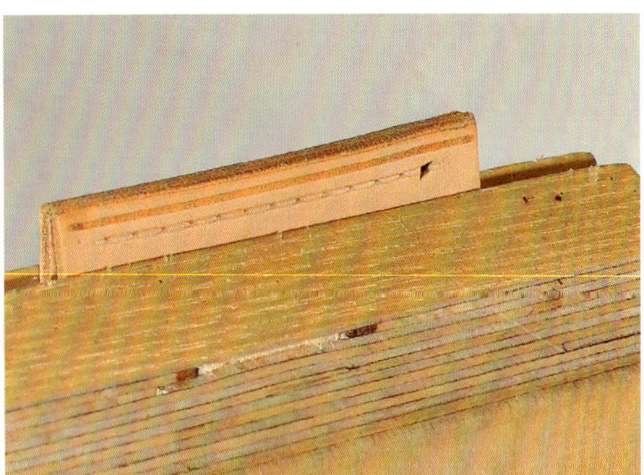

Stechen Sie das Loch im 45-Grad-Winkel, wenn Sie auf die Sichtseite des Stückes schauen, liegen die beiden Endpunkte auf 2 und 8 Uhr

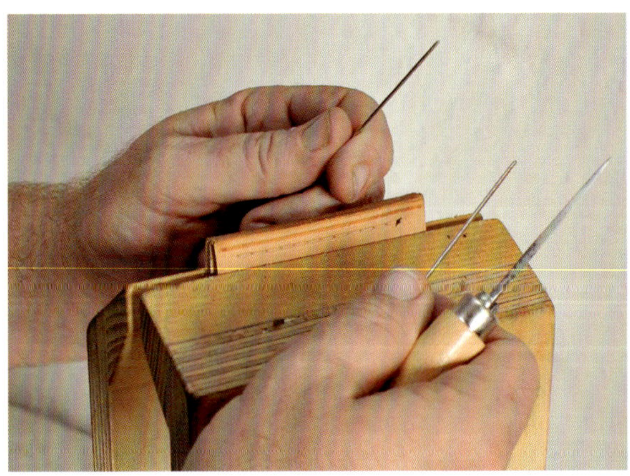

Halten Sie die Ahle und eine Nadel in der rechten Hand und die andere Nadel in der linken Hand, die Ahle wird beim Nähen nicht aus der Hand gelegt

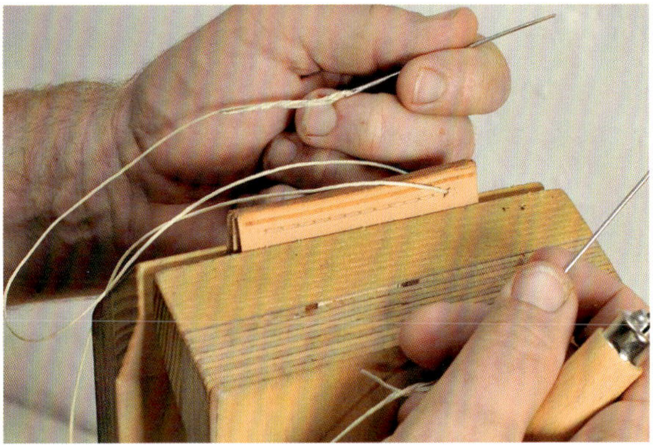

Ziehen Sie den Faden durch das erste Loch und sorgen Sie dafür, dass beide Enden gleich lang sind

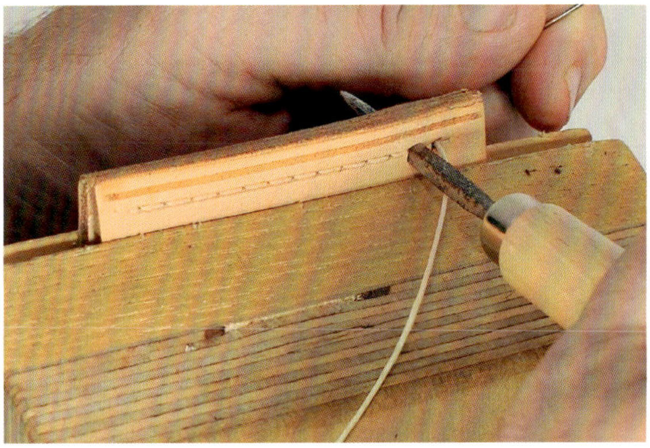

Stechen Sie das zweite Loch mit der Ahle vor

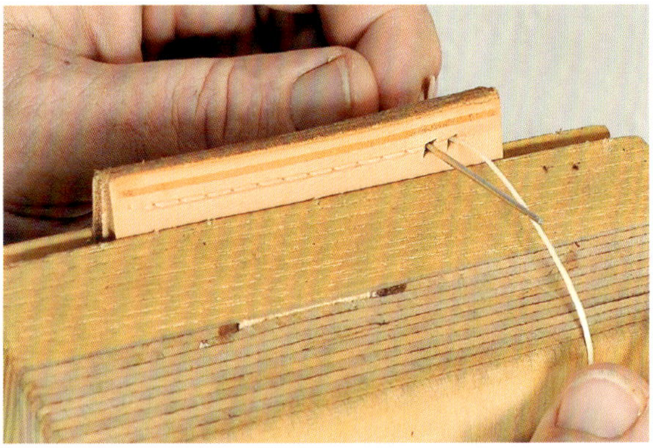

Stechen Sie mit der linken Nadel zuerst durch das Loch, bis diese zu ⅔ auf der rechten Seite herausschaut

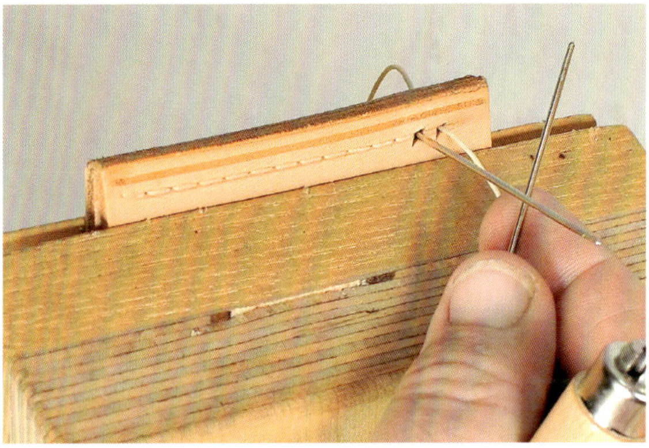

Legen Sie die Nadel, die Sie in der rechten Hand halten, im rechten Winkel unter die linke Nadel

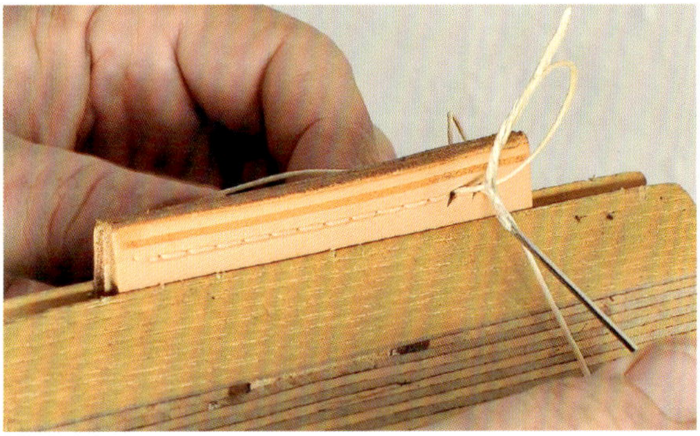

So ziehen Sie die linke Nadel vollständig durch das Leder

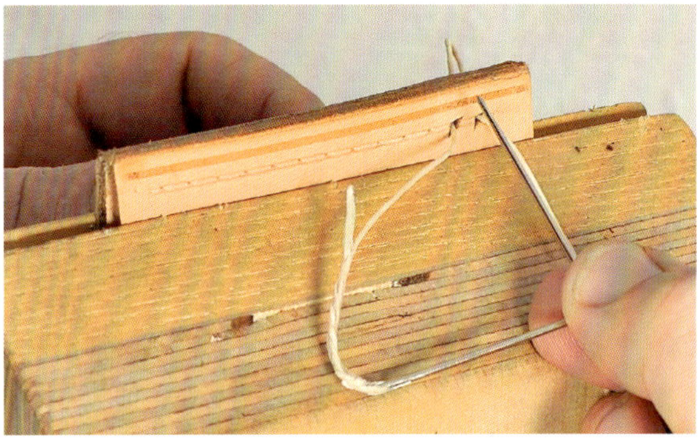

Jetzt drehen Sie die beiden Nadeln, so dass Sie die rechte Nadel durch dasselbe Loch stechen können

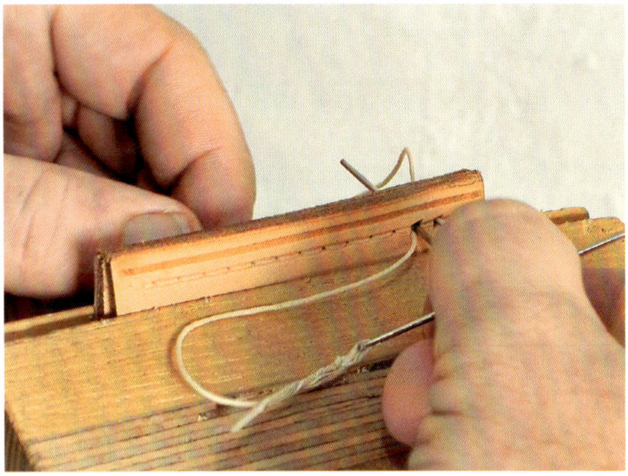

Stechen Sie die Nadel von sich aus gesehen hinter den ersten Faden. Das ist wichtig, um das gewünschte Treppenmuster zu erhalten.

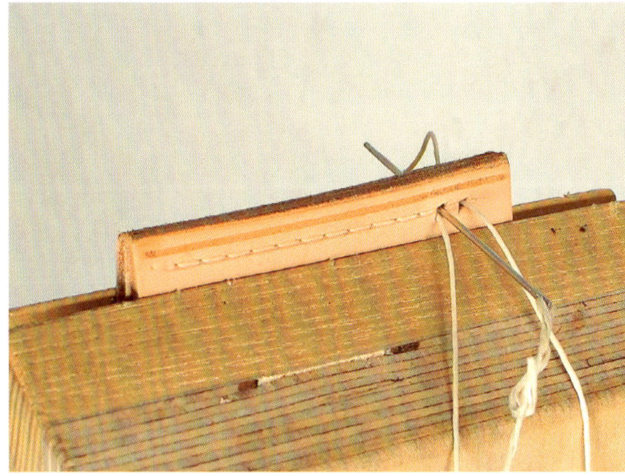

Hier sehen Sie zur Übersicht die Lage der Fäden

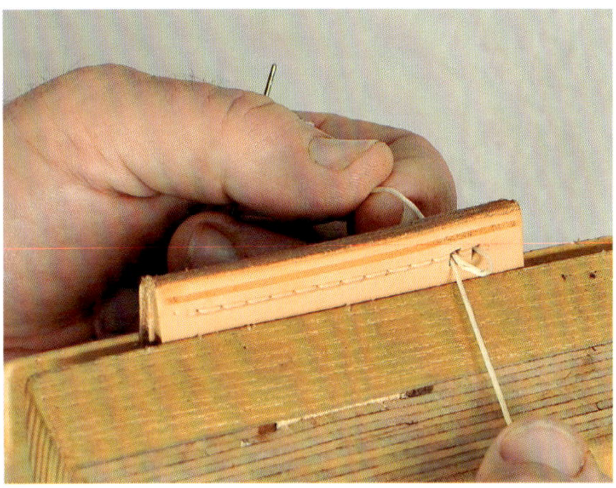

Ziehen Sie beide Fäden stramm und achten Sie auf die richtige Lage

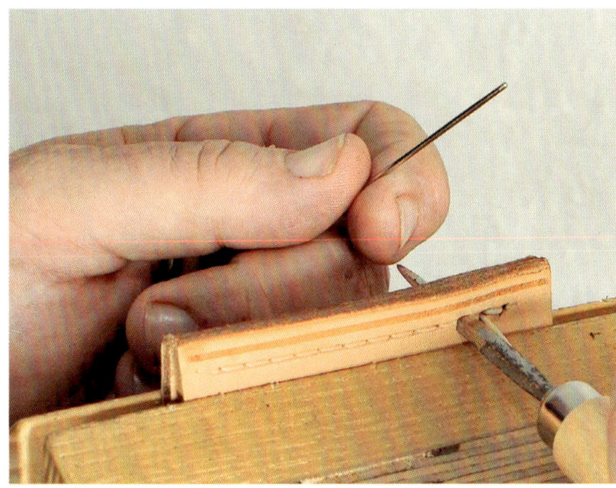

Jetzt stechen Sie das nächste Loch und arbeiten sich weiter vor

Wenn Sie sich dem Ende der Naht nähern, stechen Sie das zweit- und drittletzte Loch etwas größer, weil Sie die Naht zurückführen und hier nicht zwei, sondern vier Fäden Platz finden müssen. Um die Naht abzuschließen, nähen Sie bis zum Ende und wechseln die Schwertahle gegen die Rundahle aus. Mit der runden Ahle weiten Sie das vorletzte Loch und nähen zwei Stiche zurück. Die runde Ahle ist notwendig, da Sie mit einer Schwertahle den schon vorhandenen Faden durchschneiden könnten. Jetzt können Sie beide Fäden bündig abschneiden – keine Sorge, es wird sich nichts auflösen. Die Naht können Sie abschließend entweder mit einem Schusterhammer mit polierter Hammerbahn flachklopfen oder mit dem Falzbein oder Polierholz in die ausgehobene Rille drücken.

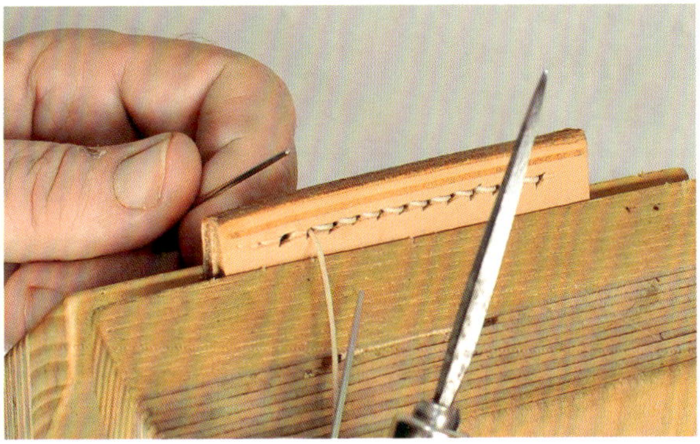

Das vorletzte und das Loch davor stechen Sie etwas größer, weil Sie hier für den Abschluss der Naht statt zwei Fäden vier durchfädeln müssen

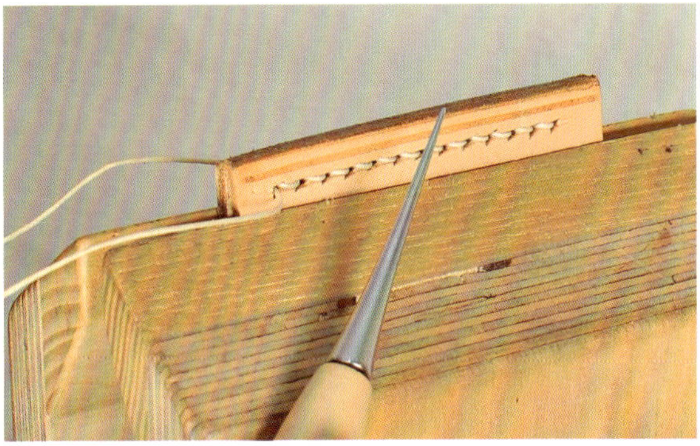

Um die zwei Stiche zum Abschluss zurückzunähen, wechseln Sie zu einer Rundahle, um den Faden nicht zu zerschneiden

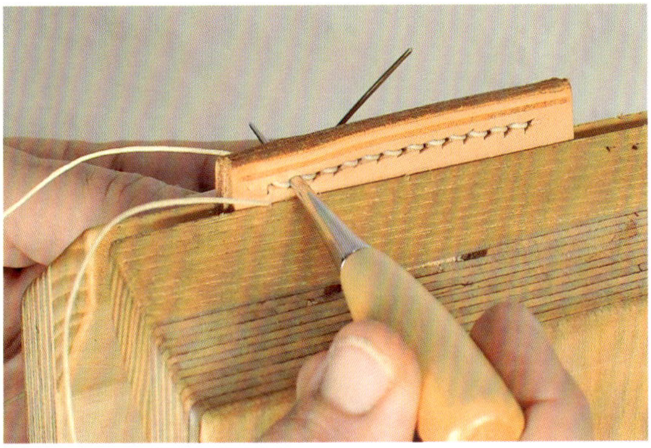

Stechen Sie durch das Loch, aber nicht durch den Faden

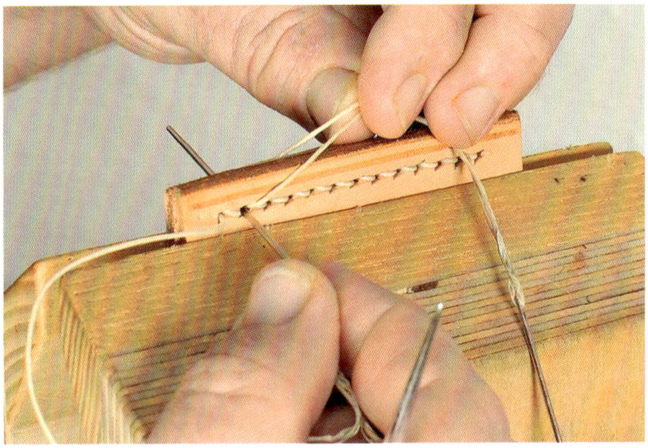

Jetzt muss der linke Faden hinter den rechten, damit das Treppenmuster fortgeführt wird

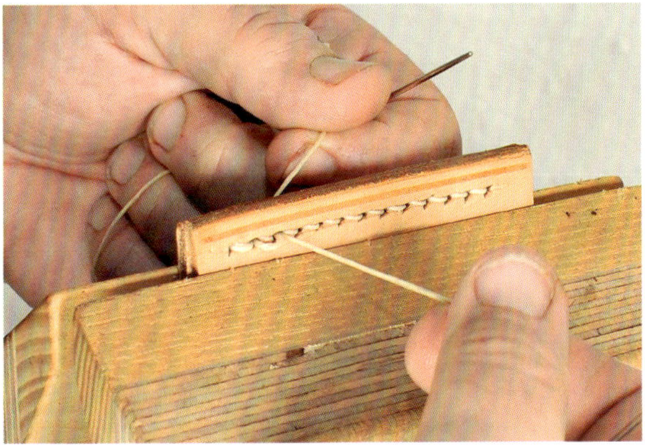

Ziehen Sie die Fäden stramm ...

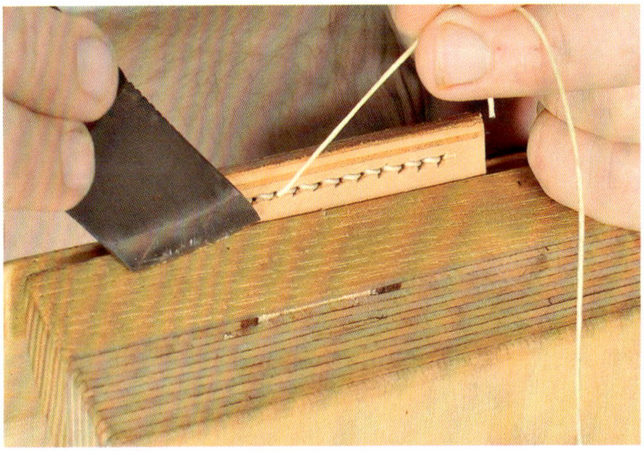

... und schneiden Sie diese bündig ab – die Naht ist fertig

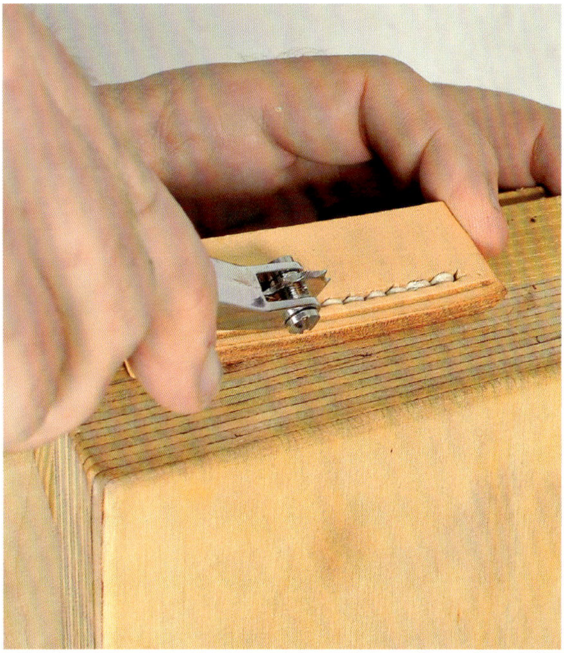

Rollen Sie mit dem Rädchen über die Naht, so versenken Sie den Faden und gleichen die Abstände aus

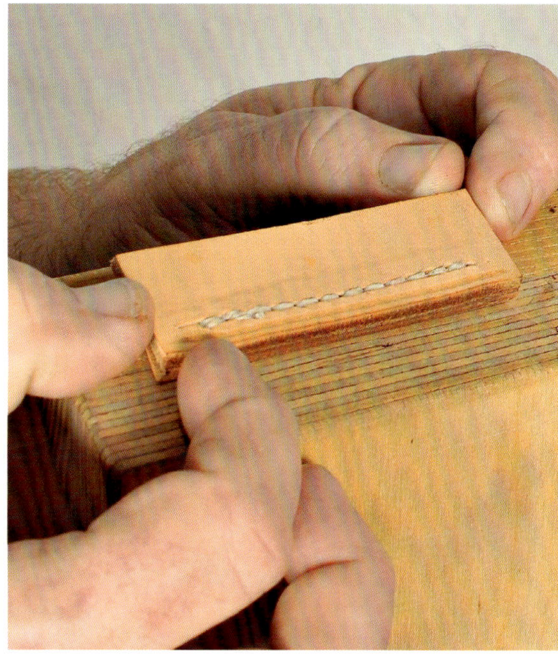

Auch auf der Rückseite sieht die Naht sauber und akkurat aus

Baseballnaht – zwei Lederstücke auf Stoß verbinden

Um zwei Lederstücke miteinander auf Stoß zu vernähen, gibt es zwei grundlegend verschiedene Möglichkeiten. Eine Variante ist, dass Sie mit einer halbrunden Ahle auf der Oberfläche des einen Lederstücks nach unten stechen und dabei versuchen in der Rille des anderen Lederstücks herauszukommen. Anschließend nutzten Sie ebensolche halbrunden Nadeln zum Nähen. Diese Version bedingt sehr dickes Leder und viel Übung.

Die zweite Möglichkeit ist die sogenannten Baseballnaht. Typische Beispiele sind der namensgebende Baseball, aber auch Bezüge von Auto-Lenkrädern oder Bezüge von Werkzeugstielen. Sie ist viel einfacher auszuführen als die vorherige Arbeitsweise. Dabei stechen Sie zunächst alle Löcher vor, was an dem noch flach liegendem Leder einfach von der Hand geht. Anschließend nähen Sie mit zwei Nadeln und sehr viel Faden: Beginnen Sie an einem Ende und stechen Sie je eine Nadel von außen nach innen und ziehen Sie beide Fäden auf gleiche Länge. Dann führen Sie die Nadeln immer von innen nach außen, und zwar kreuzweise. Zurück geht es zwischen den beiden Stoßkanten, diese Fäden liegen dann somit zwischen den beiden Stoßkanten. So arbeiten Sie sich weiter vor. Zum Schluss stechen Sie noch einmal direkt in das gegenüberliegende Loch und verknoten die Fäden auf der Innenseite.

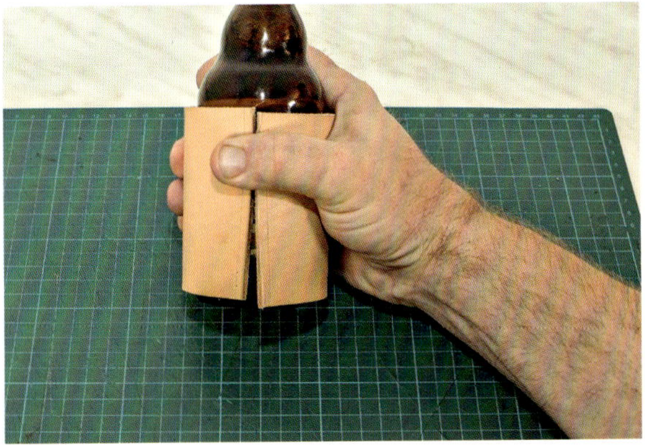

Passen Sie das Leder an den zu ummantelnden Gegenstand an

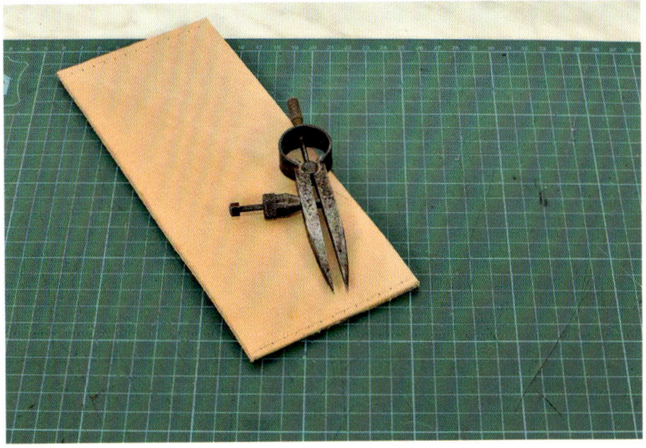

Zeichnen Sie den Randabstand und den Abstand der Stiche an

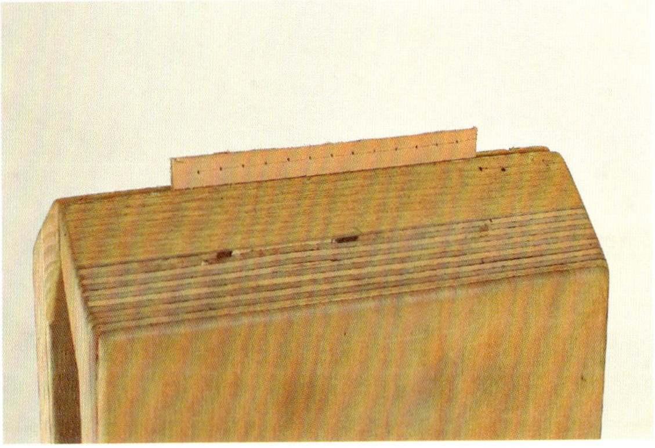

Spannen Sie das Leder in den Nähkloben

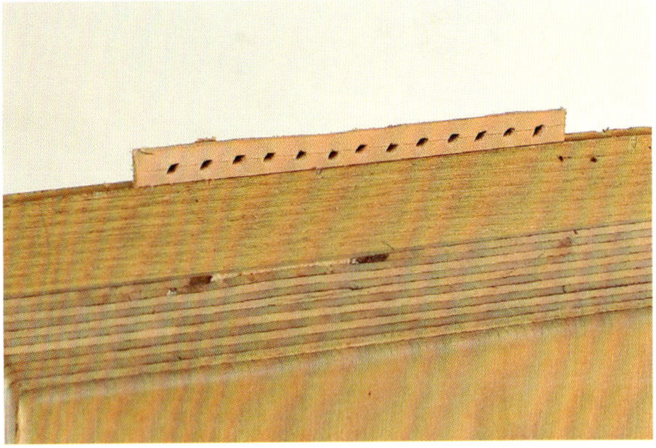

Stechen Sie sämtliche Löcher vor, denn später kommen Sie an die Stellen nicht mehr heran

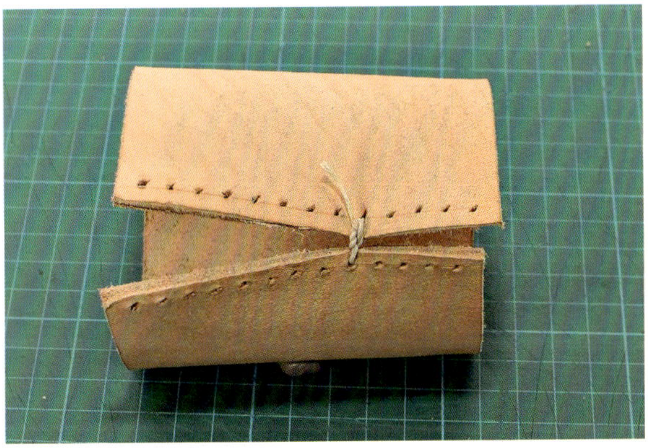

Heften Sie mit einem Faden das Werkstück zusammen

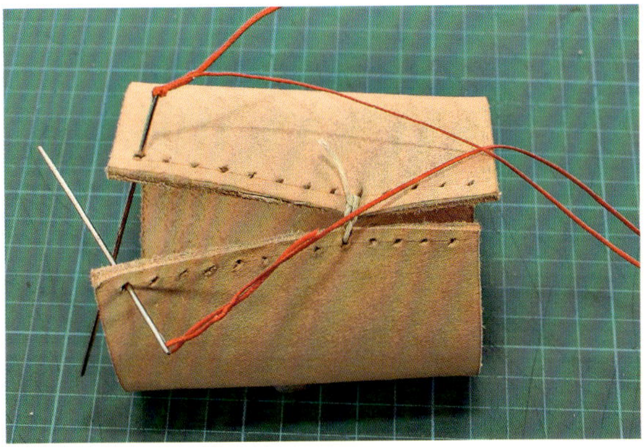

Stechen Sie mit beiden Nadeln von vorne nach hinten durch die ersten Löcher

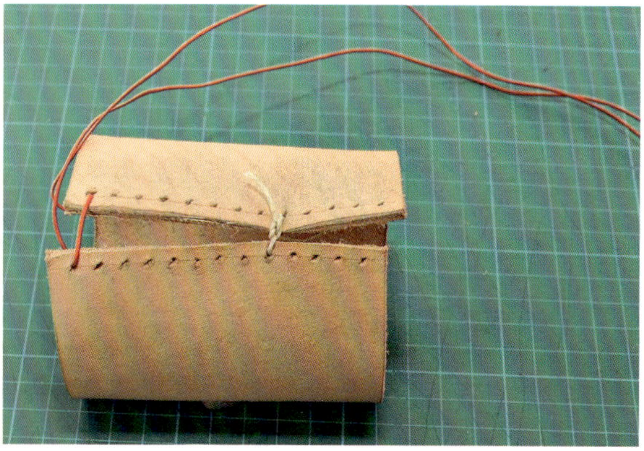

Beide Fadenenden sollen gleich lang sein

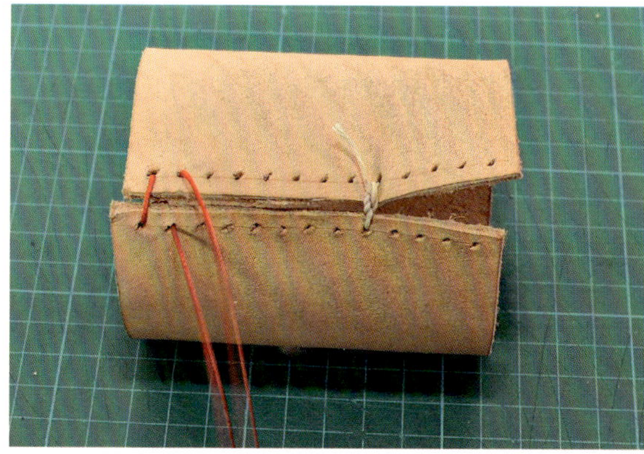

Überkreuzen Sie die Fäden und stechen von innen kommend die Nadeln durch das zweite Lochpaar

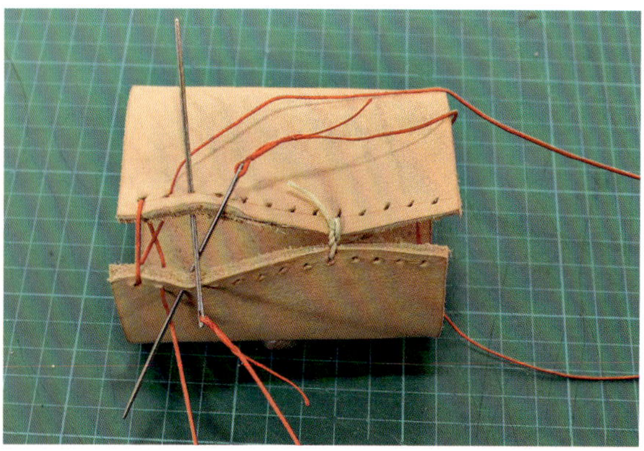

Bei jedem Stich kommen Sie von innen und stechen nach außen

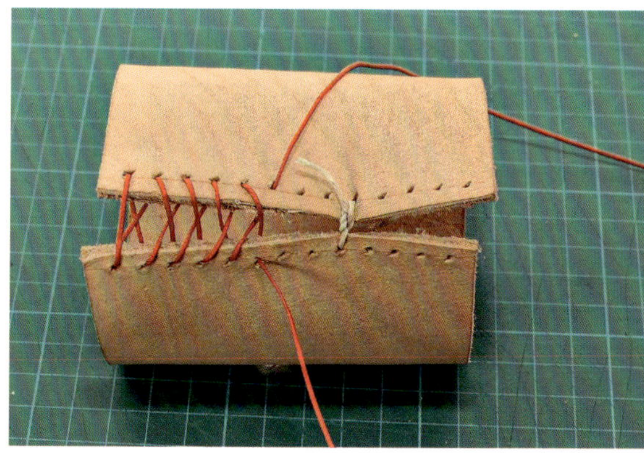

Ziehen Sie die Stiche nicht zu stramm, damit Sie sich die Bewegungsfreiheit bewahren

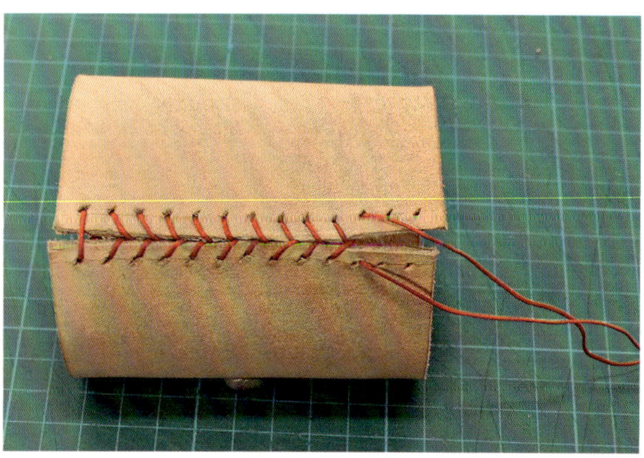

Kurz vor Ende ziehen Sie die Stiche stramm, eine Pinzette oder Nadelzange ist dafür hilfreich

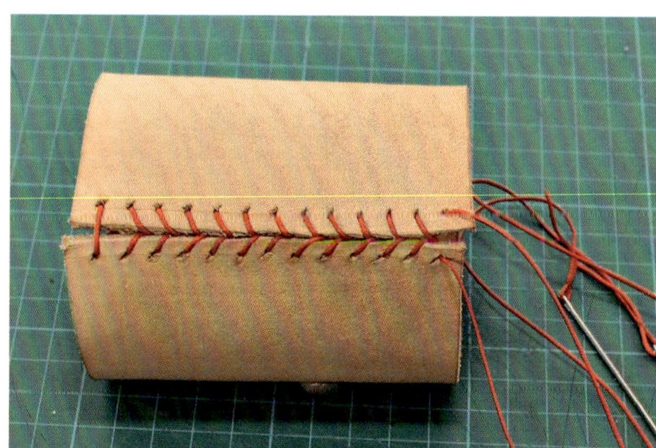

Zum Schluss ziehen Sie die gesamte Naht stramm und gleichen die Stoßkanten aus

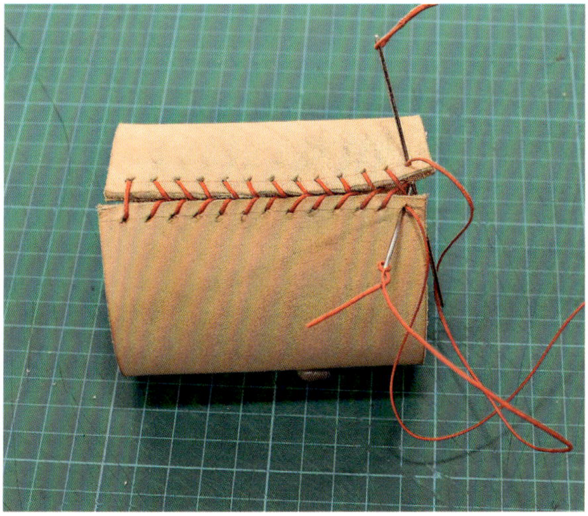

Für das Ende der Naht stechen Sie von außen nach innen

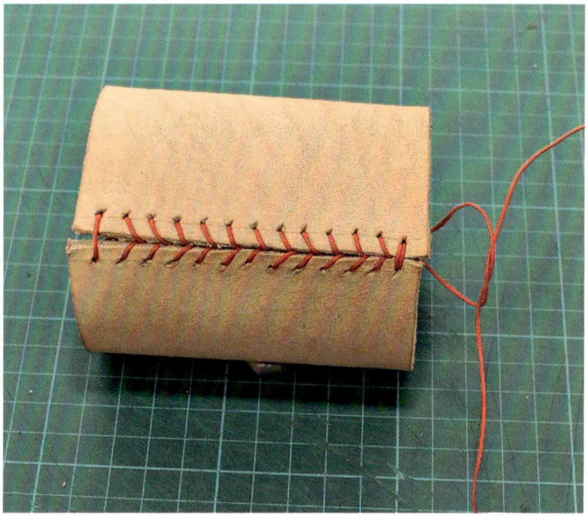

Für den Abschluss verknoten Sie innen die beiden Fäden

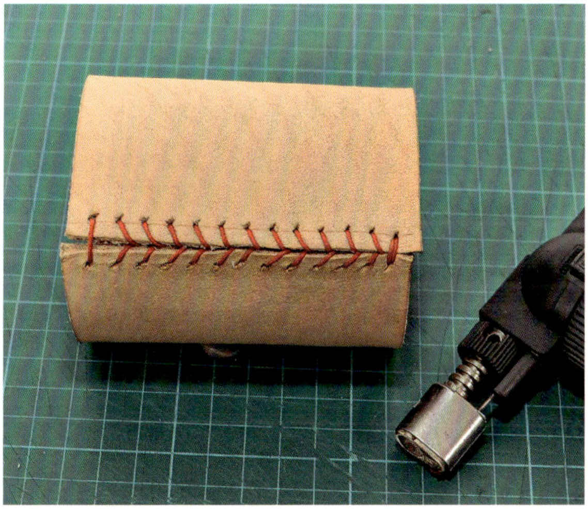

Verschmelzen Sie innen die beiden Enden der Fäden

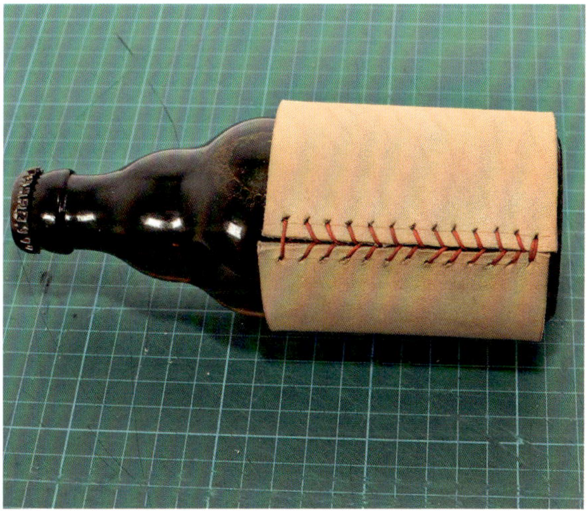

Anprobe und Qualitätskontrolle

Mit dieser Variante können Sie auch Dinge nähen, bei denen Sie sonst keine Möglichkeit haben, von innen zu arbeiten. Nähen Sie in solch einem Fall mit einem sehr langen Faden zunächst auf Abstand, um dann im zweiten Schritt die Stiche zusammenzuziehen, indem Sie den Faden nach und nach strammziehen, bis sich die Naht geschlossen hat. Verknoten Sie das Ende. Zum Schluss sollten Sie die Naht mit einem Falzbein oder Polierholz polieren, vorzugsweise, wenn Sie innen ein Gegenlager haben.

Sämischleder nähen

Die Sämischgerbung, bei der nur mit Fett und viel mechanischer Bearbeitung der Haut gearbeitet wird, ist die älteste Zurichtungsart. Sie benötigen eine Rundahle, eine Nadel und einen Faden. Ganz klassisch wird Sämischleder mit Sehnen genäht, die mit Knochennadeln und Ahlen aus Knochen verarbeitet werden. Die meisten Projekte aus Sämischleder werden auf links genäht und dann auf rechts gezogen, so dass außen keine Naht sichtbar ist und auch keine Kante poliert werden muss. Die Löcher werden mit einer Rundahle vorgestochen, weil sich so die Löcher wieder schließen, was bei den Löchern einer Schwertahle nicht der Fall wäre. Bei Sämischleder kann man keine Naht versenken oder Rillen am Rand eindrücken, denn das flauschige Material ist dafür nicht geeignet.

Zum Nähen halten Sie die beiden Teile, die verbunden werden sollen, einfach zusammen, oder spannen sie in einen Nähkloben, und stechen nach Augenmaß die Löcher vor. Nähen Sie anschließend mit einem Faden und einer Nadel wie auf den folgenden Seiten gezeigt. An das Ende des Fadens gehört ein besonders dicker Knoten, damit er nicht durch das Loch rutschen kann.

Hinweis
Hier nutzen wir wegen der besseren Sichtbarkeit einen roten Faden, originalgetreuer wäre eine Sehne.

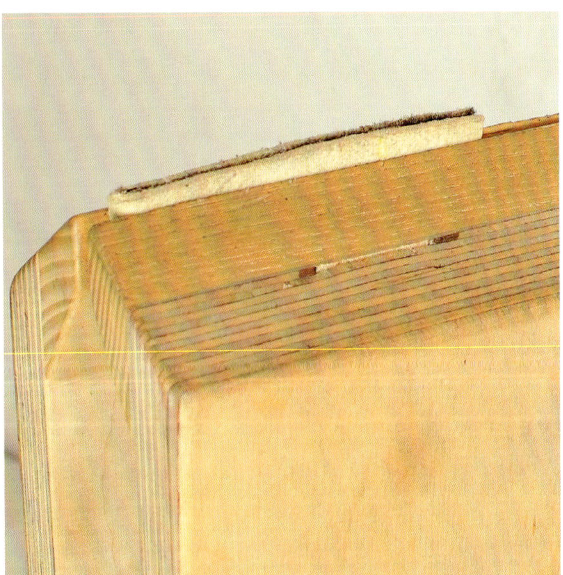

Spannen Sie das Leder fest und sehr knapp in den Nähkloben, damit es sich nicht verziehen kann

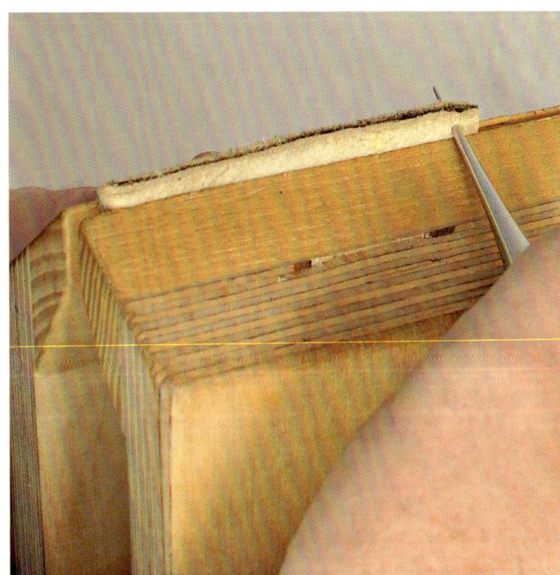

Stechen Sie das Loch mit der Rundahle vor

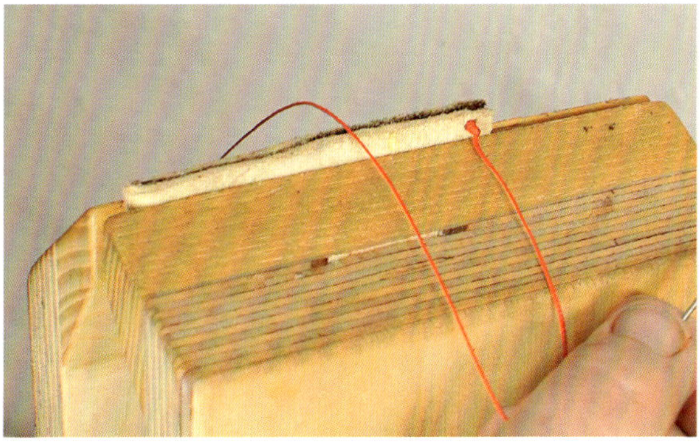

Stechen Sie den Faden von rechts nach links durch das Leder, bis der Knoten rechts am Leder anliegt

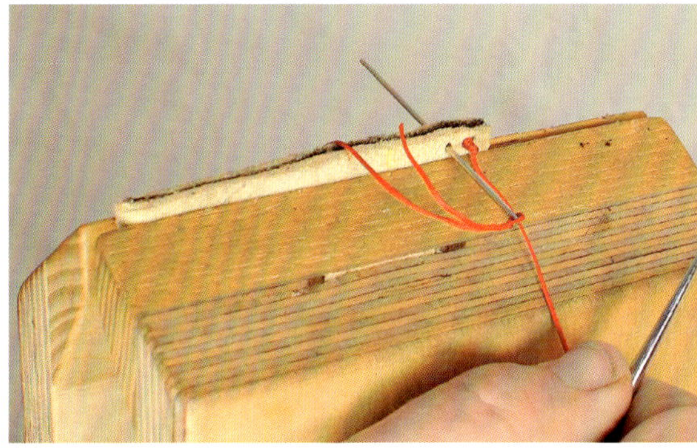

Stechen Sie das nächste Loch vor und führen Sie die Nadel wieder von rechts durch das Loch, der Faden liegt dann über der Kante

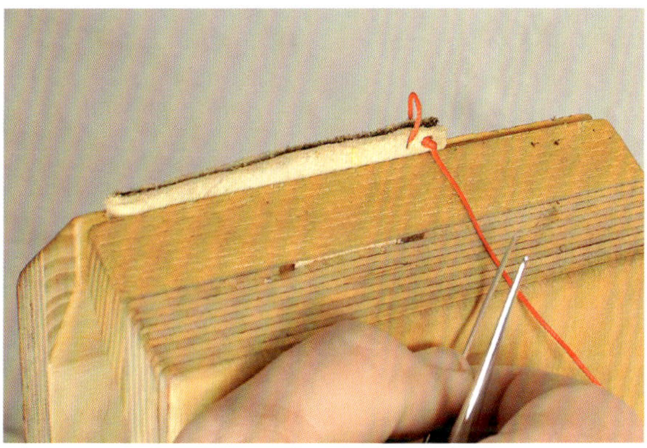

Ziehen Sie den Faden nur so fest, dass eine kleine Schlaufe über der Kante stehenbleibt

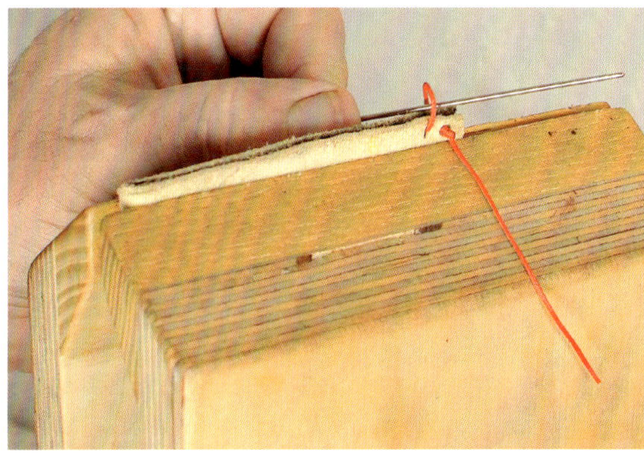

Stechen Sie mit der Nadel von Ihnen weg durch diese Schlaufe

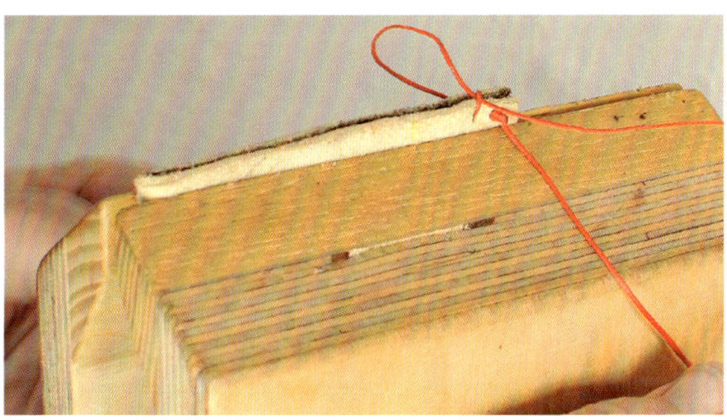

Ziehen Sie den Faden durch die Fadenschlaufe und dann fest zu. Dadurch ziehen Sie den Druck auf das gegenüberliegende Loch und sorgen so dafür, dass sich keine unschönen Rüschen am dünnen Leder bilden.

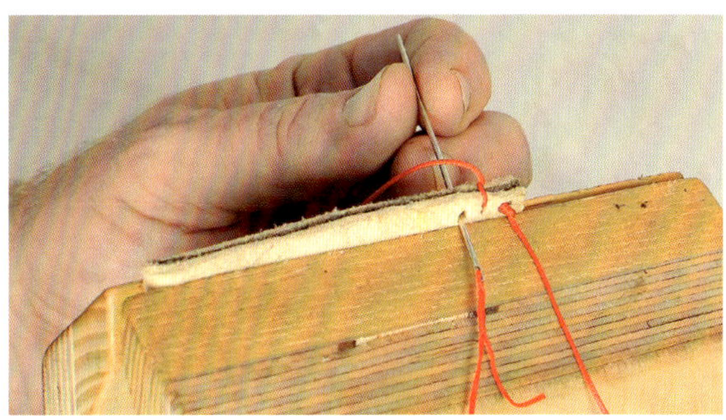

Jetzt nähen Sie nach diesem Muster weiter

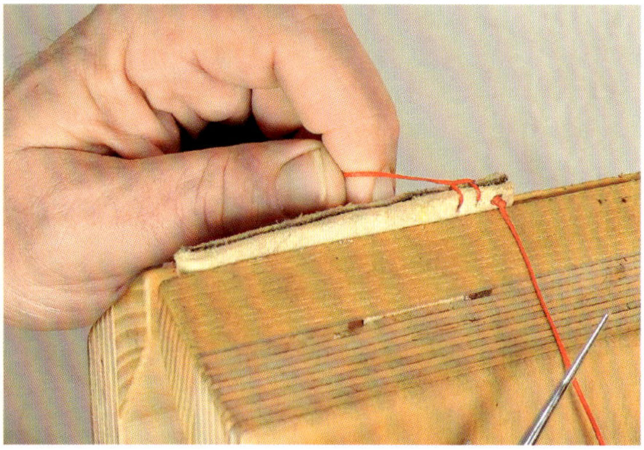

Der Faden sollte oben mittig auf der Kante liegen

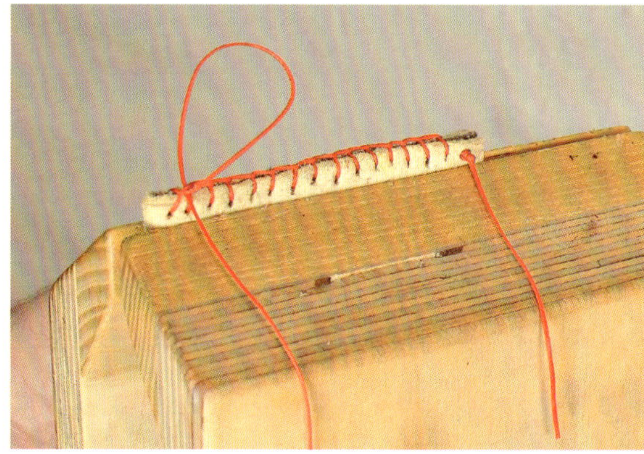

Am Ende schlagen Sie eine zusätzliche Schlaufe

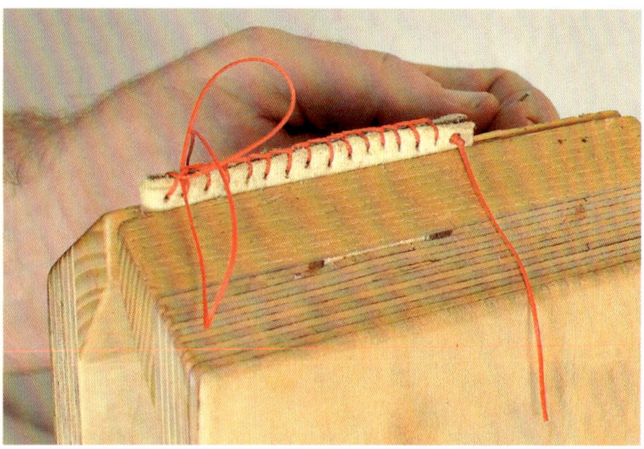

Durch diese Schlaufe führen Sie den Faden und binden somit einen Knoten

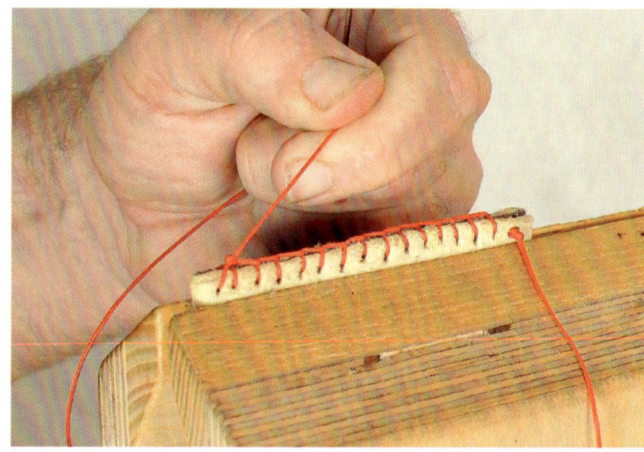

Ziehen Sie den Knoten fest

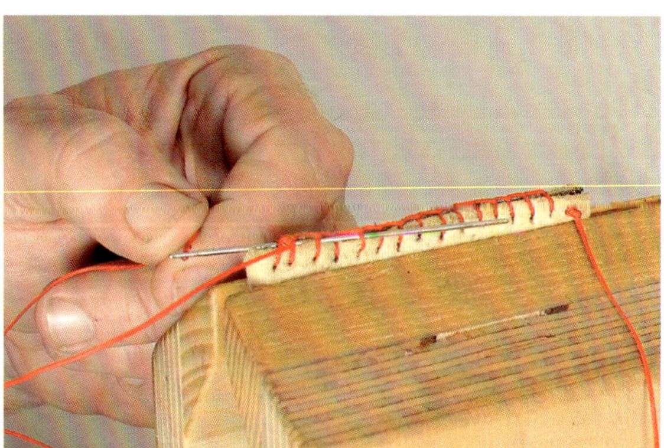

Um den Faden zu versäubern stechen Sie die Nadel unter einige Schlaufen

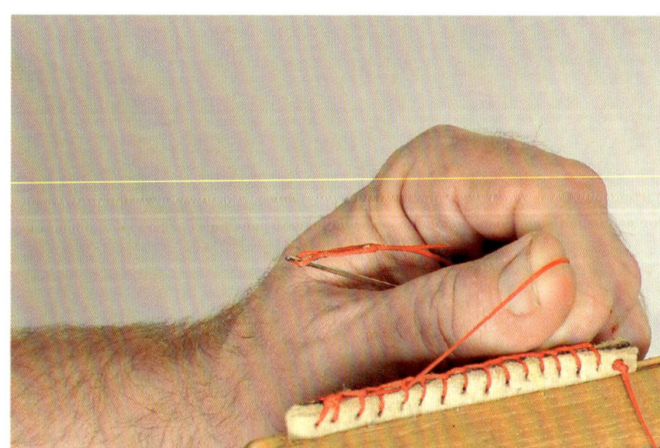

Ziehen Sie den Faden unter die Schlaufen

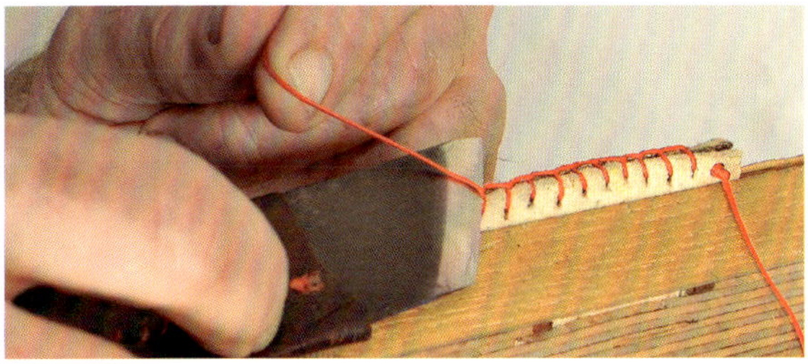

Schneiden Sie den Faden ab

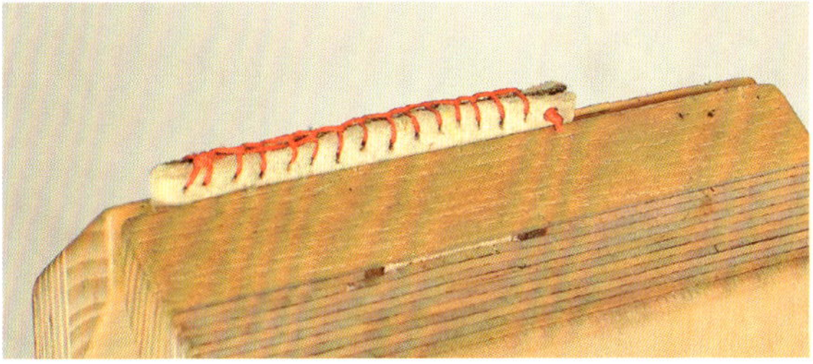

Die Naht ist fertig, sieht aber natürlich bei dem elastischen Material nicht so akkurat aus wie beim Sattelleder

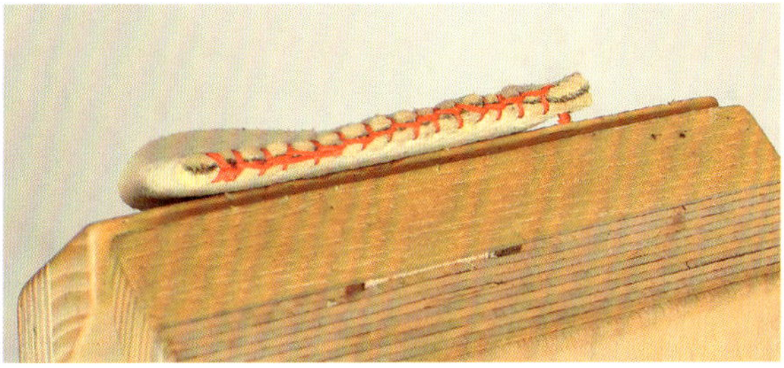

Oben auf der Kante sieht man den Faden, der verhindert, dass sich die Naht längt

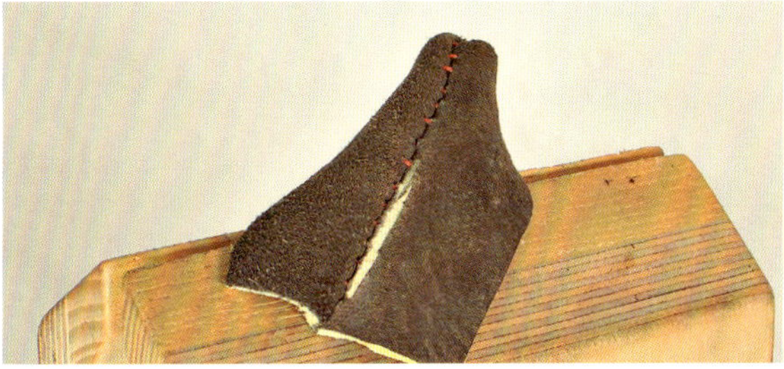

Nach dem Wenden des Werkstücks sieht man nur noch die Querstiche

Eine andere Möglichkeit ist die Nutzung von sogenannten Kürschnernadeln mit dreieckiger, scharfer Spitze, die aber nur bei sehr dünnem Leder praktikabel sind, da sie bei dickem Leder dieses nur mit viel Kraft durchdringen. Als Nahtmaterial kommt eine künstliche Sehne zum Einsatz. Dabei handelt es sich um einen Kunststofffaden, der eher breit und flach als rund ist. Schneiden Sie diesen Faden in passender Länge ab. Meist ist dieser ab Werk auch zu dick, Sie können aber einzelne Fasern seitlich abtrennen und somit die Dicke selbst bestimmen. Der Faden ist extrem belastbar und Sie brauchen nur einen Teil der Sehne. Zum Nähen halten Sie die beiden Lederseiten aneinander und stechen mit der Nadel direkt durch das Leder. Dann führen Sie den Faden auf die andere Seite über die Kante und stechen die Nadel wieder von rechts durch das Leder. Jetzt führen Sie den Faden aber nicht einfach nur über die Kante, sondern einmal unter dem Faden durch, so dass der Faden oben auf der Naht liegt und immer rechtwinklig nach unten durch das nächste Loch geht. Das stärkt die Naht zusätzlich und sorgt auch dafür, dass sich diese und damit auch die Kante nicht in die Länge zieht. Zum Schluss müssen Sie den Faden verknoten und das freie Ende einige Stiche unter die Fadenschlaufen schieben und dann abschneiden. Beim Nähen ist ein Fingerhut von Vorteil.

TIPP:
Als Sehnenersatz können Sie auch gewachste Zahnseide verwenden.

LEKTION 4

Lederbearbeitung

Leder bietet mit seiner besonderen Struktur und verschiedenen Gerbungsarten vielfältige Möglichkeiten zur Bearbeitung und Verschönerung. Vom einfachen Fetten, Punzieren und Beizen über Altern bis hin zu Nassformen und Härten sind die Möglichkeiten fast unbegrenzt. Hier können Sie sich und Ihre Kreativität ausleben.

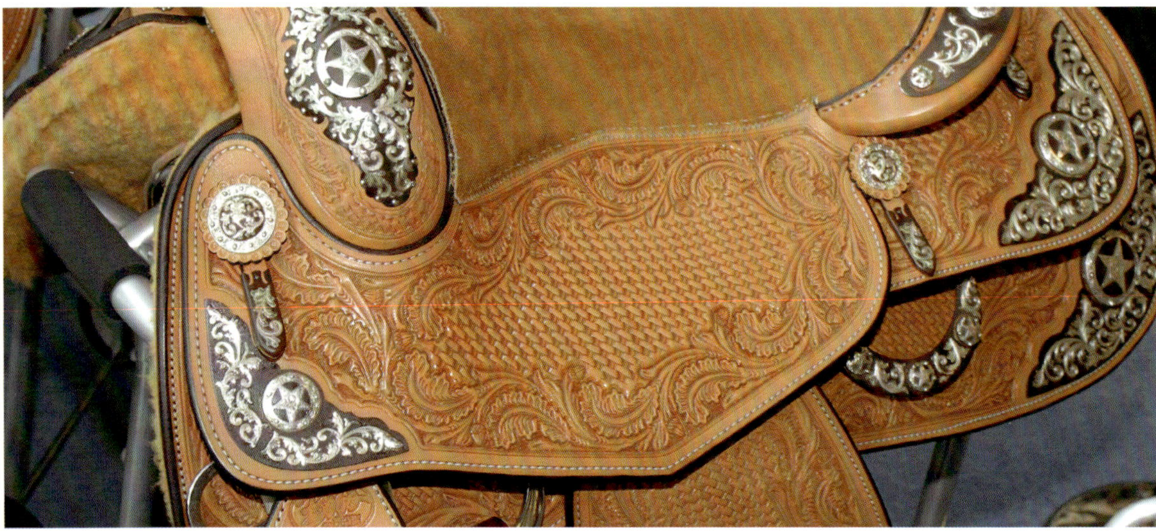

Punzierungen findet man hierzulande vor allem beim Westernreiten

Punzieren

Um Leder mit Verzierungen zu versehen benötigen Sie Blank- oder Fahlleder, das auf der Narbenseite nicht gefettet ist. Dieses Leder ist pflanzlich gegerbt und im unbehandelten Zustand meist sehr hell. Vor dem Punzieren wird es mit einem Schwamm oder einer Sprühflasche angefeuchtet und wird dabei sofort dunkel. Nach einigen Minuten erhält das Leder wieder seine ursprüngliche Farbe zurück und es kann mit dem Punzieren begonnen werden. Die einfachste Art ist ein Flechtmuster, für das man nur zwei Punzierstempel benötigt. Es kaschiert Kratzer und Flecken auf einem Lederstück.

Das Verzieren von Leder mit der Punziermethode ist in Deutschland eher unüblich, aber in den USA findet man derlei Verzierungen an fast jedem Sattel und das Punzieren ist eine anerkannte Kunstform.

Was wird benötigt?

Dank des Internets sind Punzen beziehungsweise Stempel zum Verzieren von Leder problemlos zu erwerben. Immer wieder findet man Angebote mit Punziersätzen mit zwei Dutzend oder noch mehr verschiedenen Eisen für recht wenig Geld. Hier lauert der Teufel aber im Detail, denn meist sind diese nur schwach ausgearbeitet und zeigen dann einen schlechten Abdruck im Leder. Davon abgesehen werden Sie niemals alle Eisen eines Sets benötigen. Um zu starten brauchen Sie lediglich ein Border-Tool und ein Eisen für das Flechtmuster. Im empfehle Werkzeuge der Firma Craftool, Sie können aber auch das Werkzeug anderer namhafter amerikanischer Hersteller verwenden. Die No-Name-Produkte, die Sie bei einem bekannten großen US-Onlineversandhändler erhalten, produzieren aber meist nur schwache Eindrücke. Dann brauche Sie noch einen Schonhammer, das kann ein Holzhammer oder ein Schlegel aus Holz oder Kunststoff sein, und damit ist das Arsenal schon komplett. Alle anderen Werkzeuge können Sie am Anfang improvisieren beziehungsweise können Sie auf die Werkzeuge zurückgreifen, die Sie schon besitzen.

Für das Punzieren brauchen Sie eine feste, schwere Unterlage, damit der Untergrund auch ein Gegenlager bildet und sich die Punze sauber abzeichnet (siehe „Steinplatte“ auf Seite 7).

Beim Punzieren ist ein helles, ausreichend starkes, diffuses Licht notwendig. Schlagschatten sollten vermieden werden, weil Sie dadurch die Punzen schnell falsch ansetzen.

WAS WIRD GEBRAUCHT?
- **Punzen**
- **Schonhammer**
- **schwere Unterlage**
- **diffuses Licht**

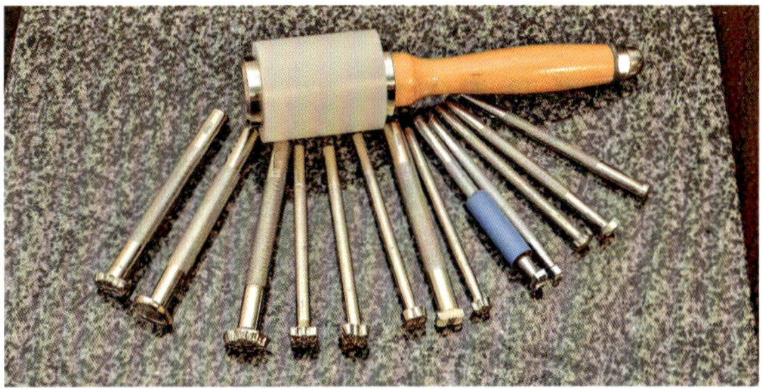

Bevor es losgeht

Beim Punzieren gilt die alte Wendung „weniger ist mehr“, denn ein Zuviel sieht meist schlecht aus. Damit das Muster wirkt, sollten Sie genügend Abstand zum Rand halten und das Werkstück nicht überfrachten. Auch sollten Sie am Anfang nicht gleich einen ganzen Sattel punzieren, sondern besser erst mal mit einem Bierdeckel anfangen. Oder machen Sie sich mit dem Werkzeug und dem Leder zunächst auf Lederresten vertraut. Beachten Sie, dass sich lange, gerade Werkstücke wie Gürtel oder Hutbänder durch Punzieren längen können. Sie sollten daher das Muster so planen, dass Sie die Stücke eventuell kürzen können, ohne dass das komplette Projekt zerstört wird. Beispielsweise wird bei Gürteln die Schnalle erst nach dem Punzieren angebracht, um ihn zuvor kürzen zu können. Es ist auch vorteilhaft, wenn Sie lange Objekte immer mal wieder nachmessen, um dann gegebenenfalls die letzten Punzen nicht mehr zu setzen, sondern früher aufzuhören. Je länger und intensiver Sie das Leder wässern, desto größer kann dieser Verzug werden. Um dem vorzubeugen, können Sie kleine Bereiche mit einem Schwamm oder einer Sprühflasche anfeuchten und auch während der Arbeit immer wieder Feuchtigkeit aufbringen.

Eine andere Möglichkeit, um den Verzug zu verhindern ist, die Fleischseite mit Klebeband abzukleben. Dafür ist Gewebeband, auch Panzerband genannt, gut geeignet. Es geht aber auch mit Paketklebeband, das sich nicht dehnt.

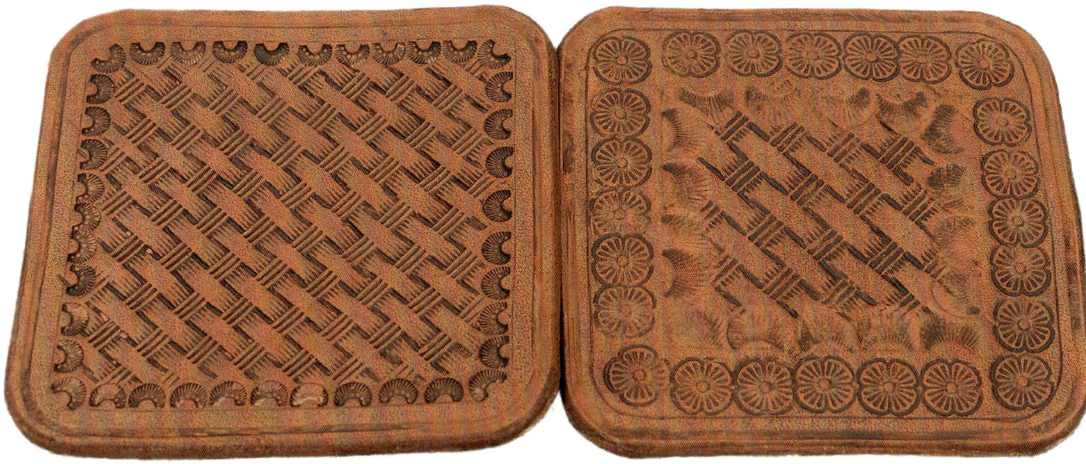

Das linke Werkstück hat einen ausreichenden Abstand zum Rand und kleine Punzen, die auf dem kleinen Lederstück genug Abdrücke ermöglichen. Das Rechte wirkt überladen, die großen Blumen lassen sich schlecht ausrichten, das Bordertool ist zu groß und das Flechtmuster kommt nicht zur Geltung, weil nur maximal drei Punzen Platz haben.

Flechtmuster

Für Flechtmuster benötigen Sie nur zwei Punzen. Eine für das Flechtmuster selbst und eine für den Randabschluss. Ziehen Sie die Abstandslinie auf dem Werkstück nicht zu dicht am Rand. Das Punzieren erfolgt immer am flachen Stück und nie an dem bereits zusammengenähten Projekt. Ein Flechtmuster sollten Sie möglichst niemals gerade zur Werkstückkante schlagen, sondern immer leicht schräg, es sei denn, dass Sie einen breiten Gürtel oder Gitarrenriemen fertigen. Ansonsten sieht es besser aus, wenn Sie dieses leicht schräg von links unten nach rechts oben gestalten. Um das zu erreichen, ziehen Sie zu Ihrer Orientierung eine schräge Linie über die größte Länge des Werkstücks. An dieser Linie setzen Sie die ersten Punzen – und zwar immer rechts und links am Schenkel der vorhergehenden Punze und überlappend. Auf diese Weise füllen Sie die Fläche schnell mit Abdrücken. Sie können das Flechtmuster auch deutlich enger einschlagen, so dass sich die beiden Schenkel komplett überlappen. Das bietet sich beispielsweise bei kleineren Stücken an und es ist gerade als Einsteiger einfacher, sauber zu arbeiten.

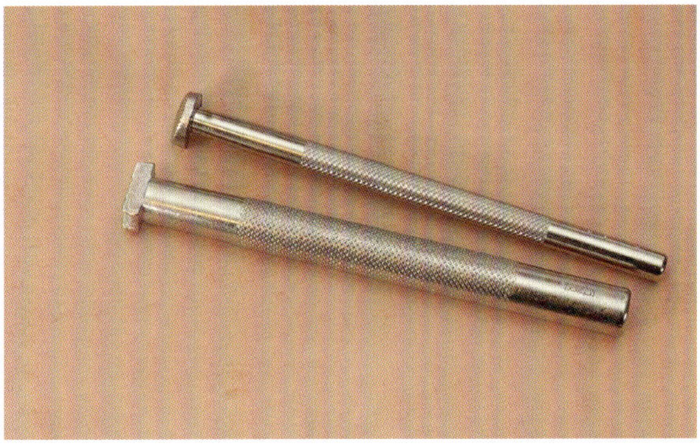

Für ein Flechtmuster benötigen Sie lediglich zwei Punzen, hier ein Basket-Weave (Flechtmuster), und eine für den Rand, ein sogenannter Border-Stamp

Runden Sie zunächst die Ecken ab und brechen Sie die Kanten (siehe S. 10), dann feuchten Sie das Leder mit einer Sprühflasche an und drücken eine Rille zur Zierde ein

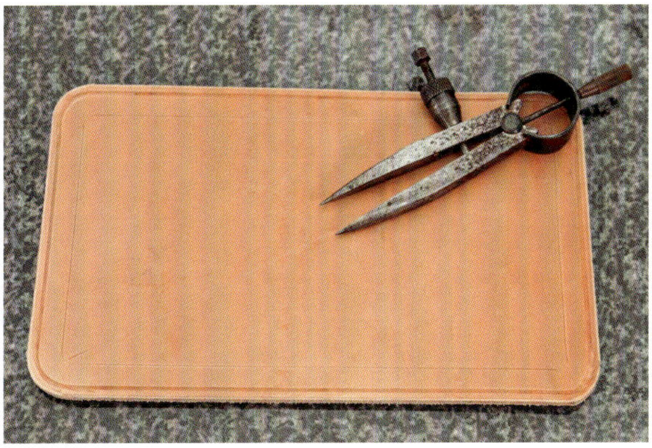

Zeichnen Sie den Rand des Musters mit einem Stechzirkel an, hier etwa ein halber Zoll, also 13 mm

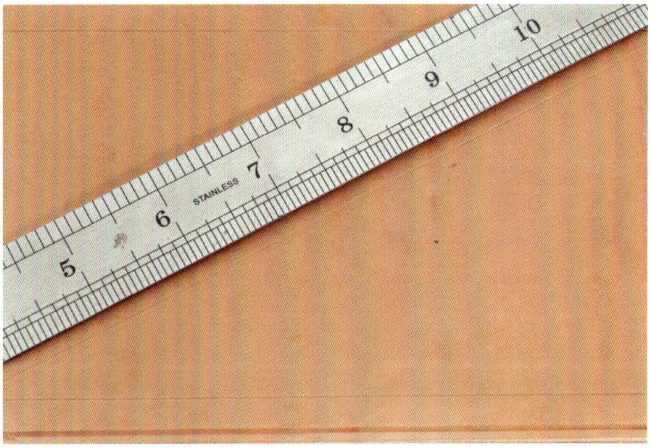

Mit einem Lineal zeichnen Sie den Verlauf des Musters an, hier von links unten nach rechts oben

Arbeiten Sie sich zunächst an der Hilfslinie entlang. Sobald diese fertig ist, schlagen Sie an der einen Seite die nächste Reihe bis an den Rand ein und bearbeiten Sie dann die andere Hälfte. Arbeiten Sie immer schön gleichmäßig und lieber mit drei leichten Schlägen pro Stanze anstatt einem zu harten Schlag, der das Leder beschädigt. Sobald Sie die Fläche bis an den Rand mit ganzen Punzenabdrücken gefüllt haben, setzen Sie die Punze so am Rand auf, dass durch den schräg gehaltenen Schaft nur ein Teil des Abdrucks erzeugt wird. Mit dieser Methode können Sie das Muster am Rand einschlagen.

HINWEIS
Die Hilfslinien sind für Fotozwecke deutlich tiefer gezogen, als es bei richtigen Werkstücken der Fall ist. Es reicht, wenn Sie diese gerade so sehen können. Gerade das Patinieren hebt diese noch mal deutlich hervor.

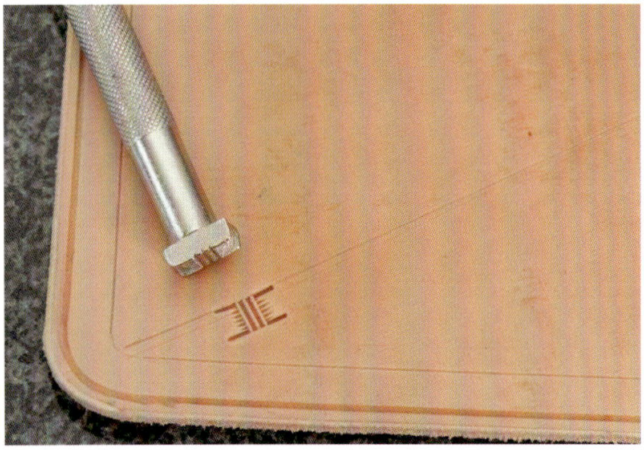
Die erste Punze auf der Hilfslinie, nicht zu dicht am Rand

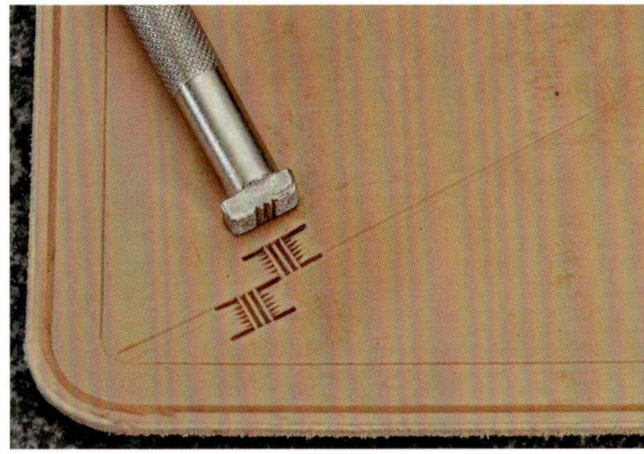
Die zweite Punze überlappt mit der ersten auf der Hilfslinie

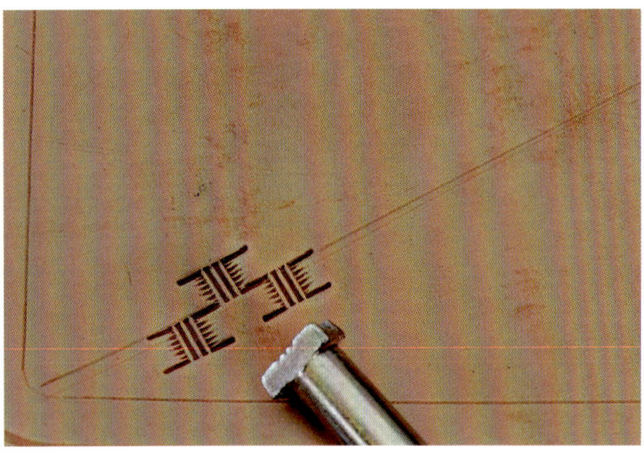
Die dritte Punze wieder unterhalb der Hilfslinie, überlappend mit der zweiten, eingeschlagen

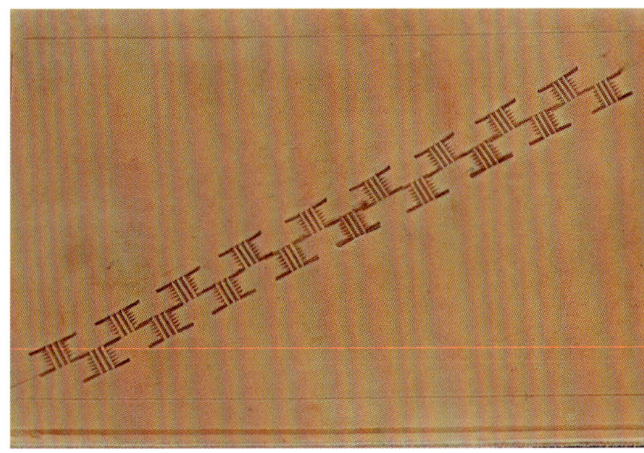
So arbeiten Sie sich einmal quer über das Werkstück

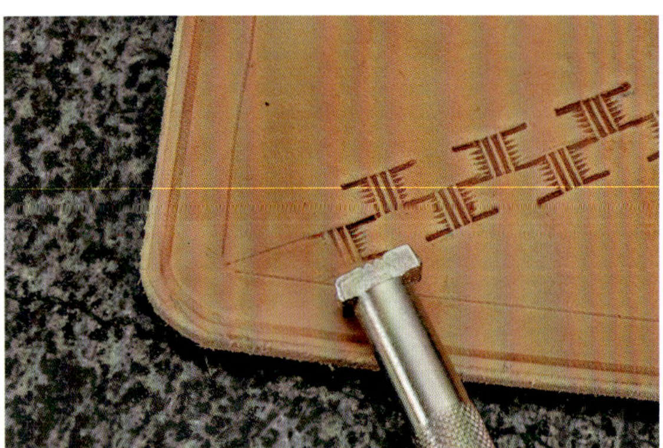
Jetzt setzen Sie eine halbe Punze Richtung Rand, indem Sie das Werkzeug leicht kippen

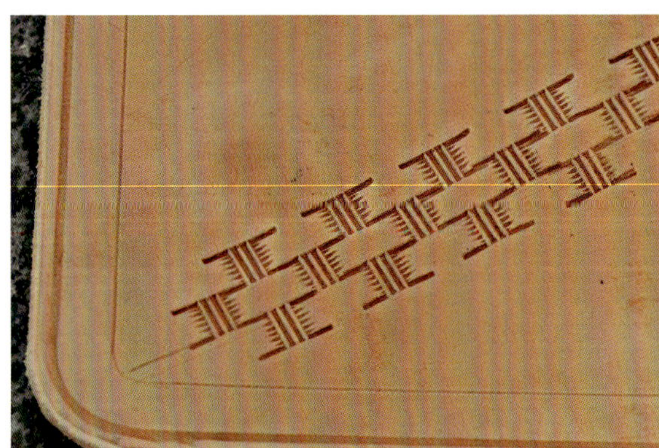
Die nächste Reihe schließen Sie unten an

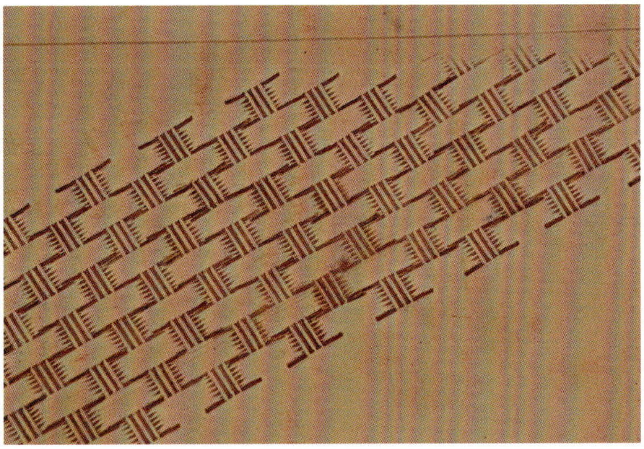

Nach einigen Reihen kommt der Eindruck des Flechtmusters voll zur Geltung

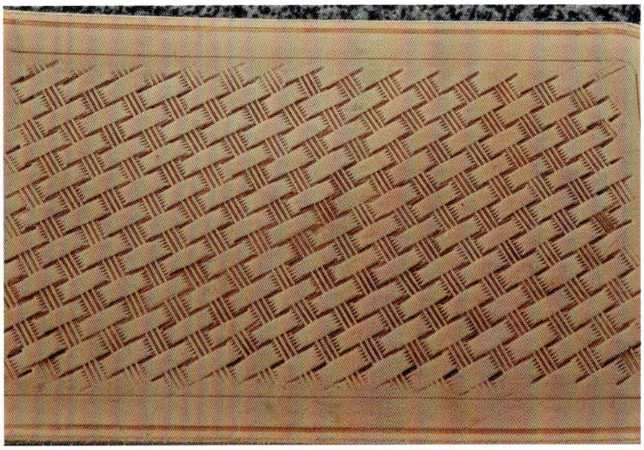

Füllen Sie zunächst die Fläche, der Rand bleibt erst mal frei

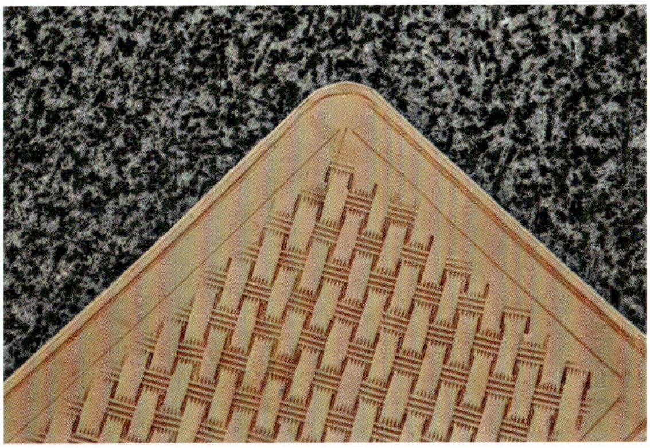

Arbeiten Sie dann mit halben Punzeindrücken in den Ecken und am Rand

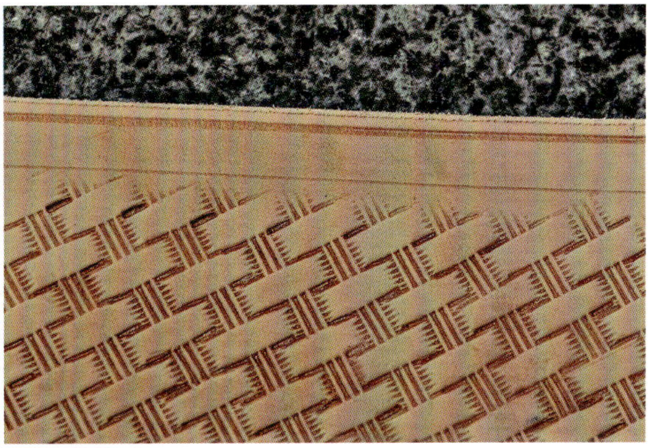

Denken Sie daran, dass Sie den Rand noch mit dem Border-Tool bearbeiten, also müssen Sie nicht überall bis an die Randlinie kommen

Um den Rand sauber abzuschließen und die nicht vollständig abgedrückten Punzen optisch verschwinden zu lassen, schlagen Sie mit dem Randeisen eine Begrenzung. Dieses Werkzeug wird auch Border-Tool genannt und dient dazu, einen ungleichmäßigen Rand optisch zu kaschieren. Diese Tools sind meist halbrund geformt und werden mit der geraden Seite zum Rand eingeschlagen. Flechtwerk, das mit einem Randeisen bearbeitet wurde, sieht professioneller aus als ohne. Damit die Randeisen auch sauber aneinanderpassen, müssen Sie am Ende der Linie aufpassen. An dieser Stelle fällt es besonders auf, wenn die letzte Punze nicht ganz passt oder am Ende eine größere Lücke klafft. Um das zu verhindern müssen Sie bei den letzten vier bis fünf Punzen besonders vorausschauend vorgehen: Wenn auf Ihrem Werkstück nur noch etwa fünf Punzen Platz finden würden, dann schlagen Sie eine genau in die Ecke am Ende der Linie – ich drehe hier gerne die Punze um, so dass das Halbrund genau die Ecke ausfüllt – und füllen den Raum dazwischen mit Augenmaß, ohne die Punzen einzuschlagen.

Dazu drücken Sie die Punzen nur mit der Hand ganz leicht ein, so dass Sie den Abdruck gerade so eben sehen können. Lassen Sie ruhig zwischen den einzelnen Abdrücken etwas Platz, denn wenn Sie hier den verfügbaren Platz auf drei oder vier Zwischenräume aufteilen, fällt das weniger auf, als wenn am Ende eine halbe Punze fehlt. Ecken sind immer ein Blickfang und darum fallen hier Ungleichmäßigkeiten eher auf als in der Mitte einer längeren Linie. Sobald Sie mit der Aufteilung zufrieden sind, können Sie die Punzen endgültig einschlagen.

Abschließend muss das Stück langsam austrocknen und dann können Sie das Werkstück vernähen.

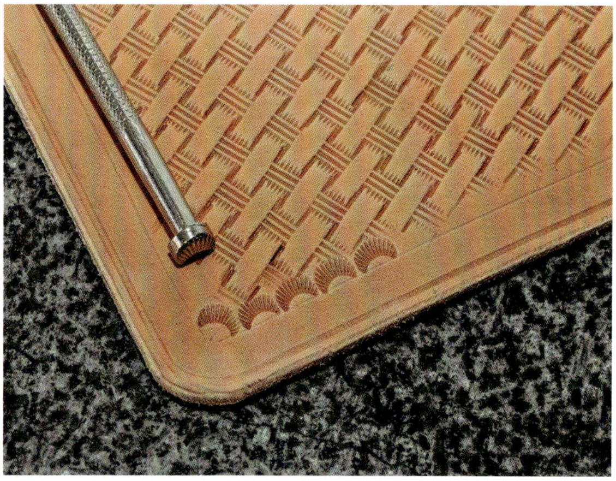

Für die Randpunzierung setzen Sie zunächst die Punzen in jede Ecke und arbeiten von dort weiter

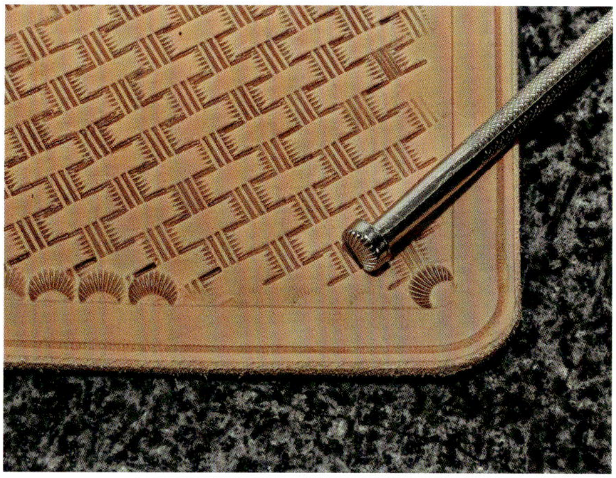

Wenn bis zur Ecke nur noch 4–5 Punzen fehlen, drücken Sie diese mit der Hand probehalber ein, um den Sitz zu kontrollieren

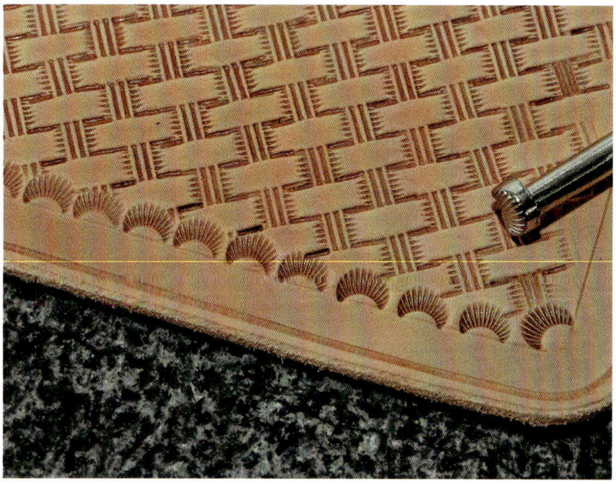

So können Sie den Abstand ausgleichen, nicht dass zum Schluss eine halbe Punzenbreite fehlt, was sich in der Ecke nicht kaschieren lässt

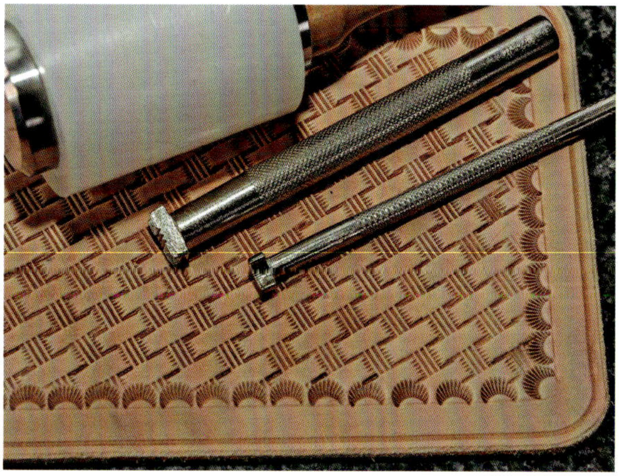

Schon ist das Stück punziert

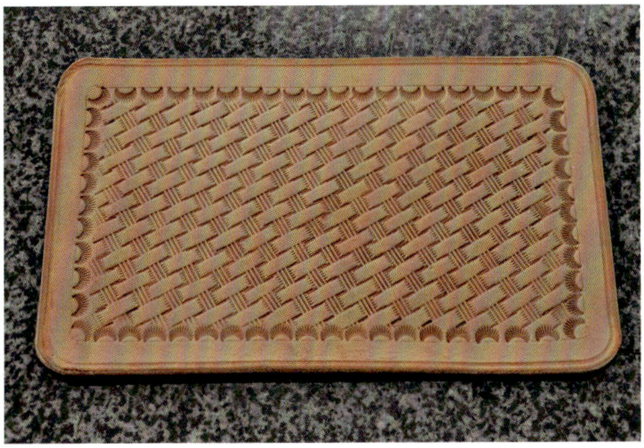

Das punzierte Werkstück mit fertig bearbeiteter Kante

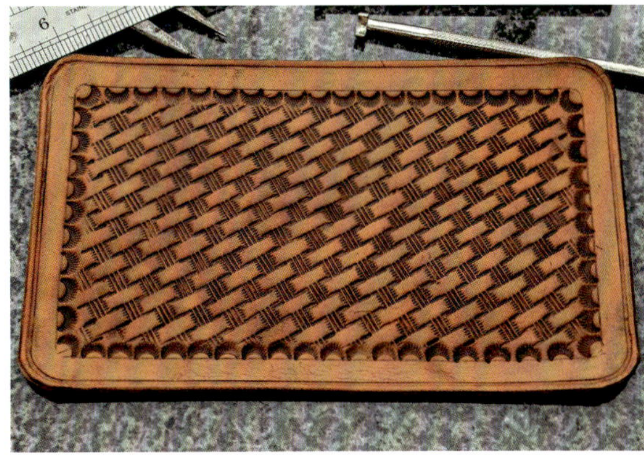

Um das Muster richtig zur Geltung kommen zu lassen und kleinere Ungenauigkeiten optisch verschwinden zu lassen, können Sie das Leder mit Antique Stain, hier in der Farbe „tan", patinieren

Dreieckiges Flechtmuster

Zum Prägen von größeren Flächen ist beispielsweise ein einfaches Flechtmuster mit einem dreieckigen Stempel sehr gut geeignet. Sie finden solch ein Punziereisen unter der Bezeichnung „X503S". Der Vorteil dieses Stempels ist, dass in den Ecken erhöhte „Stifte" stehen, die das Anschließen an den vorher gepunzten Eindruck wesentlich erleichtern. Sie müssen nur den Stempel an den vorher gesetzten Punzeneindruck ansetzen und die Stifte rutschen automatisch und gut fühlbar in die bereits vorhandenen Löcher. Dieses Muster ist besonders gut geeignet für runde Werkstücke wie Untersetzer, weil es aus jeder Richtung gleichmäßig aussieht.

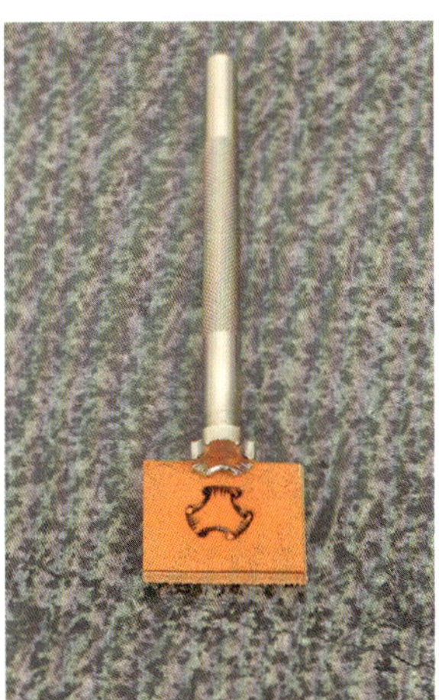

Links: Einzelabdruck

Rechts: Das dreieckige Flechtmuster eignet sich besonders gut für runde Werkstücke wie diese Untersetzer

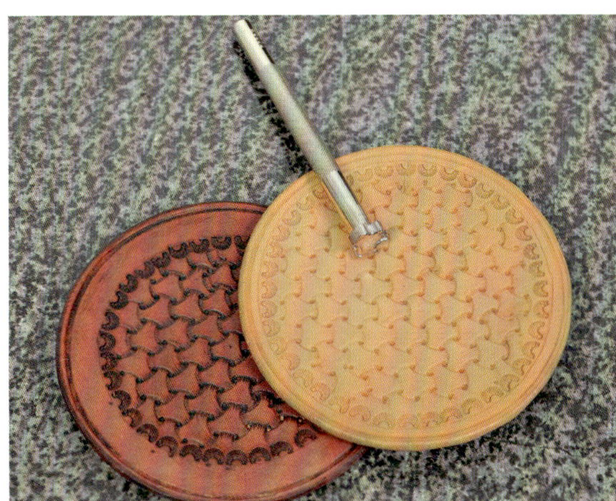

Quadratisches Flechtmuster

Auch quadratische Flechtmuster bieten sich an, wenn Sie größere Flächen prägen möchten. Bei diesen Mustern müssen Sie aber besonders gut darauf achten, dass Ihnen die Punzen nicht verlaufen, denn das fällt bei diesem Muster besonders ins Auge. Es ist gut für rechteckige oder quadratische Werkstücke geeignet. Da der Punzeneinschlag relativ groß ist, sollte das Werkstück ebenfalls relativ groß sein, damit das Muster auch gut zur Geltung kommt.

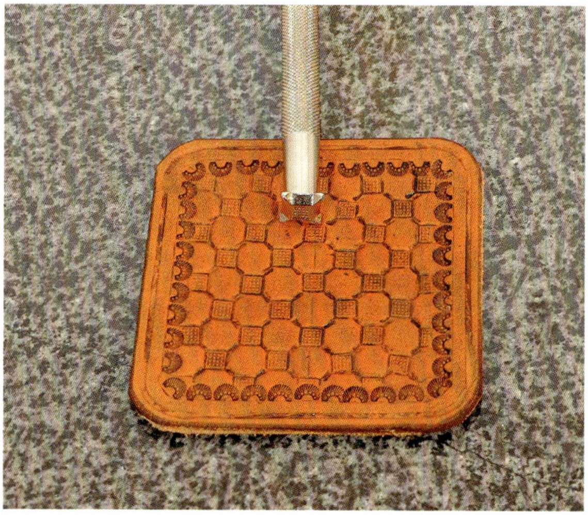

Das quadratische Muster ist schwierig sauber auszurichten

Stacheldrahtmuster

Als Randbegrenzung erfreuen sich Punzen, die aussehen wie Stacheldraht, besonderer Beliebtheit. Diese werden aber nur alleine gesetzt, sie sind nicht geeignet, um beispielsweise ein Flechtmuster abzuschließen. Eine Buchhülle, ein Armband, ein Gürtel oder eine Brieftasche können damit aber gut verziert werden und wenn Sie in eine Ecke noch Ihre Initialen in einer Western-Schrift setzten, dann ist das Werkstück einfach und schick aufgewertet. Stacheldraht-Punzen erhalten Sie im 4er-Set mit je einer Punze für gedrehten Draht, Draht mit zwei und vier Stacheln und einer Ecke. Achten Sie beim Punzieren darauf, dass die feinen Drähte perfekt aneinander anschließen. Auch neigt dieses Muster schnell zum Verlaufen und sieht dann nach schlechter Arbeit aus. Wenn Sie aber mit Ruhe ans Punzieren gehen und folgende Dinge beachten, dann ist es gar nicht so schwer: Zeichnen Sie zunächst eine Hilfslinie auf das Leder, wobei Sie das Werkzeug über der Linie positionieren, denn genau mittig werden Sie diese zum Arbeiten nicht ausreichend erkennen können. Somit liegt die Hilfslinie also unter dem Draht und muss etwas nach unten versetzt werden, da sonst der Draht beispielsweise bei einem Armband nicht in der Mitte liegt.

Fangen wir mit dem Einfachsten an, der Punze mit dem gedrehten Draht. Hier ist es wichtig, dass Sie die beiden Stempel genau fluchtend aufsetzen und anschließend nur leicht einschlagen. Das Werkzeug wurde so konstruiert, dass Sie es eine halbe Werkzeugbreite zurücksetzen können und so der Übergang kaschiert wird. Mit etwas Gefühl werden Sie merken, wie die Punze in die bereits geschlagenen Eindrücke gleitet, dann noch ein leichter Schlag und der Übergang ist perfekt.

Die Punzen mit den Stacheln sollten Sie in einem Abstand von drei bis vier Draht-Punzen einschlagen. Bei den Stacheln ist es besonders kniffelig, den Anschluss an die bereits geschlagenen Punzen genau zu treffen. Gutes Licht, Augenmaß und Ihre Hilfslinie helfen aber dabei. Auch hier bietet es sich an, die Punze zunächst leicht einzudrücken und sie dann vorsichtig, ohne den Sitz zu verlieren, nach hinten zu kippen, um das Muster zu kontrollieren. Wenn alles passt, kippen Sie die Punze zurück und schlagen sie ein, falls nicht, können Sie den Sitz korrigieren und nach einem kräftigen Schlag ist der Eindruck des ersten Versuchs nicht mehr zu sehen.

Stacheldraht-Punzen werden entweder für eine gerade Linie oder als Einrahmung eines rechteckigen Werkstücks verwendet. Das hat konstruktionsbedingte Gründe, denn Sie können damit keine Bögen schlagen, sondern lediglich rechtwinklige Abzweigungen mit Hilfe des Ecken-Werkzeugs. Bei den Ecken ist auch wieder Augenmaß gefragt, denn Sie können solch einen Übergang nur am Ende eines Drahtstückes sauber einschlagen. Sollte dabei die Entfernung nicht passen, dann können Sie das Drahtstück-Werkzeug halb überlappen lassen und müssen die Ecke dann dort ansetzen, wo der Draht zu Ende ist. Legen Sie darum das Ende des geraden Stückes am besten immer dorthin, wo es nicht so drauf ankommt. Bei einem Bucheinband wäre das beispielsweise in Richtung Buchrücken, da zum seitlichen Rand hin der Abstand oben und unten gleichmäßig sein sollte.

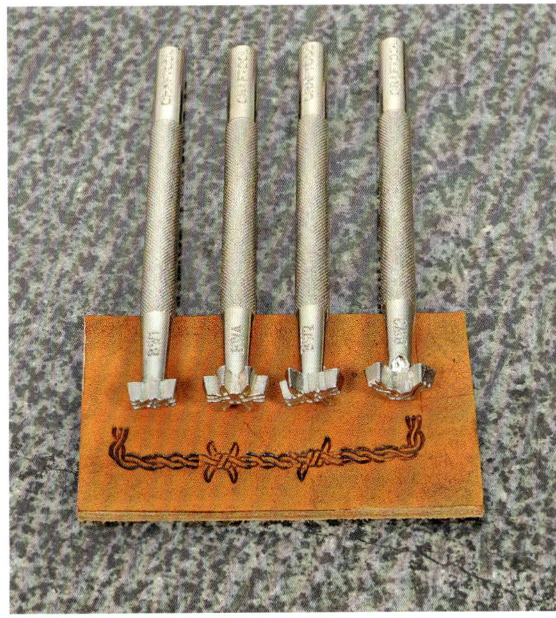

Stacheldraht-Punzen erhalten Sie im 4er-Set, die sich beliebig aneinandersetzen lassen

Rope-Tool

Bei einem Rope-Tool handelt es sich um ein einzelnes Eisen, das Sie einfach aneinandersetzen können, um den Eindruck eines gedrehten Seils zu erwecken. Auch diese Verzierung kann für sich alleine stehen und neigt ebenfalls zum Verlaufen.

Sie können die Punze flachlegen und somit ein schmales Seil andeuten, oder Sie stellen es hochkant und schaffen damit eine breitere Linie. Das Muster sieht besonders gut aus, wenn Sie zwischen den einzelnen Punzen etwas Abstand lassen. Das erfordert aber eine Menge Übung und Augenmaß und ist daher eher etwas für Fortgeschrittene.

Die Ecken sollten Sie nicht zu eng setzen, damit der Eindruck von einem Seil weiterhin bestehen bleibt.

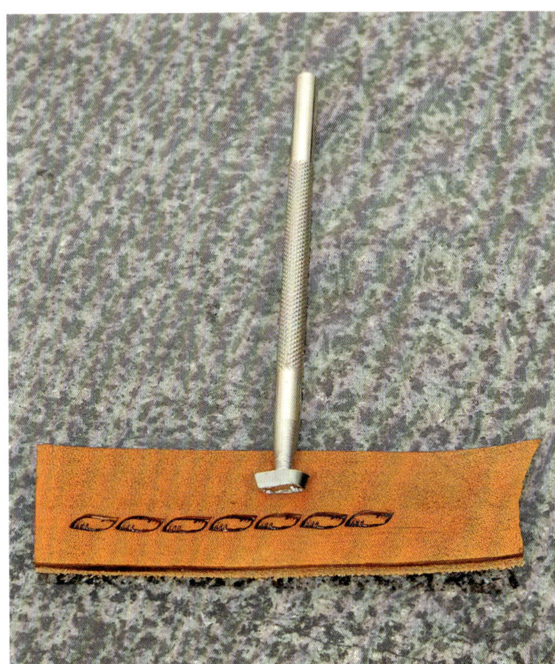

Rope- oder Seilmuster

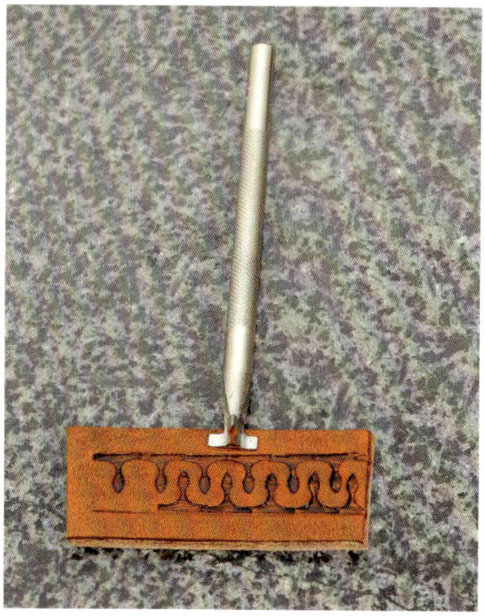

Mäander, die obere Reihe zeigt links zwei einzelne Punzen

Mäander-Tool

Das Mäander-Tool an sich sieht einfach aus, aber die damit zu erzielenden Muster sind eindrucksvoll. Sie müssen hier ein paar Dinge berücksichtigen, damit das Muster am Ende auch wirklich gut aussieht. Zum einen sollten Sie sorgfältig darauf achten, dass Sie auf der Begrenzungslinie bleiben, denn dort sieht man die Ausreißer sofort. Es ist hilfreich, wenn Sie die Linie mit einem Messer vorschneiden, denn dann zieht die Punze das Leder dort sauber mit nach unten und der Abschluss sieht gleichmäßig aus. Zum anderen gilt zu bedenken, dass es bei dem Muster nicht so sehr um das Material, das nach unten geschlagen wird, geht, sondern vielmehr um die Schlangenlinie, die noch stehen bleibt. Auch sollten Sie darauf achten, dass die einzelnen Punzenabdrücke direkt aneinanderstoßen und nicht überlappen, denn dann wird die Schlangenline zu schmal.

Zum Punzieren zeichnen Sie die beiden Linien auf dem Leder an, die exakt parallel ausgelegt sein müssen und schneiden diese eventuell nach. Feuchten Sie das Leder an und arbeiten Sie erst eine Linie ab. Ist diese komplett, folgt die andere, gegenüberliegende. Auf diese Weise können Sie die Punze besser platzieren. Das Muster ist relativ breit und Sie sollten es darum sparsam einsetzen. Möchten Sie das Muster mit anderen Punzierungen wie zum Beispiel einem Flechtmuster kombinieren, dann sollte das Werkstück wenigstens Din-A4-Größe haben. Nur so kommt einerseits der Mäander zur Geltung und anderseits die gefüllte Fläche, die ja noch zusätzlich mit einem Border-Tool abgeschlossen wird. Auch hier gilt: Überfrachten Sie Ihr Werkstück nicht, das Auge des Betrachters braucht auch immer Flächen, die für sich wirken.

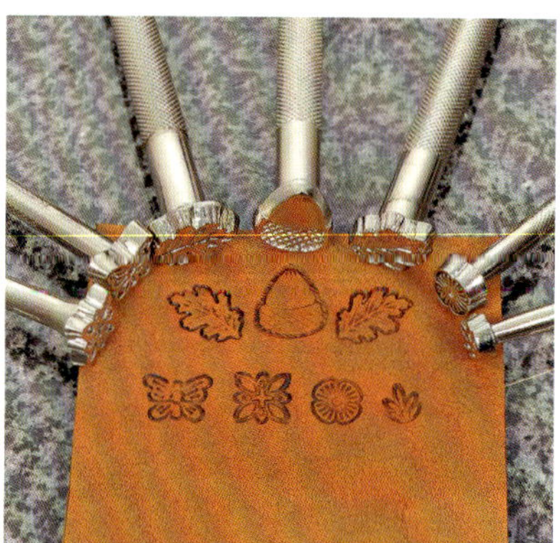

Einzelne Punzen, die für sich stehen können

Musterstempel

Bei Musterstempeln handelt es sich um einzelne Stempel, die beispielsweise Blumen, Blätter oder Tierköpfe zeigen. Diese sollten Sie sparsam einsetzen, denn sie wirken besser, wenn sie nur wenige Stellen eines Werkstücks verzieren. Beispielsweise passt in eine Ecke einer Buchhülle für ein Buch mit jagdlichem Inhalt ein Musterstempel mit Eichenlaub und Eicheln. Wenn Sie hingegen einen Gürtel auf der ganzen Länge mit ein und demselben Pferdekopf verzieren würden, dann sähe Ihr Werkstück eher kindisch aus.

Da Musterstempel eher etwas teurer sind, ist man vielleicht schnell gewillt, sie bei jedem Werkstück einzusetzen. Das wirkt dann aber ebenfalls nicht sonderlich professionell.

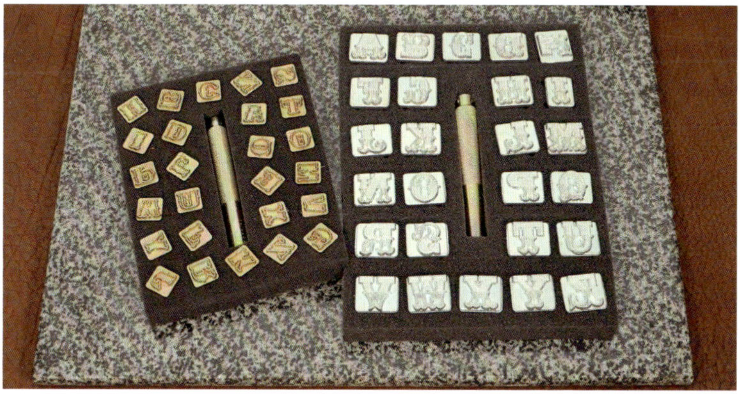

Zwei vollständige Alphabetsätze in unterschiedlichen Größen und Schriftarten

Alphabet

Um die Werkstücke zu personalisieren bietet sich eine Auswahl an Punzen-Buchstaben an. Da Sie meist nur Initialen oder kurze Namen einschlagen werden, sind verzierte Großbuchstaben ausreichend und sogar hübscher als eine Normschrift, die eigentlich nur genutzt wird, um beispielsweise Modelle zu kennzeichnen. Vor dem Kauf sollten Sie sich Gedanken über die gewünschte Buchstabenhöhe machen. Sie sollten um die 12–15 mm hoch sein, denn zu kleine Initialen wirken nicht richtig. Die meisten Alphabetsätze bestehen aus den Stempelplatten und einem Wechselschaft. Um die Buchstaben sauber auszurichten sollten Sie ein Holzlineal auf das Werkstück klemmen, damit die Buchstaben alle auf derselben Höhe stehen. Klemmen Sie das Lineal aber nicht so fest, dass es Spuren auf dem feuchten Leder hinterlässt. Jetzt müssen Sie nur noch den Buchstabenabstand für das Auge gefällig ausrichten. Dabei ist zu beachten, dass beispielsweise das große „I" deutlich schmaler als ein „W" oder ein „R" ist. Darum muss das „I" weiter an die anderen Buchstaben gesetzt werden, als es die quadratische Platte vorsieht. Wenn Sie die Buchstaben einfach nebeneinandersetzen, so dass sich die Platten berühren, entstehen unschönen Zwischenräume. Schlagen Sie also den ersten Buchstaben ein und drücken Sie den nächsten nur leicht mit der Hand an, so dass Sie den Eindruck gerade so erkennen können. Prüfen Sie, ob der Abstand so passt und setzen Sie dann den Buchstaben auf den Eindruck und schlagen ihn ein. Das hört sich vielleicht kompliziert und pedantisch an, macht aber in der optischen Wirkung eine Menge aus und bildet letztlich den Unterschied zwischen Amateur und Profi. Alternativ können Sie auch die Platte von dem „I" seitlich so zurechtschleifen, dass der Abstand Ihrem Wunsch entspricht.

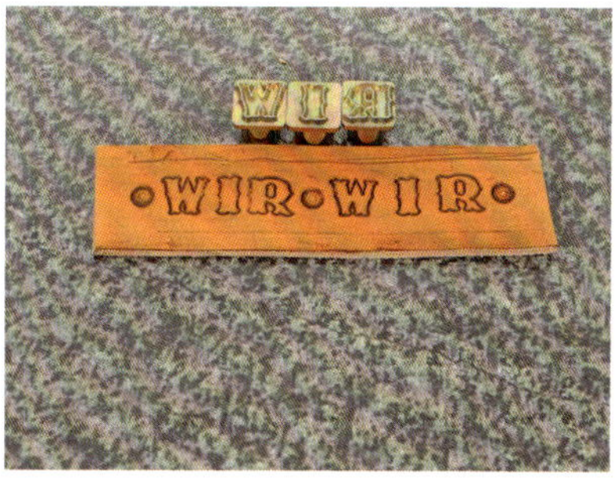

Links: Ausgerichtete Buchstaben mit wenig Zwischenraum zwischen den einzelnen Buchstaben. Rechts: Buchstaben, wie sie bei aneinandergelegten Platten geprägt werden – der Abstand wirkt optisch zu groß.

HINWEIS
Denken Sie daran, dass sich Ihr geschlagenes Muster niemand mit der Lupe ansehen wird, sondern immer mit einigem Abstand. Kleine Unregelmäßigkeiten fallen also optisch gar nicht auf. Der Rest kommt mit der Übung.

Oberflächenbehandlung

Leder ist ein Naturprodukt, das unter anderem auf Sonnenlicht, Verschmutzung und Schweiß reagiert – es benötigt also einen Schutz. Dieser wird teilweise bereits bei der Gerbung und Zurichtung beigegeben, wie beispielsweise bei Fettleder. Bei anderen Ledersorten wird auf einen Schutz bewusst verzichtet, wie zum Beispiel bei Leder, das für das Punzieren vorgesehen ist. Gerade diese Leder müssen geschützt werden, indem Sie das noch fehlende Fett im Anschluss auftragen, damit es kein Wasser mehr annimmt und keine Flecken entstehen können.

Um das richtige Pflegeprodukt für Ihr Werkstück auszuwählen, müssen Sie wissen, wie diese Produkte wirken. Es gibt Lederöle, die auch beim Gerben eingesetzt werden und mit denen das Leder getränkt wird. Überall dort, wo das Öl eingezogen ist, kann kein Wasser mehr eindringen, denn aufgrund ihres chemischen Aufbaus können sich Wasser und Öl nicht mischen. Neben der Schutzwirkung macht das Öl das Leder auch weich und geschmeidig. Das ist bei einigen Lederarten und Verwendungszwecken erwünscht, bei anderen jedoch eher nachteilig. Beispielsweise muss eine Messerscheide oder ein Pistolenholster hart sein und seinen Stand behalten. Eine Hundeleine hingegen soll weich und geschmeidig sein. Sollten Sie also für eine Hundeleine nicht schon gefettetes Leder verwendet haben, dann müssen Sie das Fett in Form von Lederöl zuführen. Ein Lederholster lässt sich mit einer Mischung aus Lederfett und Wachs ideal vor Wasserflecken und Umwelteinflüssen schützen. Bei solch einem Produkt sind Fett und Wachs quasi zusammengeschmolzen, um das Auftragen des Wachses zu erleichtern. Dabei dringt das Fett in die oberen Lederschichten ein und lässt das Wachs auf der Oberfläche zurück, wo es eine dünne, wasserabweisende Schutzschicht bildet, ohne dass das Leder zu weich wird und an Stand verliert.

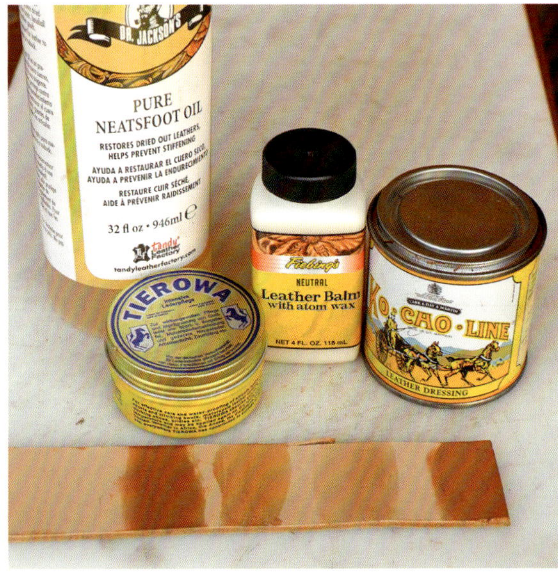

Hier sieht man schön die unterschiedlichen Farbveränderungen bei unterschiedlichen Leder-Pflegemitteln

Neatsfoot Oil ist ein typischer Vertreter für Lederöl und wurde ursprünglich aus Kalbsfußknochen gewonnen. Das im Fußknochen eingelagerte Öl hat einen besonders niedrigen Schmelzpunkt und wird bereits bei Raumtemperatur flüssig. Es dringt gut in das natürliche Material Leder ein und harmoniert mit ihm.

Bei Lederpflegeprodukten, die schützen, aber den Stand erhalten, sollten Sie auf einen hohen Anteil an Bienenwachs achten. Hier hilft Anwärmen, um das Produkt besser auftragen zu können.

Bei allen Arten der Lederkonservierung sollten Sie beachten, dass diese die Farbe des Leders verändern können. Bei Lederölen wird es in der Regel dunkler, als bei Fetten auf Bienenwachsbasis. Sie sollten daher bei jedem Leder erst an einem Reststück einen Test mit dem Konservierungsmittel Ihrer Wahl durchführen. Auf diese Weise erleben Sie keine bösen Überraschungen und werden nicht von der Farbe und Wirkung enttäuscht.

Färben

Sie können Leder mit verschiedenen Methoden färben. Die meisten Lederfarben, die angeboten werden, sind wasserbasierte Beizen und für ungefettetes Blankleder gedacht. Sie dringen in das trockene Leder ein und färben es durch. Die Eigenschaften des Leders werden davon nicht beeinträchtigt und es kann darum später immer noch gefettet werden.

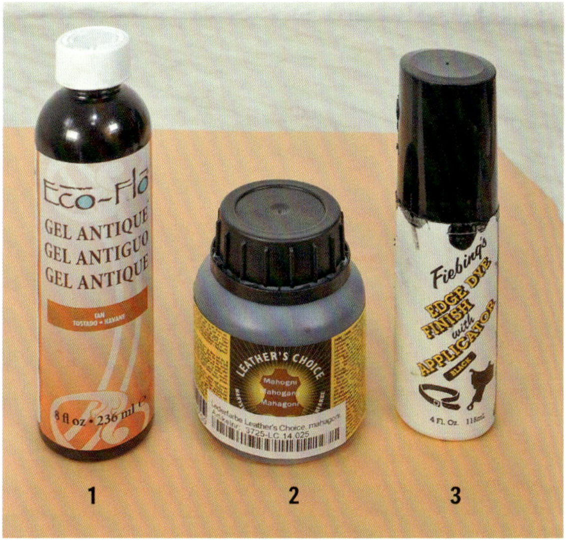

1 Leder-Patina, 2 Lederbeize, 3 Kantenfarbe

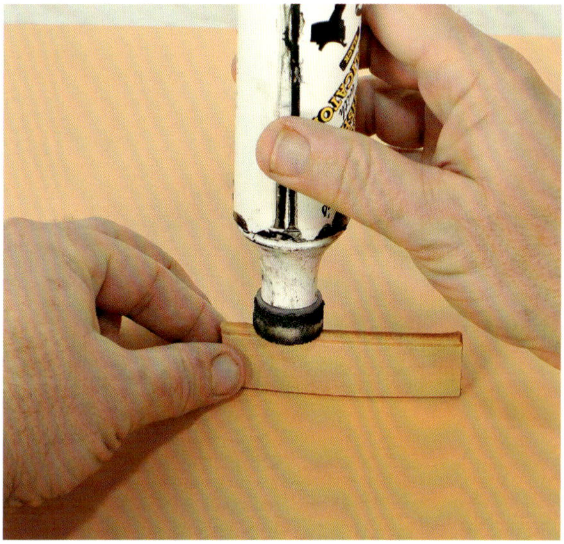

Auftragen von Kantenfarbe

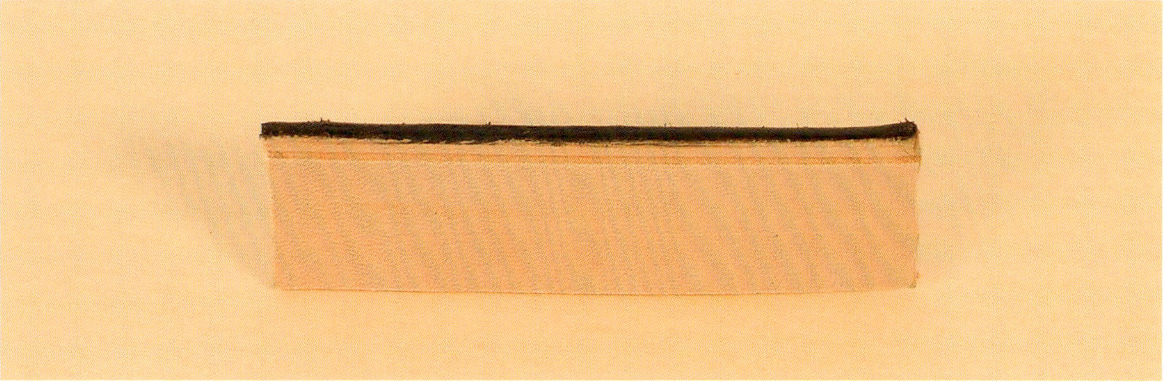

Die Kantenfarbe kommt nur auf die Kante

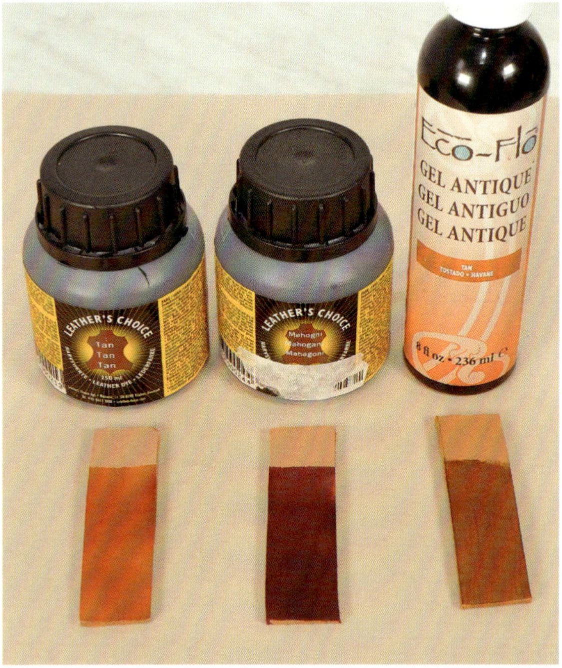

Links zwei verschiedene Farbtöne mit Lederbeizen, rechts ein patiniertes Lederstück

Mit Beizen lassen sich auch Punzierungen hervorheben. Dafür gibt es spezielle Beizen, die vor allem zum Patinieren, wie das künstliche Altern von Leder genannt wird, gedacht sind. Dabei werden die tieferliegenden Partien dunkler und die obenliegenden heller, was den Eindruck von lange benutztem Leder erweckt. Diese Beizen sind als Gel aufgebaut, damit Sie diese mit einem Schwamm dick auftragen und dann abwischen können. Auf diese Weise färben Sie die tieferliegenden Stellen des Musters intensiver und dunkler und die obenliegenden Stellen bleiben heller. Dazwischen gibt es alle möglichen Übergangsfarben. Das Einfärben sorgt für mehr Tiefe und einen verstärkten 3-D-Effekt. Im Anschluss müssen Sie das Stück trocknen lassen und die Oberfläche behandeln.

Für gefettetes Leder gibt es Lederfarben, die als Farbschicht auf dem Leder aufliegen, vergleichbar mit einem Farbanstrich auf einem nicht saugfähigen Untergrund. Diese Farben scheuern sich ab, und das ungefärbte Leder tritt wieder zutage. Eine Beize hingegen zieht in das Leder ein und färbt dieses unter Umständen sogar ganz durch, je nachdem, wie viel und wie lange die Beize einwirken kann.

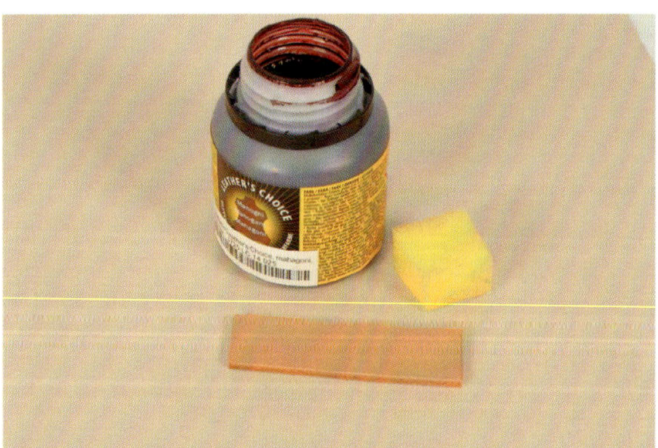

Lederfarbe, ein Schwammstück und Leder

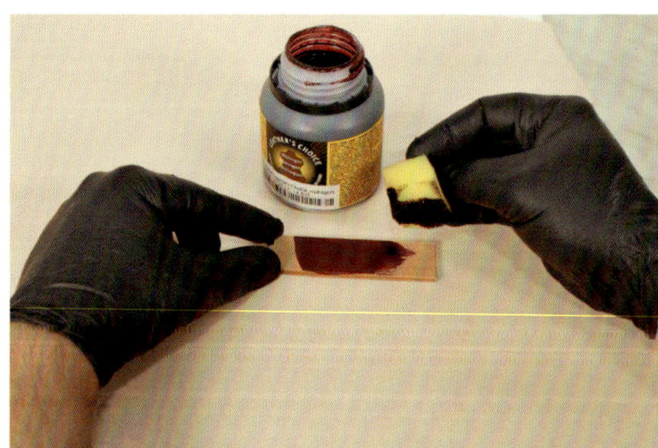

Tragen Sie die Farbe mit Handschuhen auf

Nassformen

Eine besonders interessante Methode der Lederbearbeitung ist das Nassformen. Dafür wird das Leder in handwarmem Wasser eingeweicht, bis sich keine Blasen mehr bilden. Dann ist das Leder vollgesogen und es lässt sich leicht in Form ziehen. Das Leder darf fürs Nassformen nicht gefettet sein, damit es das Wasser aufnehmen kann – Blankleder ist vorzuziehen. Für das Nassformen können Sie entweder Formen fertigen, oder das Leder mit der Hand formen. Die Herstellung von Formen ist vorteilhaft, wenn Sie mehrfach ein identisches Werkstück fertigen wollen. Zu einer Form gehört ein unteres Teil, über das das Leder gelegt wird, und ein oberes Teil, das das Leder auf die untere Form drückt und so lange fixiert, bis es so weit getrocknet ist, dass es seine Form behält.

Das Formen frei Hand wird beispielsweise bei Messerscheiden und Kurzwaffenholstern angewandt, um die Passform zu verbessern. Dazu wickeln Sie die Waffe oder das Messer in Frischhaltefolie ein und stecken sie in die gewässerte Scheide beziehungsweise in das Holster und drücken das Leder fest an den Inhalt. So lassen Sie das Werkstück mit dem Inhalt trocknen. Das Leder erhält durch das Nassformen zusätzlich Festigkeit beziehungsweise Steifheit. Abschließend sollten Sie es an der äußeren Oberfläche mit wachshaltigen Pflegeprodukten schützen.

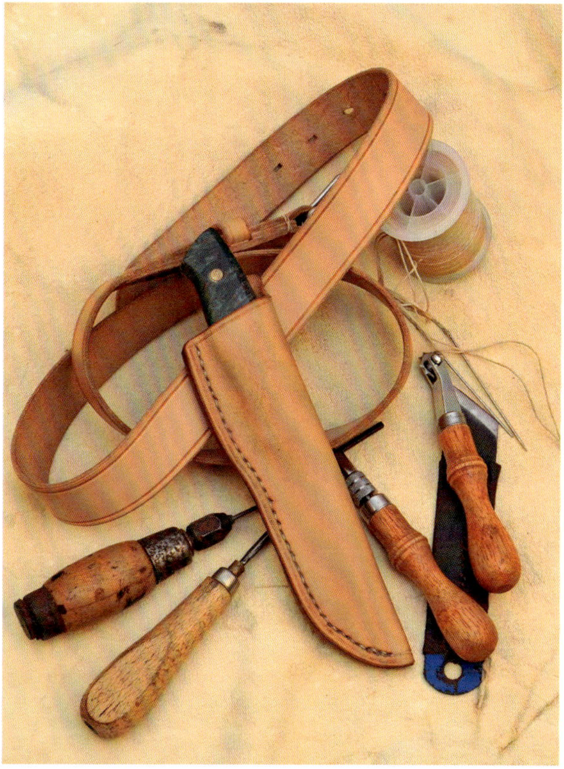

Die Nassformtechnik findet bei Messerscheiden Anwendung, bei denen es auf eine genaue Passform ankommt

Härten

Das Härten von Leder funktioniert ganz ähnlich wie das Nassformen. Es wird beispielsweise in der Live-Action-Role-Playing- (kurz LARP) und Cosplay-Szene verwenden, um Rüstungen aus Leder zu fertigen. Aber auch beim Feldflaschen-Projekt (siehe Seite 98) wird das Leder gehärtet. Es gibt mehrere Methoden. Die schnellste Möglichkeit besteht darin, dass das ungefettete Blankleder in 80 °C heißes Wasser gelegt wird, bis es weich ist. Dann wird es sofort herausgenommen und in die gewünschte Form gebracht. Anschließend muss es nur noch abkühlen und trocknen. Das Wasser darf dabei aber auf keinen Fall heißer sein, denn sonst wird das Stück so hart, dass es bricht. Üben Sie auf jeden Fall vorher mit Abschnitten vom selben Stück Leder, bis Sie ein Gefühl für das Formen bekommen.

Drachenschuppe für einen LARP-Schuppenpanzer härten

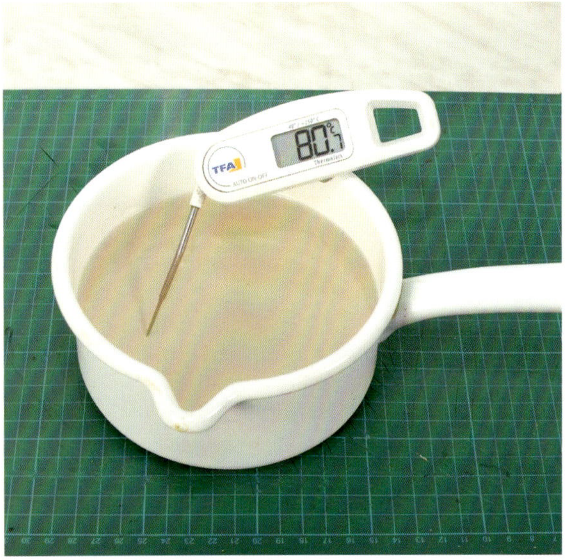

Zum Härten können Sie heißes Wasser nutzen, 80 °C sind ideal, sollten aber nicht überschritten werden

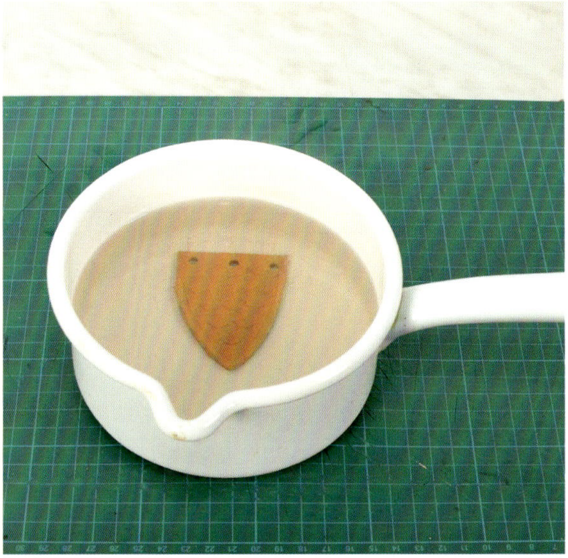

Legen Sie das Werkstück in das heiße Wasser und warten Sie, bis keine Blasen mehr aufsteigen, sich das Werkstück vollgesogen und die Temperatur angenommen hat

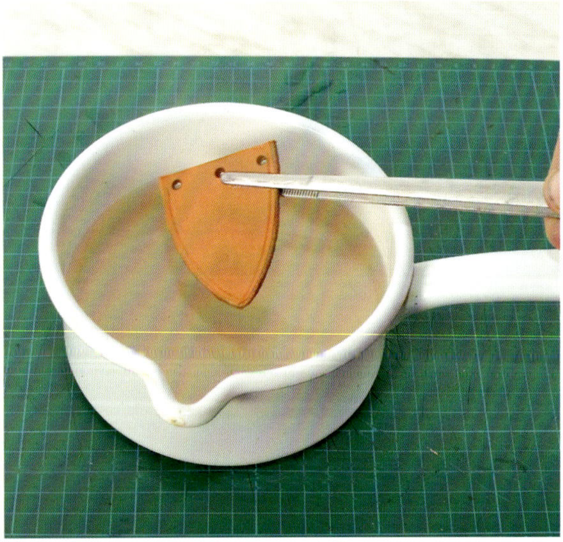

Nehmen Sie das Werkstück vorsichtig mit einer Pinzette aus dem Wasser

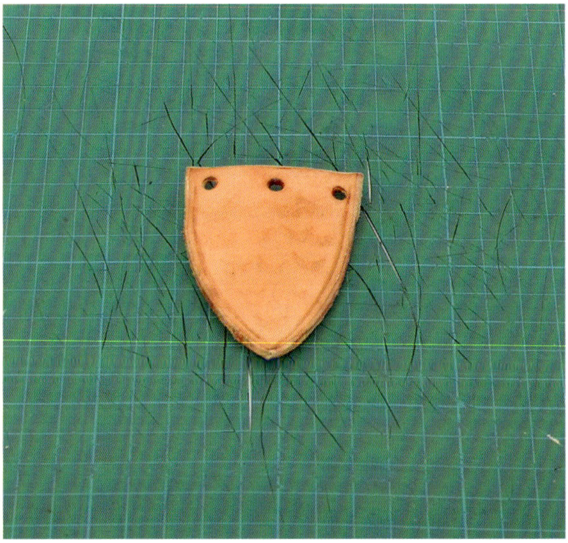

Biegen Sie das Werkstück in Form und lassen sie es langsam trocknen und auskühlen. Mit etwas Lederpflege behandelt ist die Drachenschuppe dann fertig zur Weiterverarbeitung.

Die zweite, bessere Möglichkeit besteht darin, dass das ungefettete Blankleder mit Bienenwachs gehärtet wird (siehe hierzu ab Seite 106). Dafür wird das Leder im Backofen auf 80 °C und das Bienenwachs in einem Topf ebenfalls auf etwa 80 °C erwärmt. Beim Wachs kommt es nicht auf ein paar Grad mehr an, aber es sollte nicht kochen. Jetzt wird das Leder von allen Seiten mit reichlich Wachs bepinselt und für einige Minuten zurück in den Backofen gelegt, bis es das Wachs aufgenommen hat. Ein Stück Backpapier unter dem Leder verhindert, dass das Bienenwachs in den Ofen tropft. Dann streichen Sie erneut flüssiges Wachs auf das Leder und wiederholen es so oft, bis es kein Wachs mehr aufnimmt. Das noch heiße Leder wird nun in die gewünschte Form gelegt. Wenn es ausgekühlt ist, behält es seine Form, ist hart wie Holz und wasserabweisend. Sie sollten beachten, dass das Leder beim Härten mit Wachs stark nachdunkelt – ein Test an einem Lederreststück bietet sich an. Zum Schluss muss nur noch die Oberfläche mit einem weichen Lappen poliert werden.

Niete setzen

Das Setzen von Nieten kann notwendig sein, wenn eine Stelle unzugänglich ist oder ein Projekt eine ausreichend lange Naht nicht zulässt. Früher wurde im Lederhandwerk lieber genäht, weil Niete teuer und Arbeitskräfte billig waren. Heute verhält es sich eher umgekehrt und vieles wird einfach nur mit Nieten „zusammengedengelt" – auch weil heute nur noch wenige eine gute Naht zu schätzen wissen. Wenn Sie Niete setzen möchten/müssen, dann verwenden Sie am besten Kupferniete mit Unterlegscheiben.

Um diese Niete richtig zu setzen benötigen Sie einen sogenannten „Nietzieher". Es handelt sich dabei um ein Spezialwerkzeug, das recht günstig und für diese Arbeit unverzichtbar ist. Die Niete besitzen einen breiten, flachen Kopf und einen Schaft. Stanzen Sie zunächst das Loch für die Niete im entsprechenden Durchmesser. Stecken Sie die zu vernietenden Lederstücke mit dem Niet zusammen, dabei soll sich der Kupferkopf auf der Sichtfläche befinden. Dann schieben Sie die Unterlegscheiben auf den Schaft des Niets und werden dabei bemerken, dass die Unterlegscheibe nicht zu passen scheint. Das ist aber so gewollt, denn jetzt kommt der Nietzieher zum Einsatz. An diesem Werkzeug befinden sich zwei Löcher, das tiefe Loch ist jetzt gefordert. Schieben Sie es über den Schaft des Niets und legen den Kopf des Niets auf eine saubere, glatte Unterlage. Schlagen Sie mit leichten, wohl dosierten Schlägen auf den Nietzieher. Die Unterlegscheibe wird sich am Nietschaft nach unten bewegen und sich festklemmen – das ist genau das, was beabsichtigt ist. Die beiden Lederstücke werden zusammengepresst und die Unterlegscheibe klemmt fest.

Entfernen Sie mit einer Kneifzange oder einer Metallsäge den Nietschaft bis auf einen Steg von 1–2 mm. Jetzt benötigen Sie die halbrunde Delle des Nietziehers: Setzen Sie diese auf den Nietschaft und schlagen Sie mit leichten, dosierten Schlägen auf den Nietzieher. Dadurch wird sich das Ende des Nietschaftes zu einem „Pilz" formen, so dass sich die Unterlegscheibe nicht wieder lösen kann. Hier ist umsichtiges Vorgehen gefragt, denn sollten Sie versuchen, mit nur einem kräftigen Schlag das Ende zu formen, dann kann es passieren, dass der Niet umknickt und das Leder beschädigt.

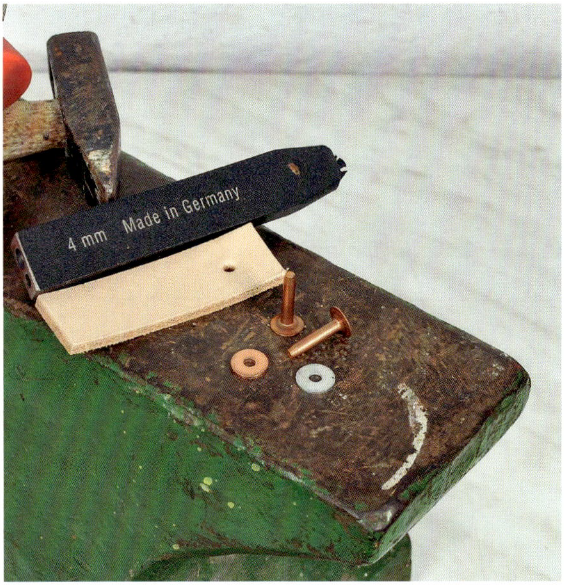

Kupferniete sind etwas aufwendiger zu setzen, halten aber besser als Blechnieten

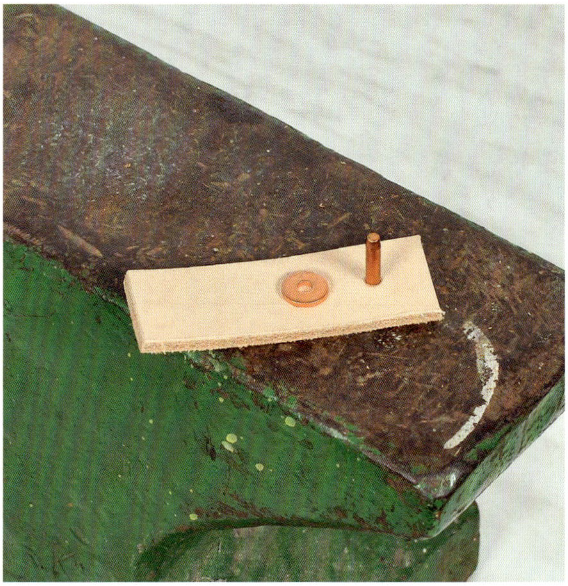

Stecken Sie den Niet mit dem Schaft durch das Loch

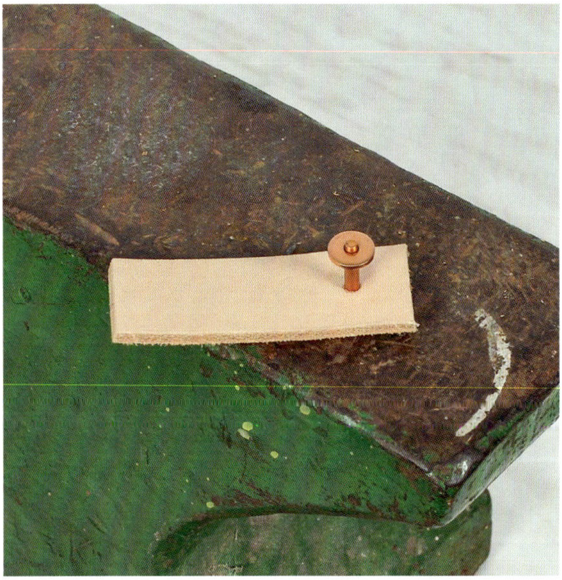

Setzen Sie die Unterlegscheibe auf, diese klemmt fest, weil das Loch etwas untermaßig ist

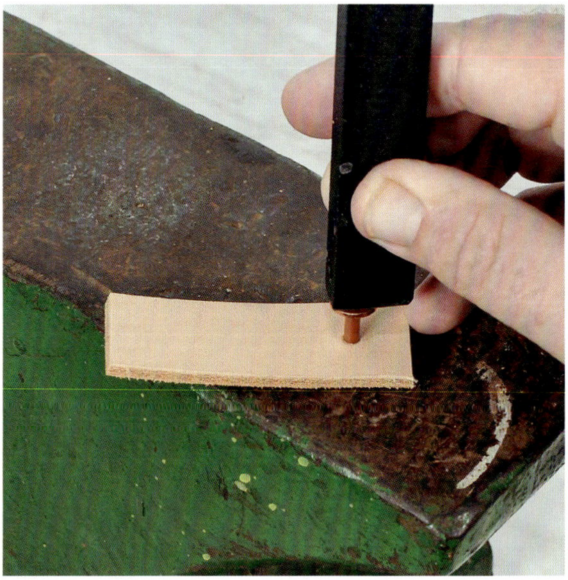

Mit dem Nietzieher schlagen Sie die Unterlegscheibe auf das Leder, bis es leicht festgeklemmt ist

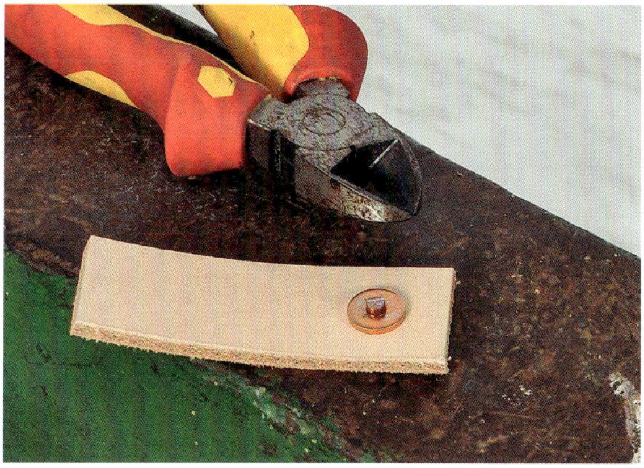

Kneifen Sie den Schaft so weit ab, dass noch 1–2 Millimeter stehenbleiben

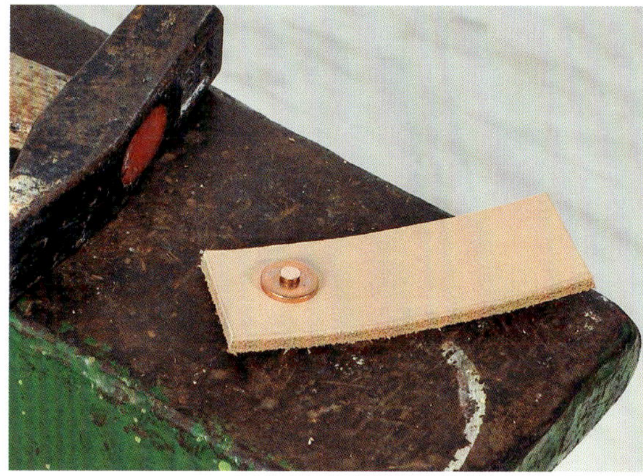

Sie können den Nietschaft auch sauber abschleifen, dann sieht der Nietkopf hinterher besser aus

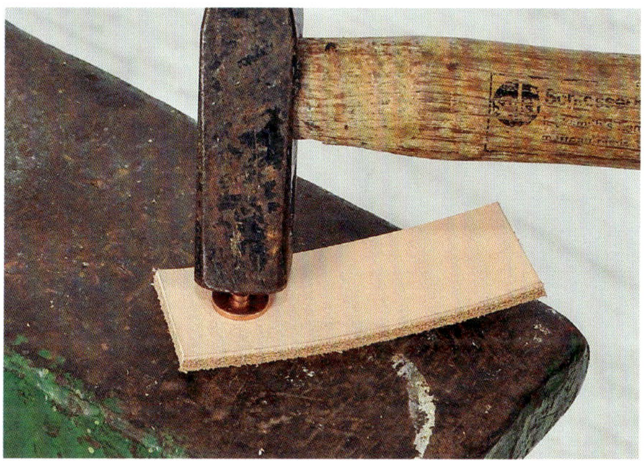

Sie können den Schaft mit dem Nietwerkzeug vernieten oder, wie hier gezeigt, mit vielen kleinen Schlägen mit einem Hammer

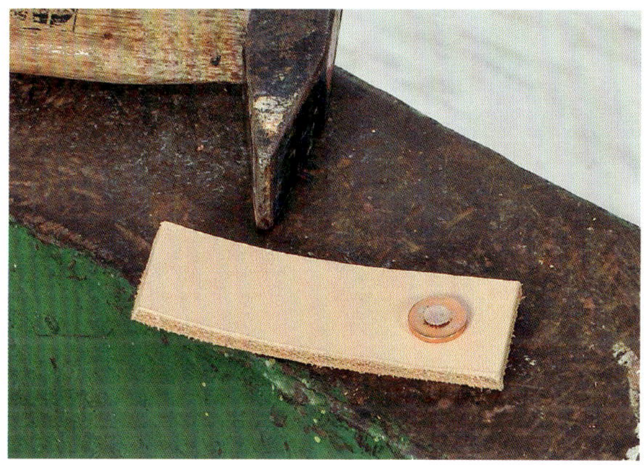

Der Nietkopf soll pilzförmig ausgearbeitet werden, dann hält er sicher

Ich möchte nicht verschweigen, dass es auch noch andere Niete gibt. Zum Beispiel die, die aus Blech geformt sind und bei denen zwei Teile, ein Ober- und ein Unterteil, zusammengeschlagen werden. Diese Niete werden heutzutage vorzugsweise in der Industrie eingesetzt und halten ganz gut. Ich mag sie nicht, denn sie sind nicht flexibel anwendbar, was die Dicke des Leders anbelangt. Sie benötigen immer die richtige Länge, weil Sie nur einen Millimeter ausgleichen können. Außerdem lassen sich zwei Lederteile nicht provisorisch verbinden, sondern müssen beim Zusammenschlagen der Niete diesen folgen. Für diese sogenannten Hohlniete liegt in jeder Packung ein Werkzeug bei, das Sie nutzen sollten, um den halbrund gefertigten Nietkopf auf der Sichtseite zu schützen. Diese Niete können Sie also nicht einfach so auf einem Amboss zusammenschlagen, denn dann würde der Kopf flachgeschlagen und nicht mehr gut aussehen.

LEKTION 5

Einfache Projekte

Im ersten Projektkapitel beginnen wir mit einfachen Arbeiten. Zu Anfang zeige ich nur einige wenige Methoden, die Sie aber für viele Projekte benötigten, denn so können Sie beispielsweise das Veredeln der Kante bei einem Armband üben, bevor Sie sich an einen ganzen Gürtel wagen. Auch lassen sich einige der Projekte ohne eine Naht fertigstellen, was die Anzahl der notwendigen Werkzeuge reduziert und schnell zu ersten Erfolgserlebnisse führen sollte.

Armbänder

Material:

Lederriemen 20–50 mm breit; so lang wie Ihr Handgelenkumfang + 2 cm, Blank- oder Fettleder
1–2 Druckknöpfe
Lederfarbe, nach Wahl

Werkzeug:

Halbrund-/Spitzbogen-Endeisen oder Cutter
Reifelholz
Polierholz
Kantenzieher
Kantenfarbe, nach Wahl
Punziereisen, nach Wahl

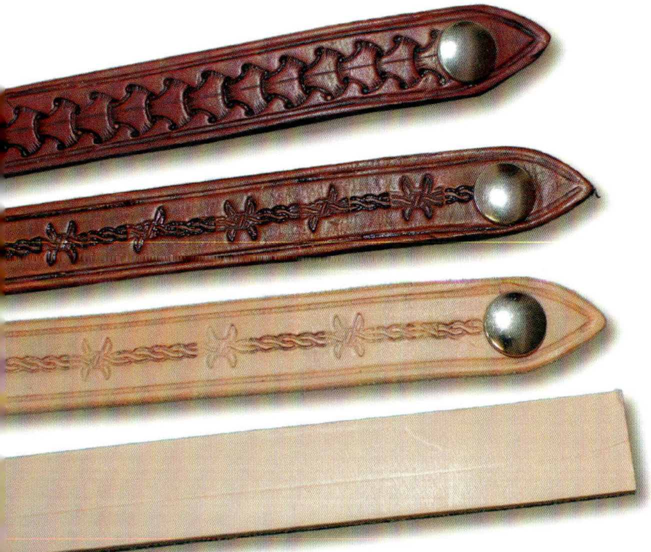

In meinen Kursen zum Ledernähen beginne ich immer mit einem Armband, denn daran lassen sich die wichtigsten Dinge der Lederbearbeitung, wie zum Beispiel Kantenbearbeitung und Oberflächenbehandlung, gut zeigen und nachmachen. Wird das Armband mit einem Druckknopf geschlossen, dann ist nicht einmal eine Naht notwendig. Als Ausgangsmaterial dient ein Lederriemen, der 2 cm länger sein sollte, als der Umfang Ihres Handgelenks. Somit haben Sie genug Material zur Verfügung, um es passend zuzuschneiden. Durch den Druckknopf und die Dicke des Leders kann es schwierig sein, genau Maß zu nehmen und das Armband wird dann zu eng. Es hat sich bewährt, den rohen Lederriemen um das Handgelenk zu legen und die Länge mit einem Eindruck des Daumennagels zu markieren.

Die Armbandbreite hängt vom persönlichen Geschmack ab. Ich bevorzuge eine Breite von 20–25 mm, ab 40 mm wirkt das Armband schnell sehr martialisch. Sie können das Leder aber auch auf 50 mm zuschneiden, es schwarz färben, zwei Druckknöpfe nebeneinandersetzen und damit einem Metal-, Rock- oder Gothic-Fan eine Freude machen. Achten Sie aber bei der Oberflächenbearbeitung darauf, nicht zu stark fettende Mittel zu verwenden, damit Ihre Kleidung keine Fettflecken bekommt.

Sobald die Länge feststeht und Sie die beiden Enden in Form gebracht haben – Halbrund oder Spitzbogen, ganz wie Sie es mögen – müssen Sie eine Zierlinie mit dem Reifelholz eindrücken und die Kanten brechen. Anschließend bearbeiten Sie mit einem Polierholz die Lederkanten, damit diese schön rund werden und keine Lederfasern abstehen. Sie können die Kanten nun auch mit Kantenfarbe färben. Auch bieten sich bei Armbändern einfache Punzierungen wie Stacheldraht oder Mäander an. Falls das Armband breit genug ist, ergibt es mit Initialen versehen ein schönes und individuelles Geschenk.

Bei der Wahl der Druckknöpfe ist es wichtig, dass der Schaft der Knöpfe lang genug ist und zur Dicke des Leders passt. Zur Not müssen Sie auf der Fleischseite etwas Material abtragen oder andere Knöpfe verwenden.

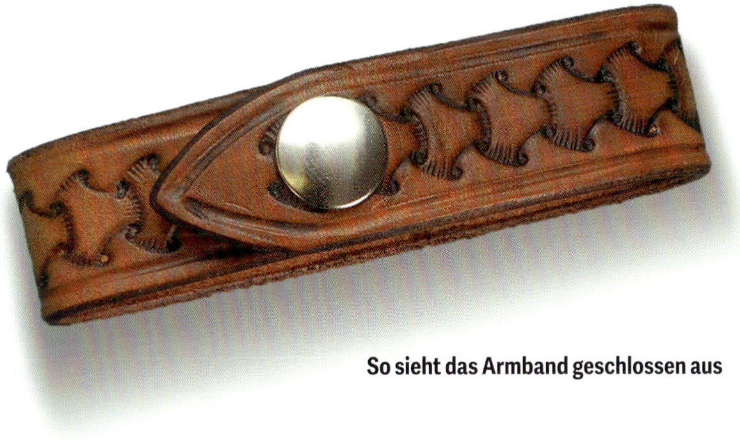

So sieht das Armband geschlossen aus

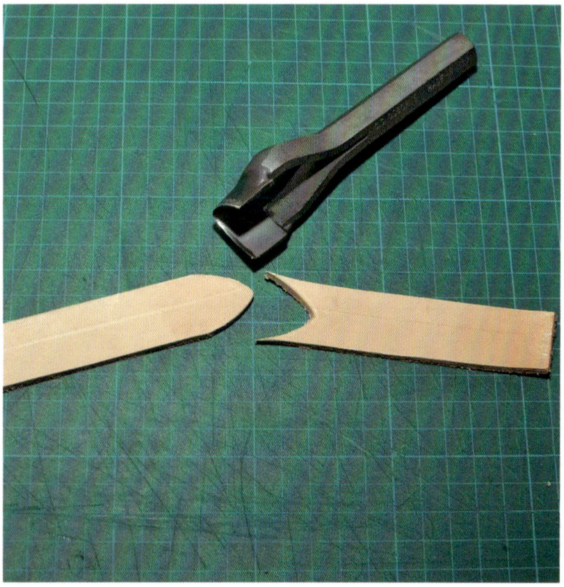

1 Die Enden können Sie mit einem Messer abschneiden oder mit einem Endeisen abschlagen, der Riemen ist hier 22 mm bzw. ⅞ Zoll breit

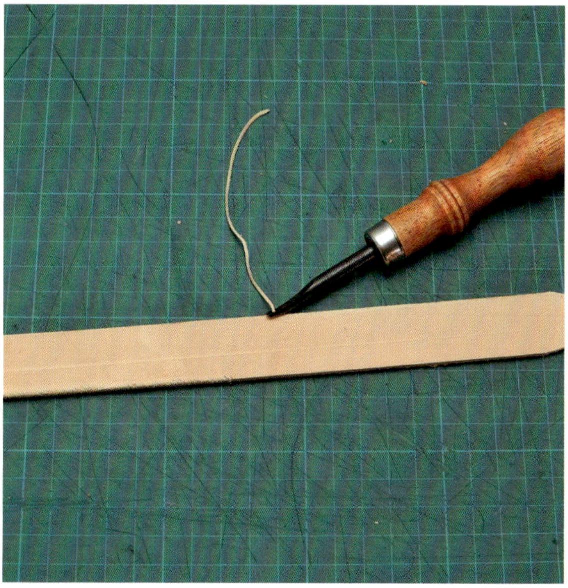

2 Mit dem Kantenzieher brechen Sie die Kanten auf allen Seiten

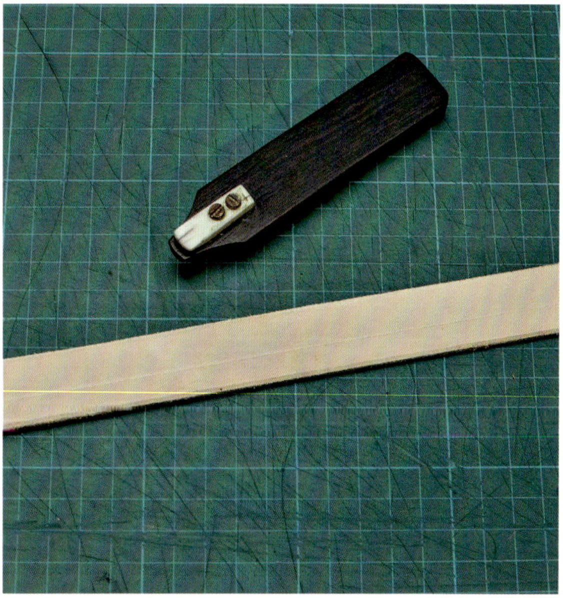

3 Ziehen Sie nun mit einem Reifelholz eine Rille zur Zierde

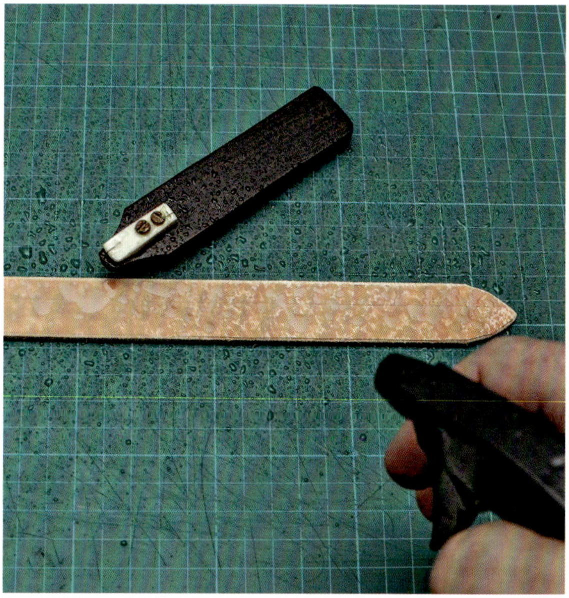

4 Mit einer Sprühflasche feuchten Sie zunächst die Narbenseite des Leders an, dann lässt sich die Rille leichter und tiefer ziehen

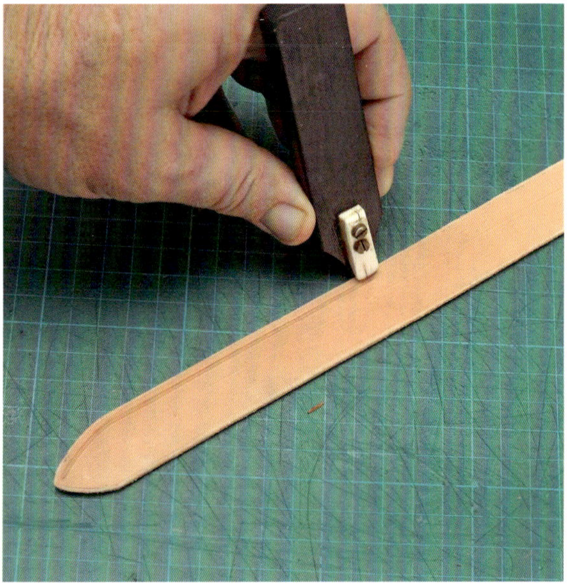

5 Beginnen Sie mit wenig Druck und kurzen Teilstücken, bis die Rille komplett eingedrückt ist

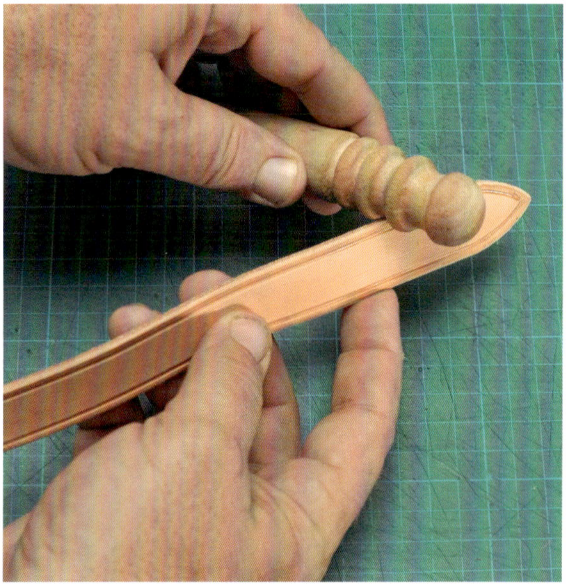

6 Mit dem Polierholz oder dem Falzbein runden Sie die Kante ab, auch hier wieder mit wenig Druck beginnen und dann immer schneller streichen

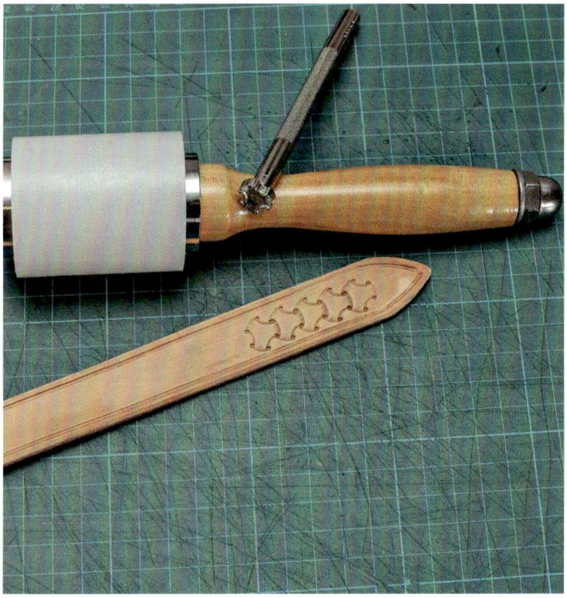

7 Das bereits angefeuchtete Leder können Sie gut punzieren

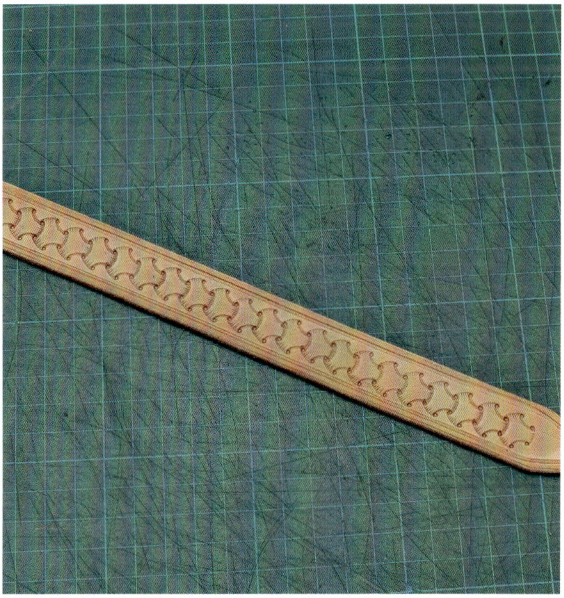

8 Punzieren Sie fast bis zum Ende, dieses wird dann durch den Druckknopf verdeckt

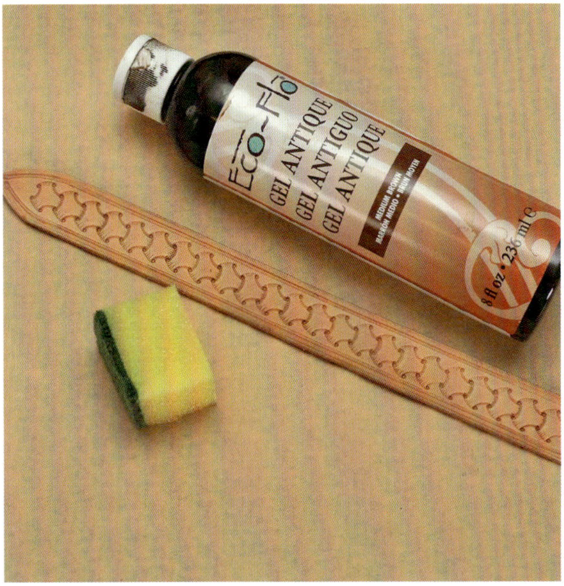

9 Zum Patinieren können Sie Gel Antique und ein Stück von einem Spülschwamm verwenden

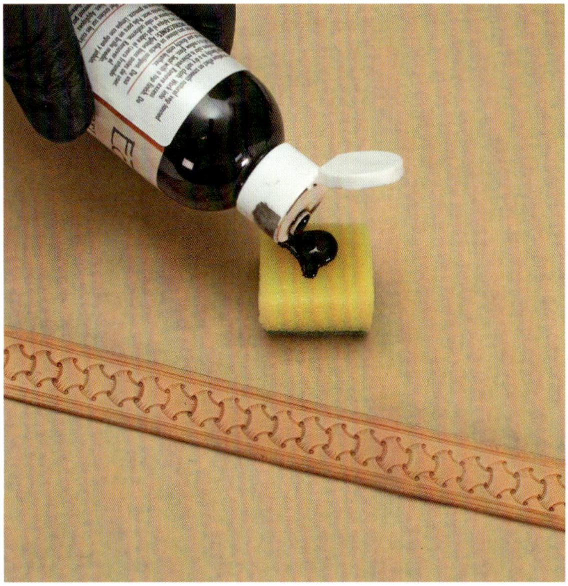

10 Geben Sie reichlich Gel auf den Schwamm und nutzen Sie auf jeden Fall Einweghandschuhe und ein Blatt beschichtetes Papier als Einweg-Unterlage

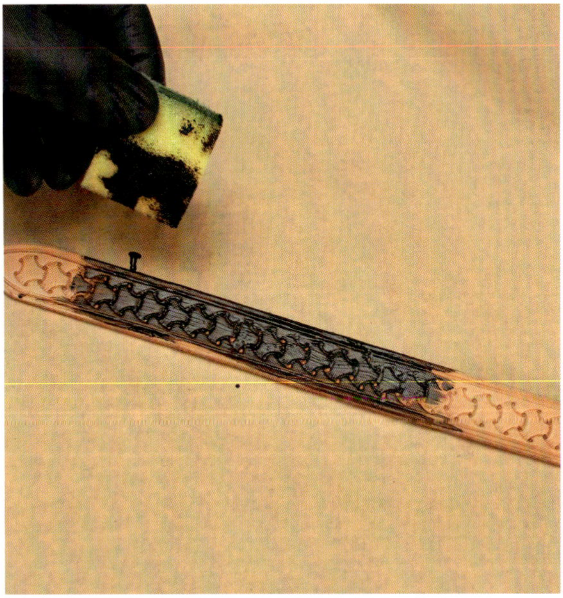

11 Verteilen Sie reichlich Gel mit kreisenden Bewegungen auf dem Werkstück und achten Sie darauf, die Unterseite nicht zu färben

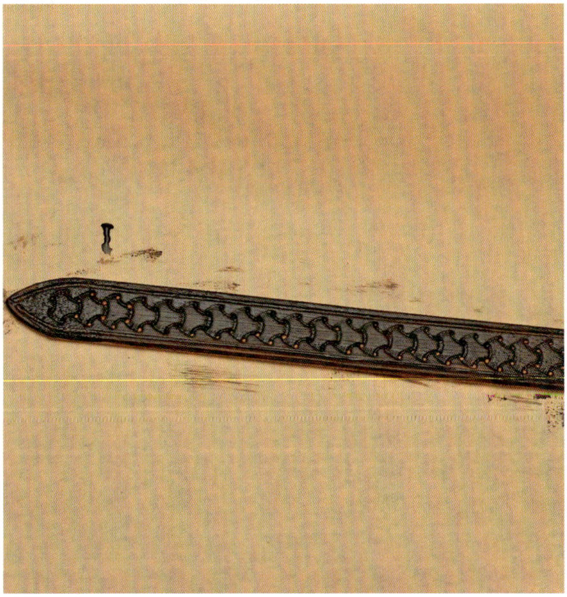

12 Hier sehen Sie, dass die tieferliegenden Stellen noch nicht erreicht sind – Sie sollten hier nacharbeiten

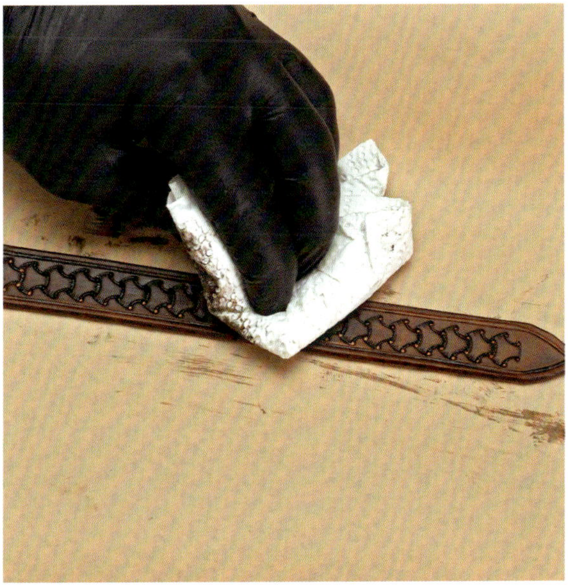

13 Mit einem Küchentuch wischen Sie die Oberfläche ab, das Gel in den Vertiefungen bleibt und stellt so einen dunklen Kontrast her

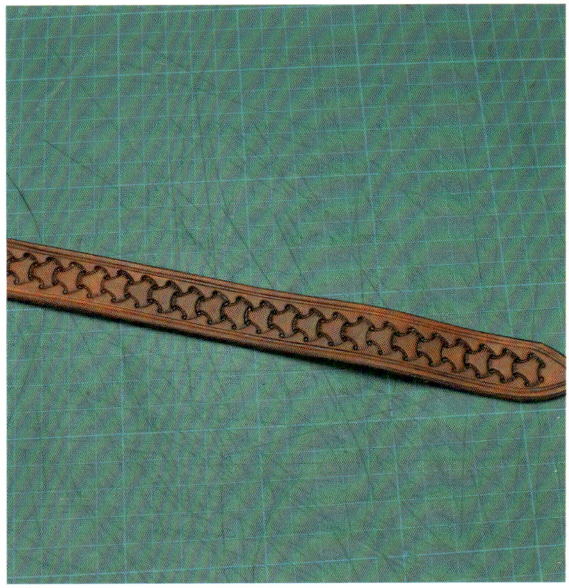

14 Das fertig patinierte Armband. Die Punzierung kommt gut und dreidimensional heraus.

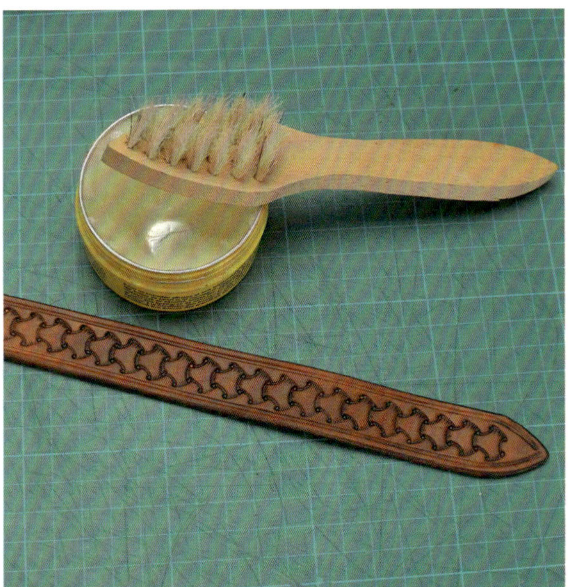

15 Mit einer Bürste tragen sie eine fettbasierte Oberflächenversiegelung auf, um auch in die Vertiefungen zu kommen

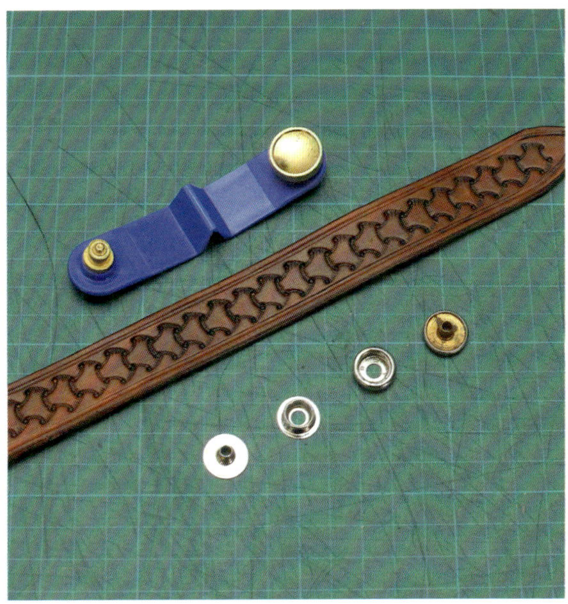

16 Zum Abschluss setzen Sie die Druckknöpfe

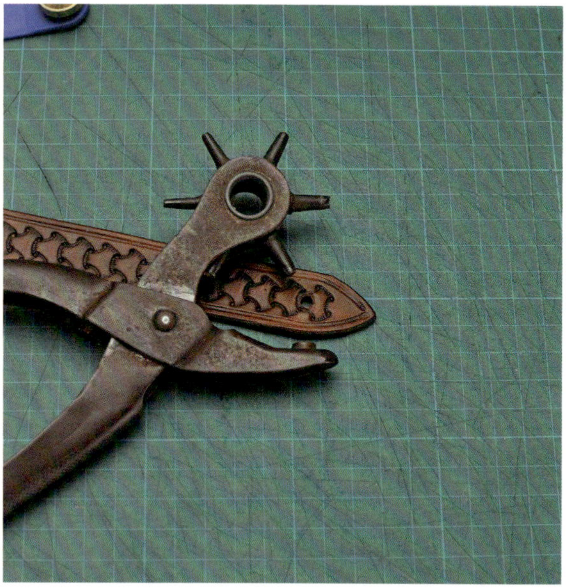

17 Lochen Sie am besten mit einer Lochzange, denn das geht besser als mit dem bei den Druckknöpfen mitgelieferten Locher

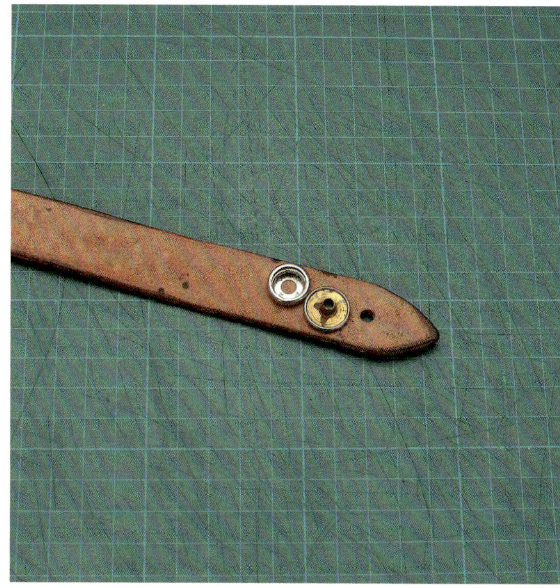

18 Das außen sichtbare Teil ist der halbrunde Kopf, zu dem der Schnäpper mit der Feder gehört

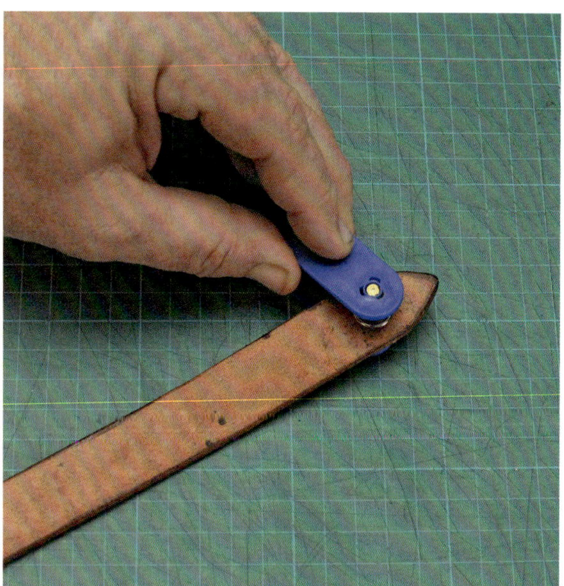

19 Diesen setzen Sie mit dem mitgelieferten Werkzeug

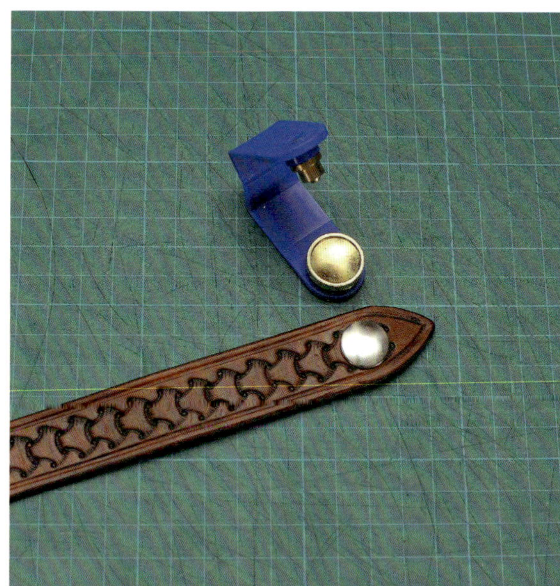

20 So bleibt der runde Kopf des Druckknopfes unbeschädigt

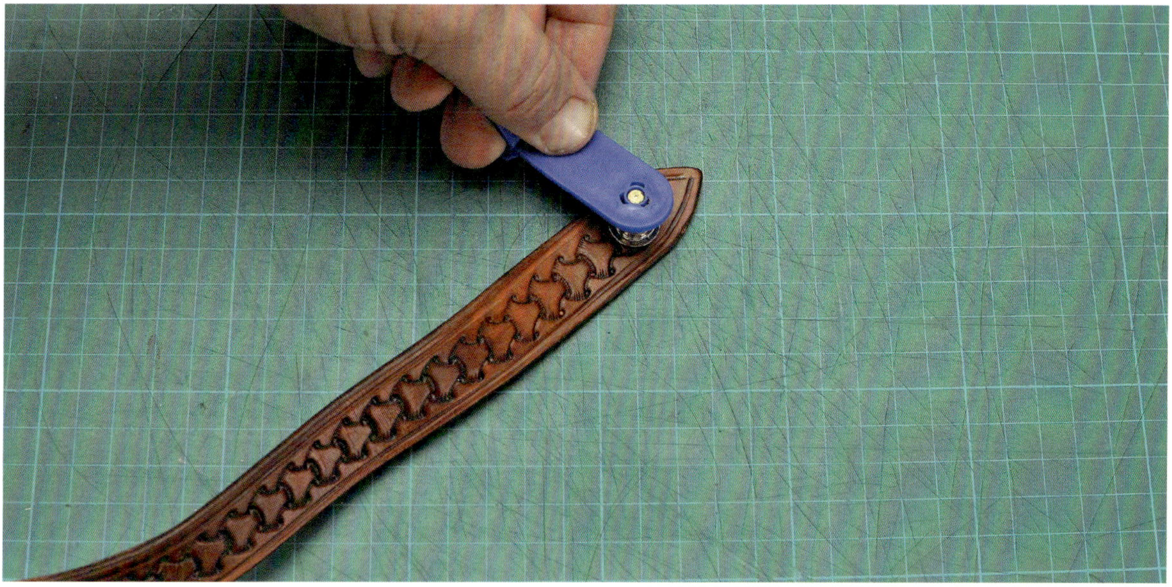

21 Beim Unterteil reicht es, dieses auf eine ebene Unterlage zu setzen und mit dem einen Teil des Werkzeuges den Sockel zu vernieten

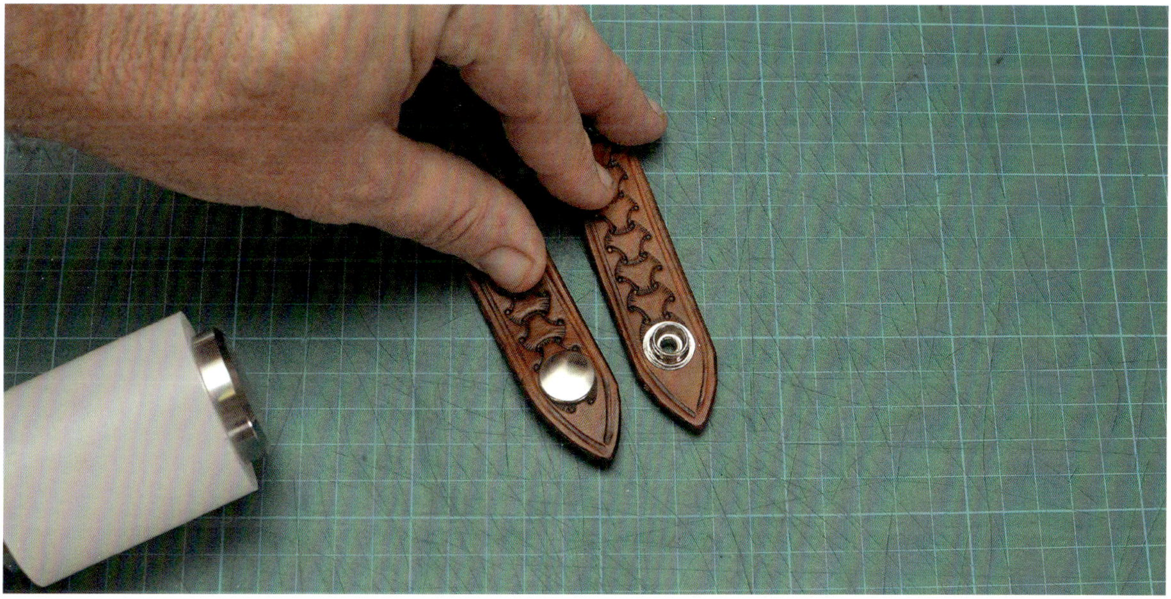

22 Beide Druckknöpfe sind eingeschlagen

Lederschürze

Material:
Chromleder oder Möbel-Velours
Lederriemen
6 Karabinerhaken
Einschlagösen
Nieten

Werkzeug:
Schere
Nietenwerkzeug
Werkzeug für Einschlagösen
Reifelholz
Kantenzieher
Polierholz
Lochzange

Jeder kennt die Grill- und Kochschürzen mit den mehr oder minder lustigen Sprüchen und Aufdrucken. Das geht aber auch seriöser und vor allem stylischer. Lederschürzen sind ein Muss am Grill, denn das dicke Leder schützt vor der Strahlungshitze und auch vor Funkenflug. Aber auch bei handwerklichen Tätigkeiten kann eine dicke Lederschürze sinnvoll sein.

Bei Schürzen von der Stange ist meist das Leder nicht gut und häufig wurden die Riemen nicht passend angebracht – das alles kann man durch einen Selbstbau besser machen. Vor der Herstellung müssen Sie natürlich wissen, was Sie eigentlich von der Schürze erwarten. Im Folgenden möchte ich Ihnen ein paar Denkanstöße geben.

Leder

Die meisten Schürzen werden aus chromgegerbtem Leder hergestellt, weil es günstig ist und weich fällt. Außerdem besitzt es eine glatte Oberfläche, von der man auch Spritzer und Schmutz schnell abwischen kann.

Eine pflanzlich gegerbte Sorte mit genug Lederfett ist noch besser, denn sie riecht im Regelfall nicht so unangenehm chemisch wie manche chromgegerbten Ledersorten. Ein Möbel-Velours oder ein ähnliches Leder in dunklen Farben und mit Narben, wie es zum Beziehen von hochwertigen Autositzen oder Sitzmöbeln verwendet wird, ist gut geeignet. Die Riemen können Sie dann aus hellem Sattelleder fertigen, was einen schönen Kontrast zu dem dunklen Leder ergibt. Dazu noch Beschlagteile aus Messing und die Schürze wird ein Schmuckstück, an dem Sie jahrelang Freude haben.

Gehen Sie am besten zu einem Lederhändler und fassen Sie die dort vorhandenen Leder an. Ist es weich, die Oberfläche rustikal und sagt Ihnen Ihr Gefühl, dass Sie diese Schürze auch in den nächsten Jahren gerne anfassen möchten, dann kaufen Sie es. Die Oberfläche und der Fall des Leders sind wichtig, gerade bei so großen Flächen wie einer Schürze. Auf keinen Fall darf es bockig oder steif sein, denn es wird nicht viel weicher und Sie fühlen sich dann wie in einem Panzer. Achten Sie auch darauf, dass das Leder nicht chemisch riecht oder beim Darüberstreichen abfärbt, denn letzteres wird es dann auch später tun und Ihre Kleidung verfärben, wenn Schweiß und feuchte Hitze dazukommen.

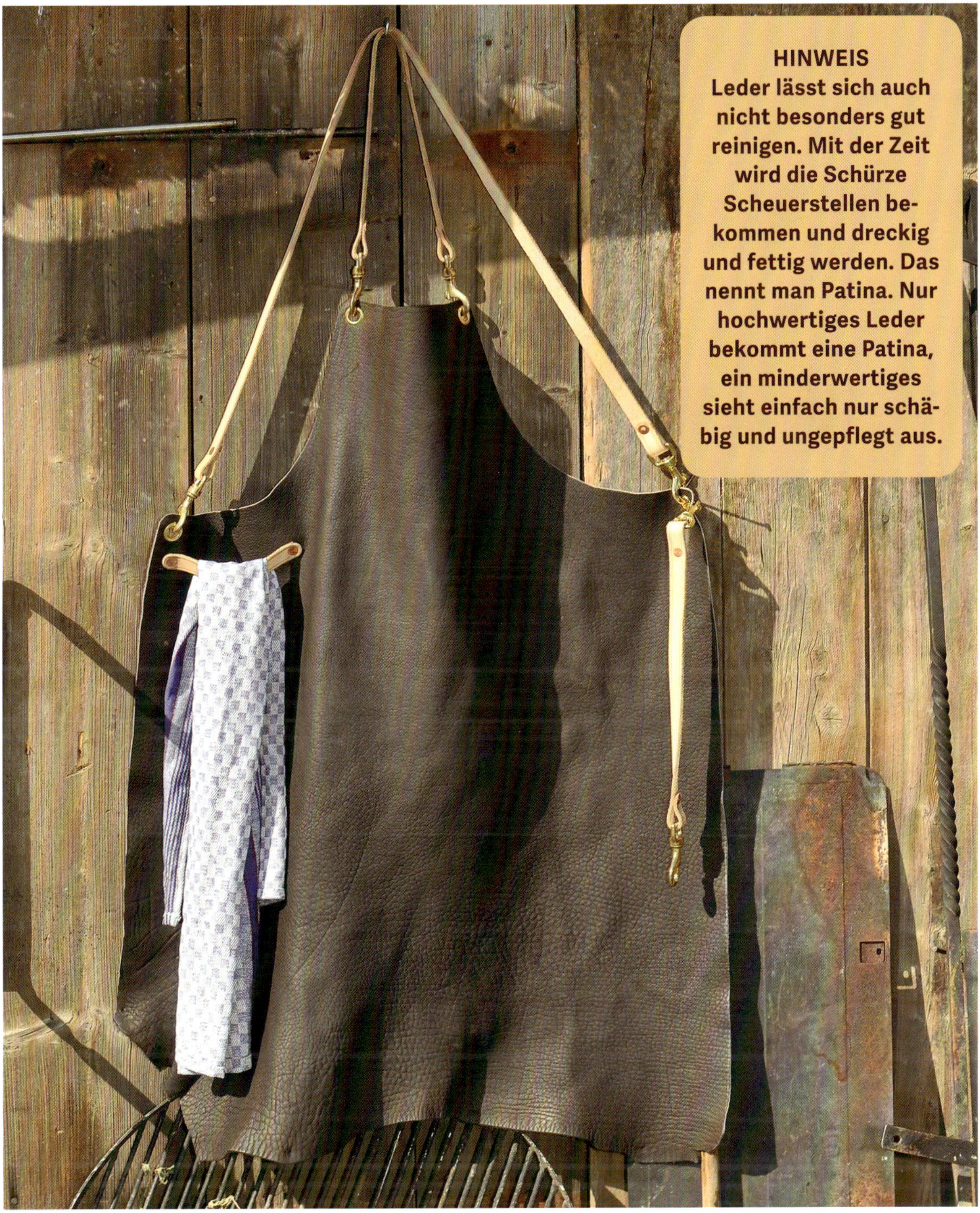

HINWEIS
Leder lässt sich auch nicht besonders gut reinigen. Mit der Zeit wird die Schürze Scheuerstellen bekommen und dreckig und fettig werden. Das nennt man Patina. Nur hochwertiges Leder bekommt eine Patina, ein minderwertiges sieht einfach nur schäbig und ungepflegt aus.

Schnitt

Eine alte passende Schürze kann gut als Schnittmuster dienen, aber der Schnitt einer Schürze sollte sich nicht nur an der Figur des Trägers orientieren, sondern auch an der Tätigkeit, bei der sie schützen soll. Viele Hersteller fertigen ihre Schürzen nicht aus einem Stück und häufig findet sich dann in der Schürzenmitte eine Naht. Das verringert zwar den Verschnitt, ist aber nicht sexy und auch nicht gut durchdacht. Gerade in der Mitte der Schürze wird diese am stärksten beansprucht und darum ist dort eine Naht sehr störend. Aber genau deshalb machen Sie die Schürze ja selbst: Weil Sie keine Kompromisse eingehen wollen.

Die Länge der Schürze ist wichtig, denn wer beispielsweise gerne Bermuda-Hosen trägt, der sollte eine etwas kürzere Schürze wählen, so dass man von vorne immer noch ein Stück vom Hosenbein sieht. Ansonsten erweckt das den Eindruck, als ob der Träger nur die Schürze anhätte und keine Hose. Nackte Beine, die unter einer Schürze hervorschauen, sehen immer komisch aus.

HINWEIS ZUR NATURKANTE
Besonders rustikal sieht eine Schürze aus, wenn Sie die ungleichmäßige Kante im Design berücksichtigen und sie als naturbelassenen Abschluss verwenden.

Als Schnittmuster kann eine alte Schürze dienen

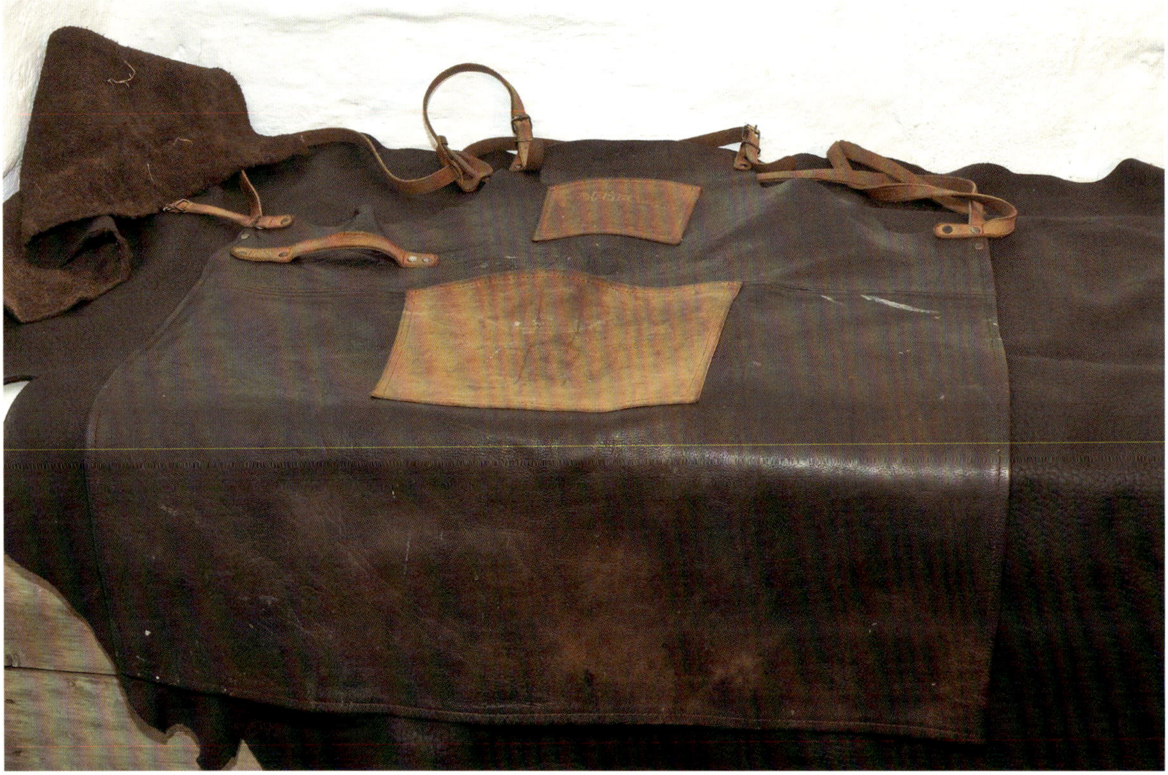

Taschen

Obwohl Taschen praktisch erscheinen, sollten Sie die Anzahl und die Anordnung mit Bedacht wählen. Bei gekauften Schürzen gibt es meist viele Taschen. Eine Tasche auf Höhe der Brust ist für Handy und Lesebrille vorgesehen, allerdings kann der Inhalt beim tiefen Bücken schnell herausfallen. Die Tasche auf Höhe der Gürtelschnalle ist meist sehr groß und beult nach außen, was dafür sorgt, dass dort viel Unrat hineingeraten kann – bei Holzarbeiten sammelt sich gerne Sägemehl oder Hobelspäne in der Tasche. Bei Lederschürzen sind die Taschen meist aufgesetzt und nicht sehr groß. Wenn Sie mehr Platz benötigen, dann sollten Sie abnehmbare Balgtaschen vorsehen.

Ich finde Taschen an Schürzen eher störend und lasse sie darum gerne weg, denn ich bin der Meinung, dass eine Schürze primär schützen soll, alles andere trage ich in den Taschen meiner übrigen Bekleidung.

Wenn Sie sich dazu entschließen, eine Lederschürze selbst zu fertigen, dann haben Sie sicherlich schon die ein oder andere Schürze getragen und wissen, was Sie brauchen und was für Sie überflüssig ist. Genau das ist ja das Schöne am Selbermachen. Das Ergebnis passt zu Ihnen und das muss nicht zwangsläufig dem entsprechen, was sich ein Produkt-Designer für eine große Firma ausgedacht hat.

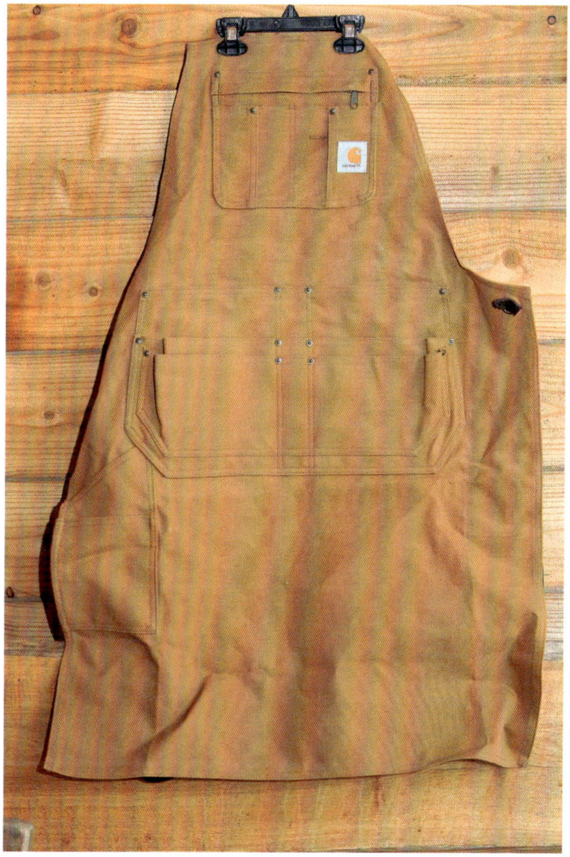

Je nach Einsatzzweck können zu viele Taschen unnötig oder sogar störend sein

Handtuchhalter

Bei einer BBQ-Schürze ist eine Aufnahme für ein Handtuch sehr praktisch, denn das sollte eigentlich immer dabei sein. Wenn Sie eine Stoffschürze zum Kochen nutzen, dann können Sie die Bauchriemen vor dem Körper zusammenbinden und ein langes Handtuch – das Touchon, auch Anfasser oder Grubentuch genannt – unter den Riemen stecken.

Bei einer Lederschürze gibt es keine Riemen, die man vorne zusammenknotet und unter das man das Handtuch stecken könnten. Sie können dort, wo Ihnen das Tuch angenehm ist, einen Riegel oder einen Ring anbringen. Ich finde Lederriegel besser, da dort das Handtuch sicherer sitzt als in einem größeren, aufgenieteten Ring, aber das ist Geschmackssache.

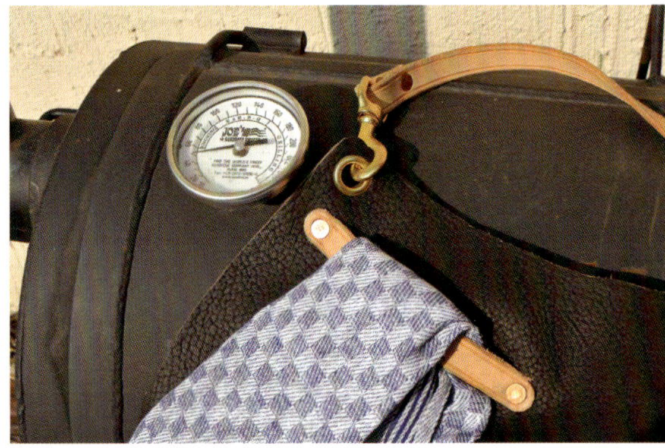

Für einen Lederriegel als Handtuchhalter benötigen Sie einen Lederriemen, zwei Niete und zwei Unterlegscheiben aus Leder, die Sie mit einer Lochpfeife mit 22 mm Durchmesser ausstanzen können

Riemen

Die Befestigung der Schürze ist auf unterschiedliche Weise möglich: Ein einfacher Nackenriemen ist zwar schnell gefertigt, aber die schwere Lederschürze zieht dann am Nacken und macht das Tragen unangenehm. Für leichte Stoffschürzen reicht das aus, bei Lederschürzen sollten Sie aber hinter dem Rücken gekreuzte Schulterriemen vorsehen. Diese verteilen das Gewicht der Schürze gut, das Anlegen ist aber mit vielen Verrenkungen verbunden. Hier könnte die Variante des Y-Tragegestells eingesetzt werden, wobei der einzelne Rückenriemen mit einer Schlaufe auf dem Bauchriemen befestigt wird.

Die Länge der Riemen können Sie im Vorfeld bestimmen und somit auf Verstellmöglichkeiten verzichten. Beachten Sie aber, dass Sie im Sommer beim Grillen eher leichte Kleidung tragen und im Winter eher dicke Jacken, so dass die Riemen gegebenenfalls doch etwas verlängert werden müssen.

Bei dem Bauchriemen hat es sich bewährt, dass dieser nur mit einem Karabiner geschlossen wird, denn es ist schwierig, hinter dem Körper mit einer Hand eine Schnalle einzufädeln und den Dorn dann auch noch in die kleinen Löcher zu stecken. Die Verstellung kann dann an der anderen Seite befestigt werden. Aber eigentlich kann man auf die Verstellung komplett verzichten, wenn man den Karabiner wie einen Sattelriemen mit einem Knoten befestigt.

Sie können die Riemen einfach direkt an die Schürze nähen oder festnieten, ich finde aber, dass beides keine optimale Lösung ist, zumal sich Möbel- und Sattelleder nicht schön miteinander vernähen lassen. Besser ist es, hochwertige Ösen mit mindestens 14 mm Innendurchmesser in die Schürze einzuschlagen und an die Enden der Riemen Karabinerhaken zu nähen oder zu nieten, die dann in diese Ösen eingehakt werden.

Riemen lassen sich optisch ansprechend und gleichzeitig sehr praktisch mit angenähten Karabinerhaken und hochwertigen Ösen befestigen

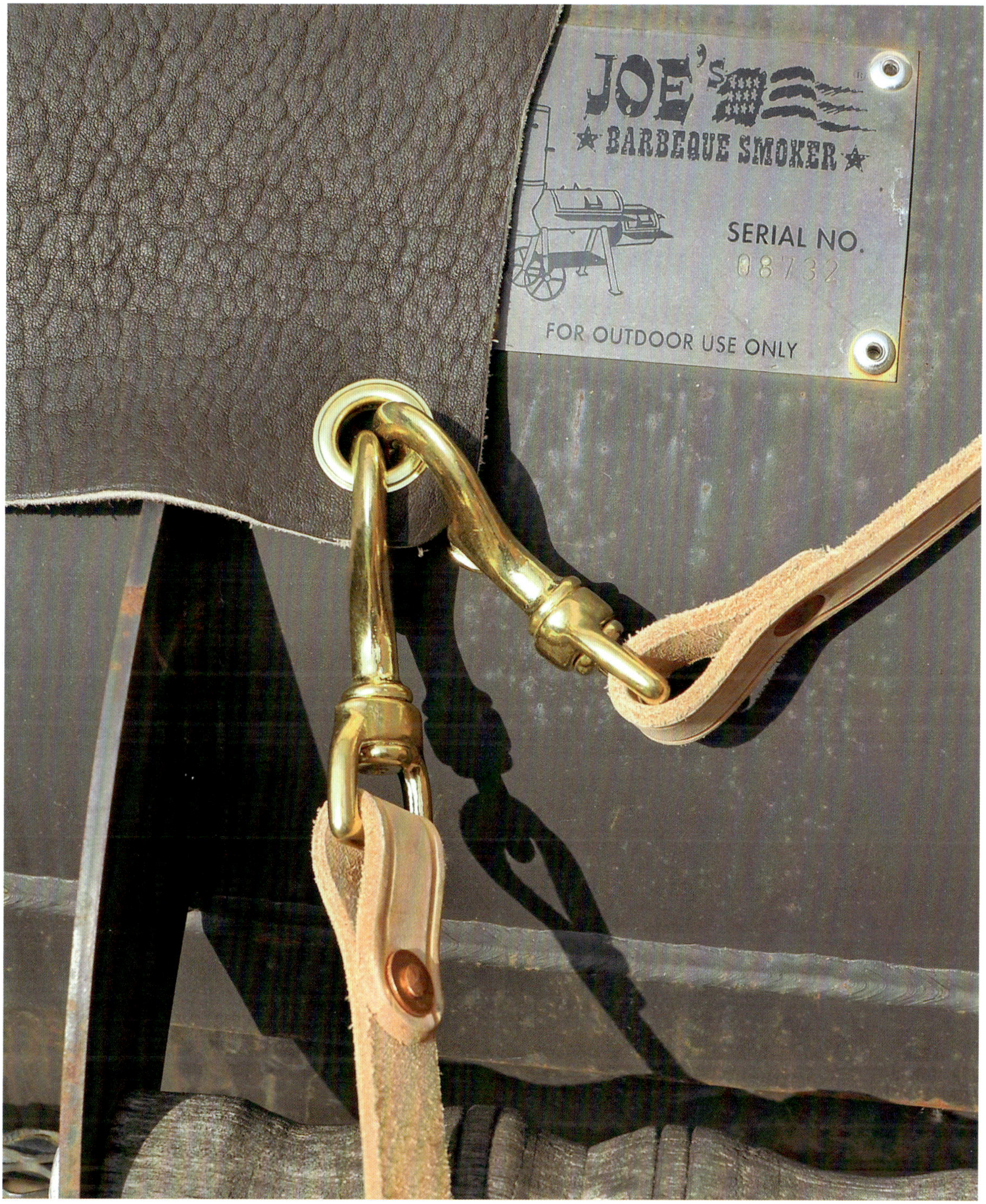
JOE'S
BARBEQUE SMOKER
SERIAL NO.
08732
FOR OUTDOOR USE ONLY

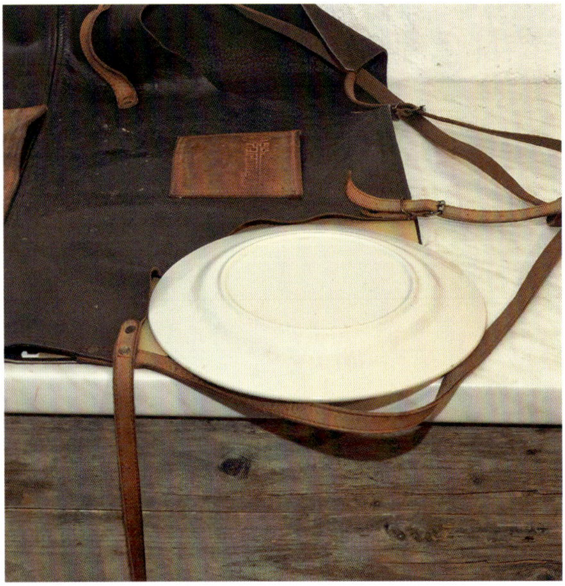

1 Eine alte Schürze dient als Schnittmuster, die Rundungen können Sie mit einem Teller vorzeichnen

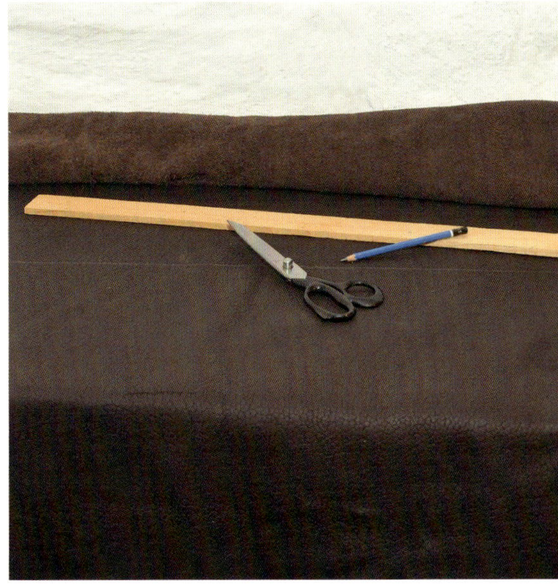

2 Zeichnen Sie die Schnitte an

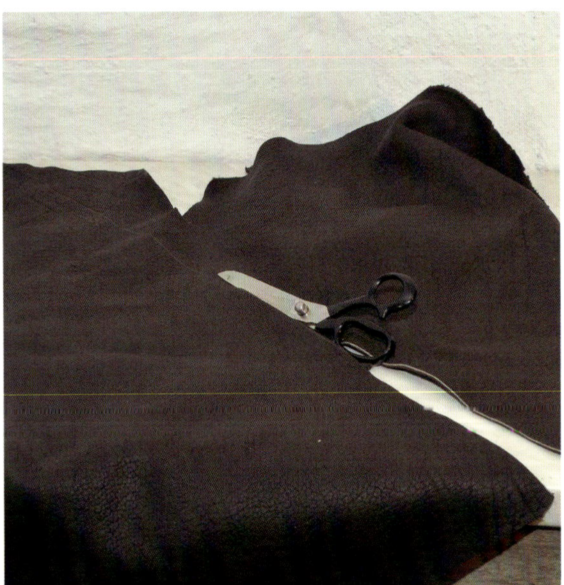

3 Schneiden Sie das Leder mit einer Schere und nicht mit dem Cutter, weil es sich sonst ziehen würde und die Schnitte nicht gerade werden

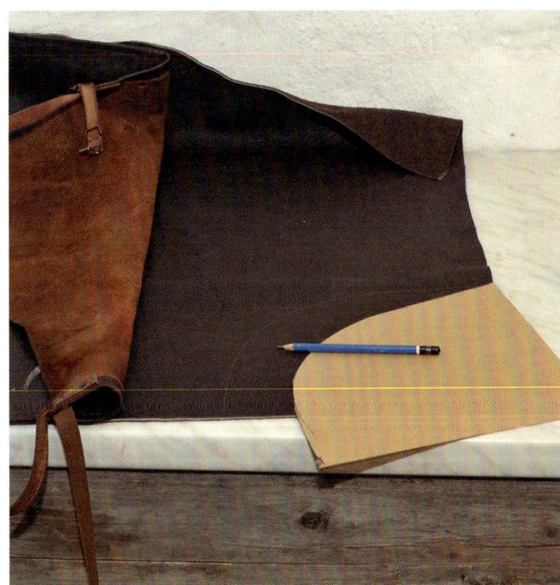

4 Fertigen Sie eine Pappschablone für die Armaussparungen an

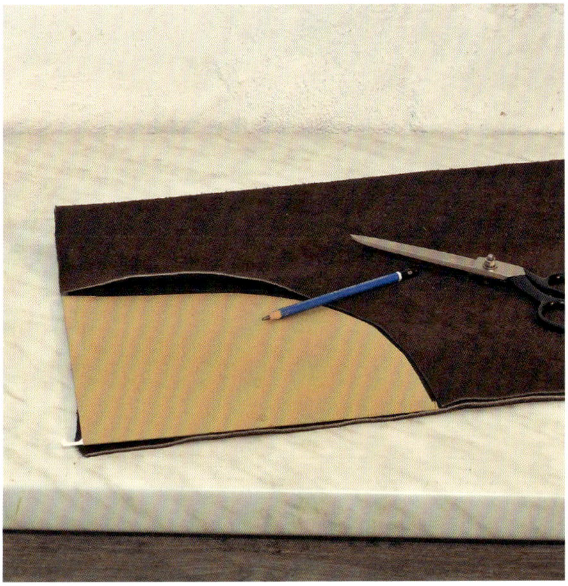

5 Legen Sie das Leder doppelt und übertragen Sie eine Seite auf die andere

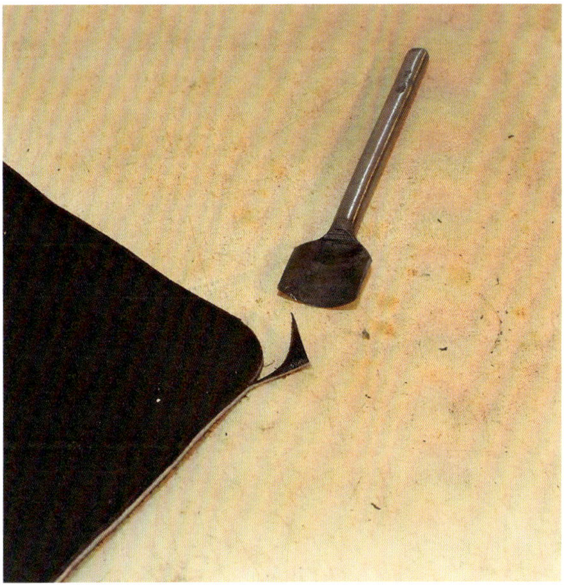

6 Runden Sie die Ecken mit einem Schlageisen oder mit der Schere ab

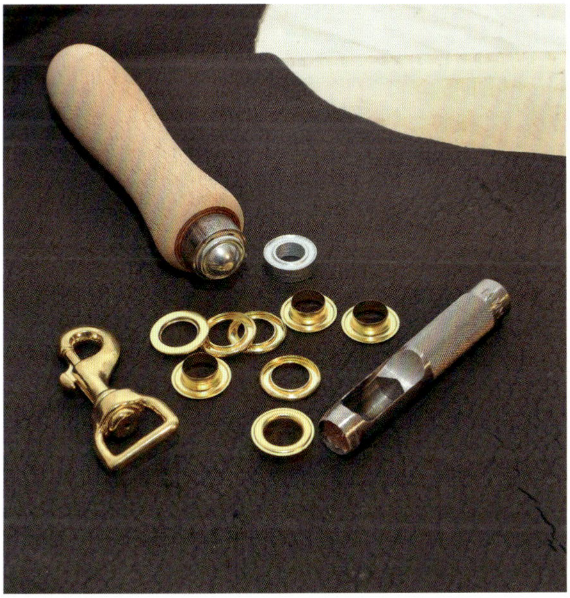

7 Zur Befestigung brauchen Sie Einschlagösen und Karabinerhaken

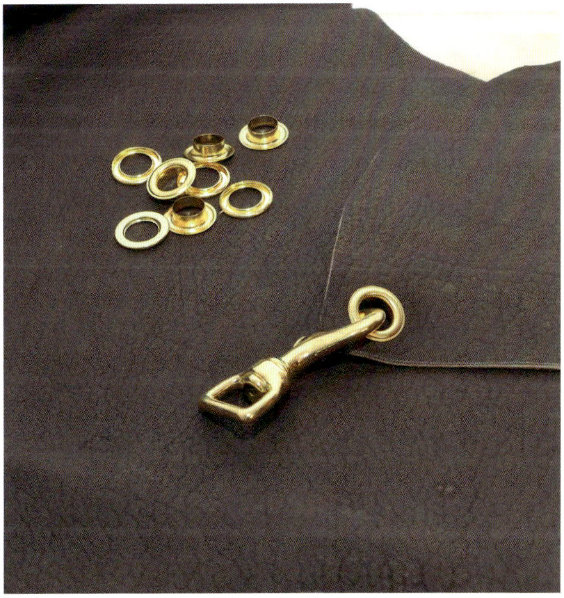

8 Testen Sie den Abstand der Öse zum Rand an einem Reststück, damit der Karabiner auch leicht einzuhaken ist

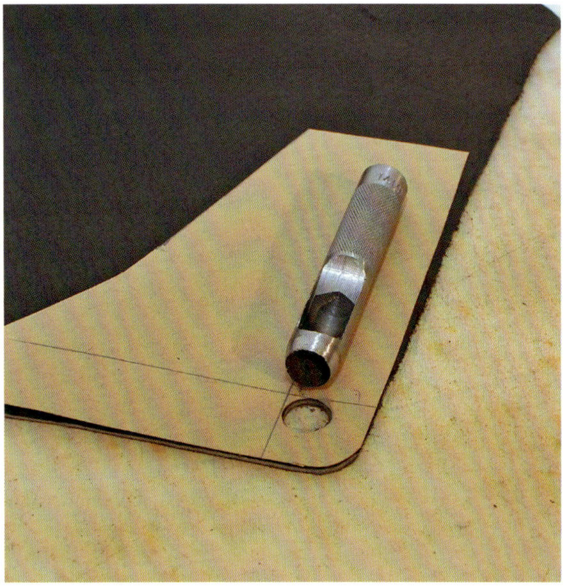

9 Für einen gleichmäßigen Abstand zum Rand sorgt auch hier eine Pappschablone

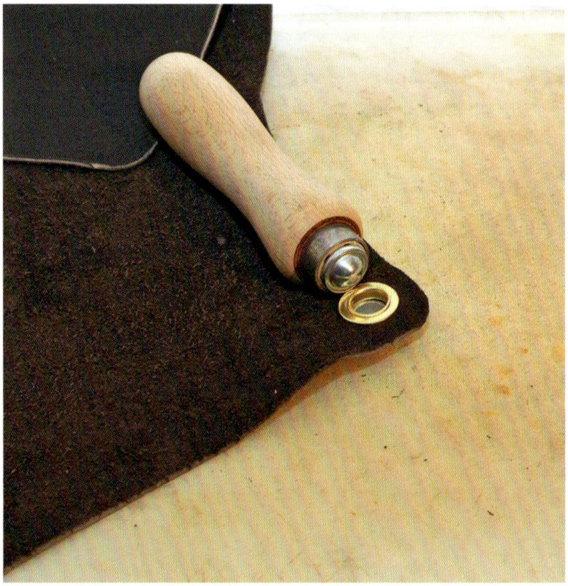

10 Mit dem Werkzeug schlagen Sie die Ösen ein

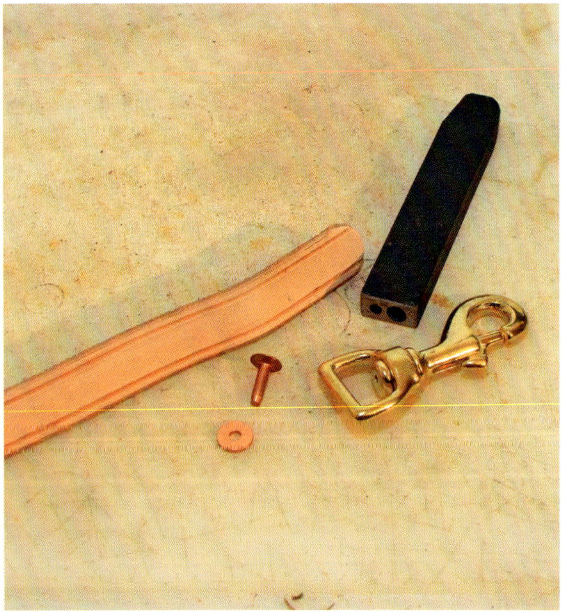

11 Jetzt müssen nur noch die Riemen genietet werden (siehe ab S. 47)

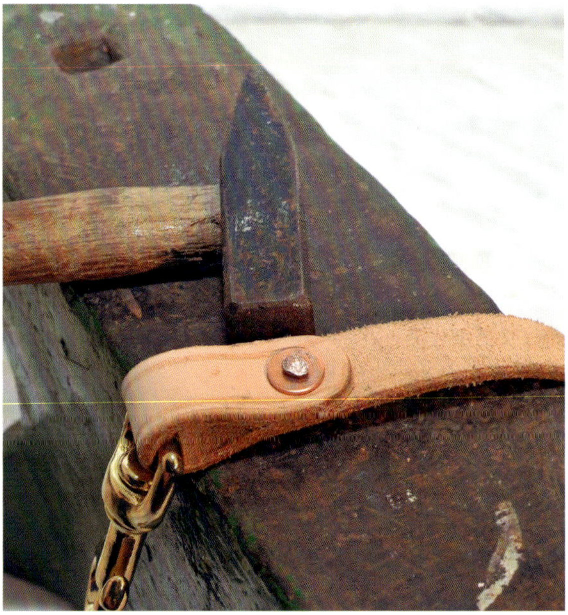

12 Mit vielen vorsichtigen Schlägen werden die Karabiner in die Riemen eingenietet

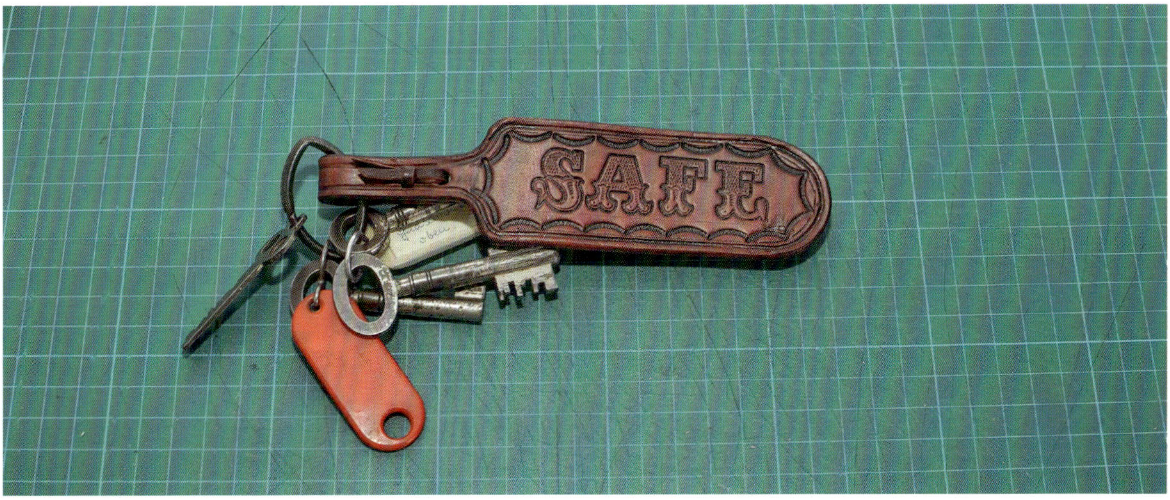

Schlüsselanhänger

Material:
Lederreste, z. B. Fettleder

Werkzeug
je nach Art des Schlüsselanhängers und wieviel Aufwand Sie betreiben möchten

Zum Üben verschiedener Näh- und Bearbeitungstechniken sind Lederreststücke ideal geeignet, denn sie kosten nicht viel oder fallen beim Arbeiten ohnehin an. Damit dieses Leder nicht etwa als „Edelschrott“ und reines Übungsstück endet, können Sie praktische Schlüsselanhänger daraus fertigen. Dieses Projekt ist sehr gut für Einsteiger geeignet und auch für Kinder kann die Arbeit an einem Schlüsselanhänger eine tolle Beschäftigung sein.

Bei der Fertigung eines Schlüsselanhängers kann man eine Menge lernen und bereits mit wenigen Kenntnissen ein vorzeigbares Stück fertigen. Und wenn es nicht gut geworden ist, dann ist der Schaden nicht so groß.

Schlüsselanhänger, die oben aus der Hosentasche hängen und mit denen Sie einen Schlüssel herausziehen können, ohne in den engen Jeans-Taschen wühlen zu müssen, sind unheimlich praktisch. Ein solch einfacher Schlüsselanhänger lässt sich leicht aus einem Rest Fettleder fertigen. Solche Lederanhänger bieten sich für einzelne Schlüssel wie Autoschlüssel an, da man diese ohnehin nicht an einem schweren Schlüsselbund befestigen sollte, da das Zündschloss durch die Schwingungen ausleiern kann.

Nehmen Sie einen Lederriemen, der bequem durch das Loch im Schlüssel passt und schneiden Sie längs zwei Schlitze in das Leder. Schlaufen Sie erst das eine Ende durch den ersten Schlitz, dann das zweite Ende durch den zweiten Schlitz und schon ist der Schlüsselanhänger fertig.

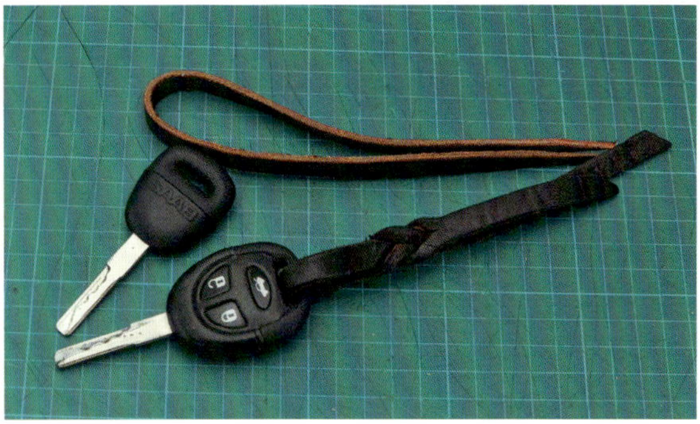

1 Ein einfacher Schlüsselanhänger aus besonders strapazierfähigem und weichem Fettleder

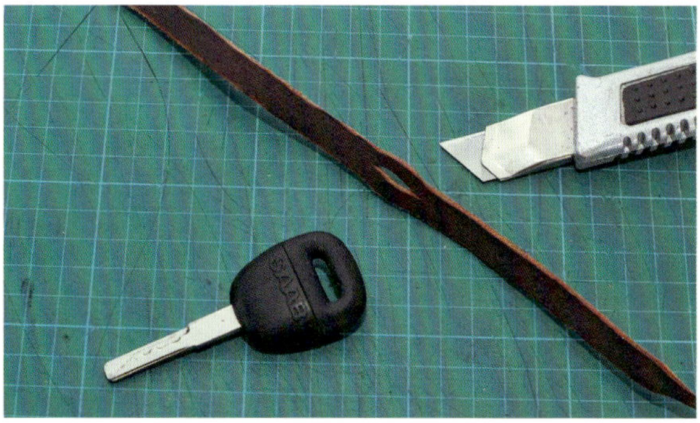

2 Schlitzen Sie mit einem Cutter den Riemen an zwei Stellen

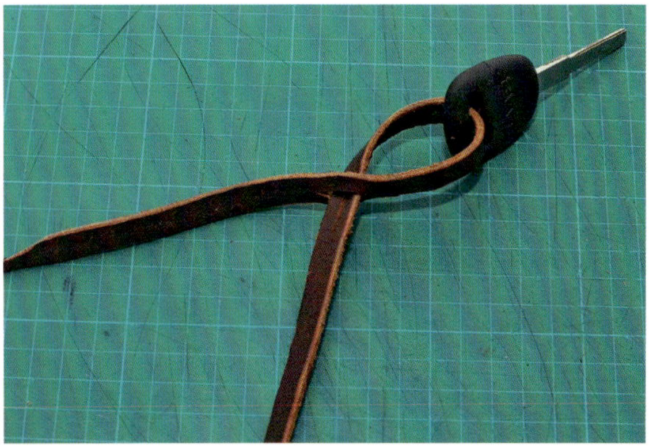

3 Ziehen Sie den Riemen so durch den Schlüssel, dass beide Fleischseiten aufeinander liegen, dann stecken Sie ein Ende durch den gegenüberliegenden Schlitz

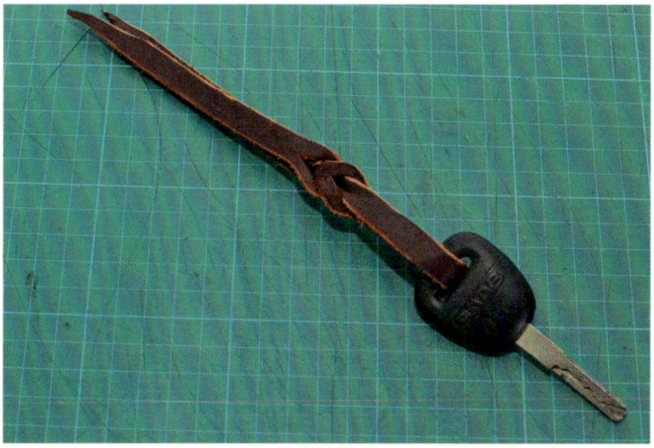

4 Dann ziehen Sie das zweite Ende durch den anderen Schlitz und schon ist der Anhänger fertig

Für eine andere einfache Variante schneiden Sie Lederstücke von 2,5–3 cm Breite und in gewünschter Länge zu. Diese können Sie anschließend mit Initialen oder Worten wie „Büro“, „Stall“, „Safe“ oder „Schuppen“ punzieren. Stanzen Sie nun ein einfaches Loch, um den Schlüsselring durchzuziehen und schon ist das Projekt abgeschlossen.

Diese einfachen Anhänger können Sie auch gut gemeinsam mit Kindern, beispielsweise bei einem Kindergeburtstag, fertigen. Je nach Länge des Namens können Sie einfach ein Stück von einem Gürtelzuschnitt abschneiden und die Kanten mit einem Kantenschneider abschrägen. Jetzt können Sie den Anhänger noch weiter veredeln: Befeuchten Sie ihn mit warmem Wasser und punzieren Sie nun den Namen. Zeichnen Sie anschließend mit einem Stech-Zirkel im gleichmäßigen Abstand zur Kante einen Rand an und punzieren Sie ihn mit einem Randwerkzeug. Drücken Sie nun noch eine Zierrille ein und polieren Sie die Kante. Mit schwarzer Kantenfarbe können Sie dem Werkstück den letzten Schliff geben. Lassen Sie den Anhänger einen Tag lang trocknen und geben Sie dem Leder mit Lederpflege etwas Geschmeidigkeit zurück, die es durch die Behandlung mit dem Wasser und durch das Punzieren eingebüßt hat.

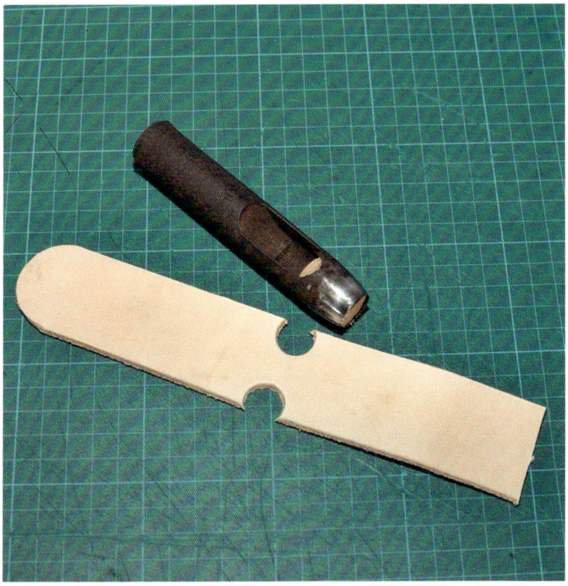

1 Um das Ende für den Schlüsselring schmaler zu bekommen, schlagen Sie zwei größere Löcher für einen sauberen Übergang in das Leder

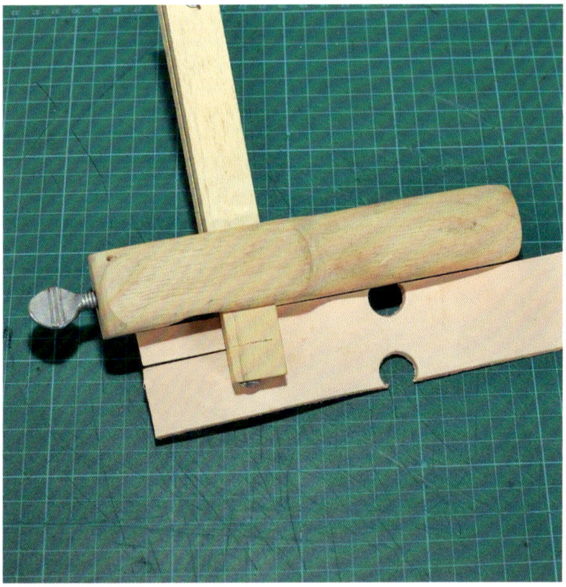

2 Mit einem Streifenschneider können Sie sauber arbeiten. Hier ist das Leder 1 ½ Zoll breit und Sie schneiden von jeder Seite ½ Zoll ab, es geht aber auch mit einem Lineal und Cutter.

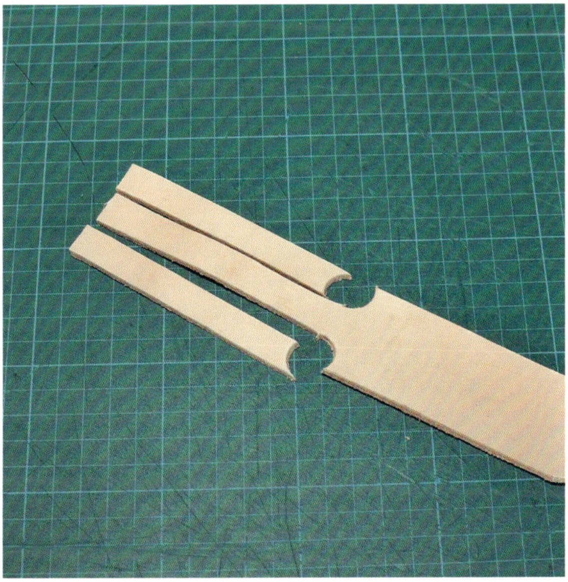

3 In der Mitte bleibt ein Streifen von ½ Zoll stehen

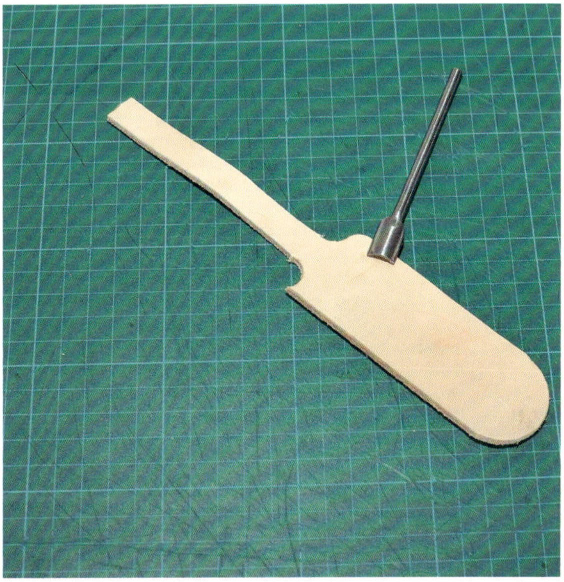

4 Mit einem Halbrundeisen können Sie den Übergang schnell herstellen, es geht aber auch mit einem Cutter

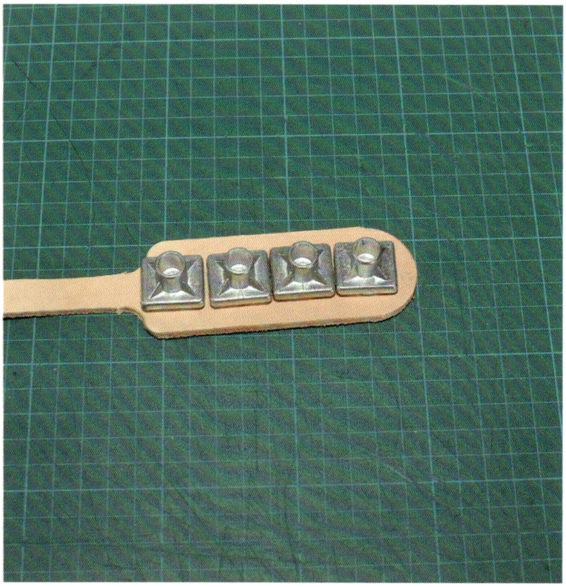

5 Setzen Sie die Buchstaben zur Probe auf das Leder und prüfen Sie, ob es groß genug ist

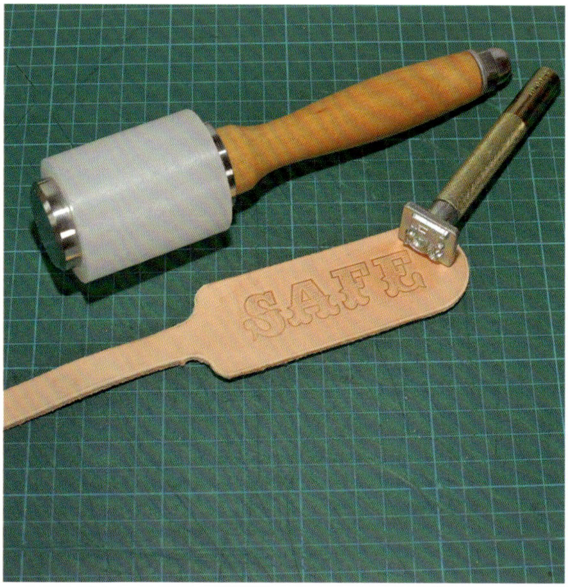

6 Brechen Sie die Kanten und punzieren Sie die Schrift. Testen Sie auf einem anderen Reststück in gleicher Größe, ob die Maße passen und die Schrift mittig steht.

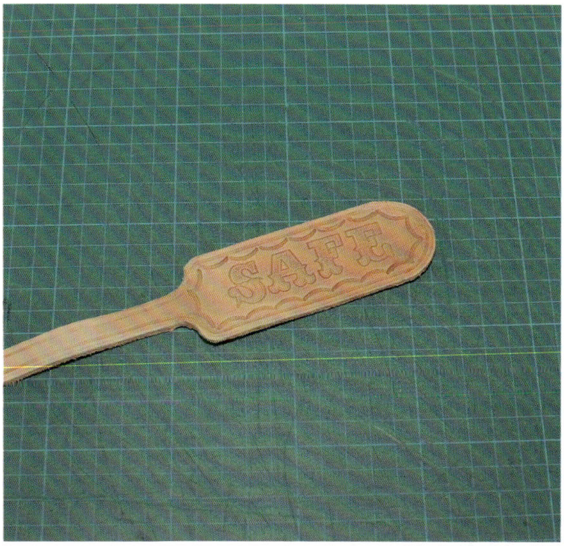

7 Ein einfaches Randmuster und eine Zierrille sind schnell angebracht, dann bearbeiten Sie die Kanten

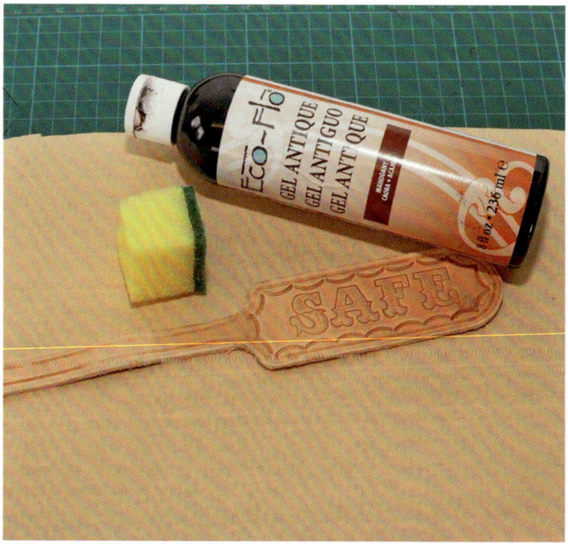

8 Zum Patinieren nutzen Sie am besten Gel Antique, hier in der Farbe Mahagoni

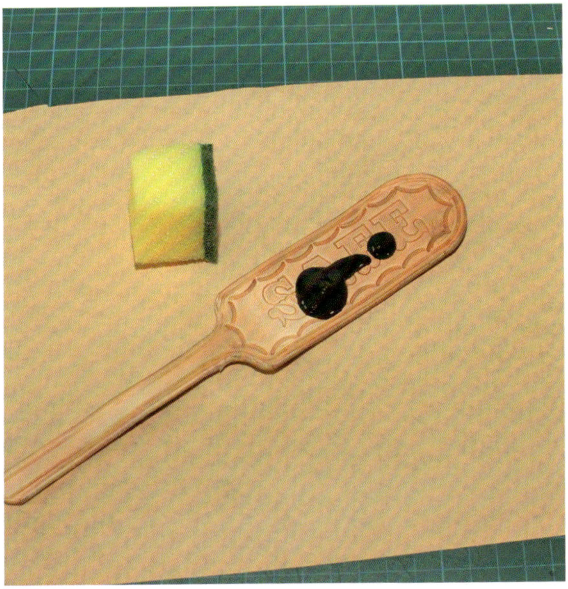

9 Geben Sie einen großzügigen Klecks auf das Werkstück

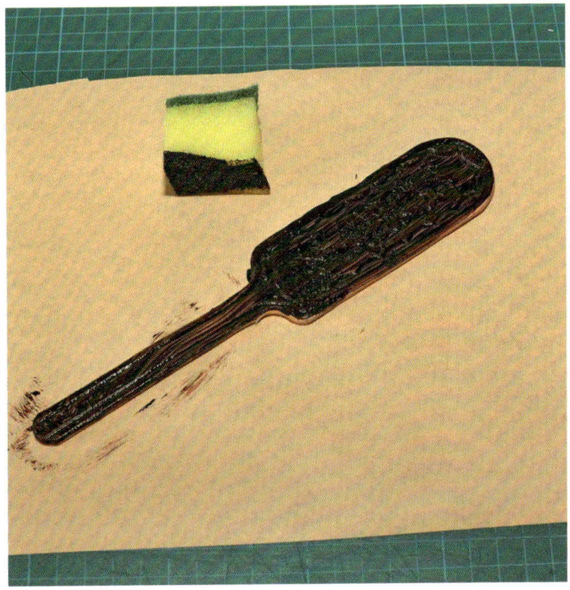

10 Verreiben Sie das Gel mit einem Schwamm in kreisenden Bewegungen und prüfen Sie, ob Sie alle Vertiefungen erreicht haben

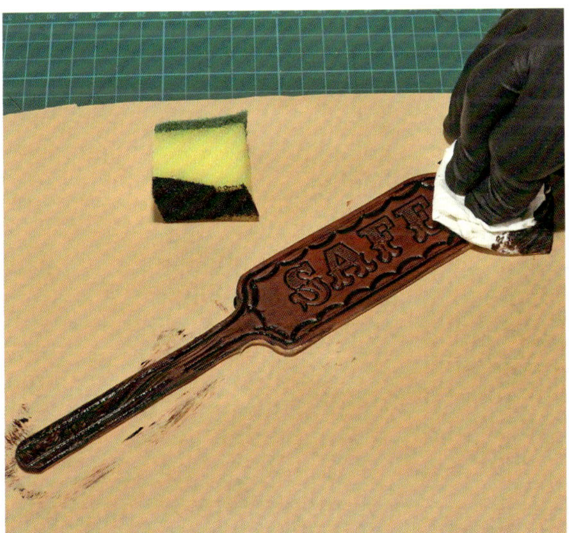

11 Mit einem Küchentuch entfernen Sie den Überstand

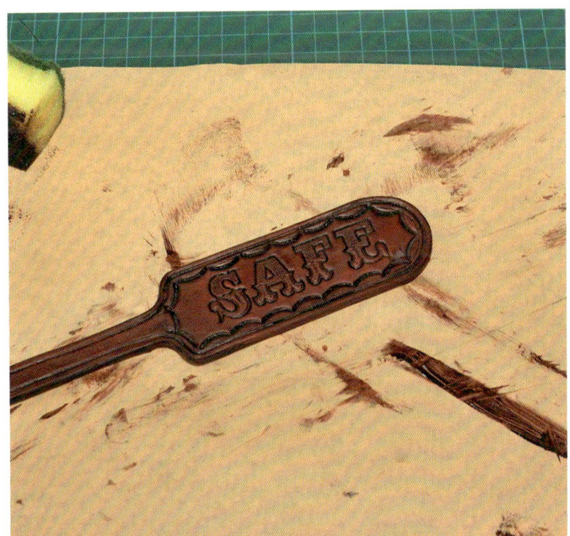

12 Färben Sie auch die Kanten und die Rückseite ein. Ein Blatt wasserdichtes Papier ist bei der farbintensiven Arbeit hilfreich. Nach dem Trocknen fetten Sie die Oberfläche ein.

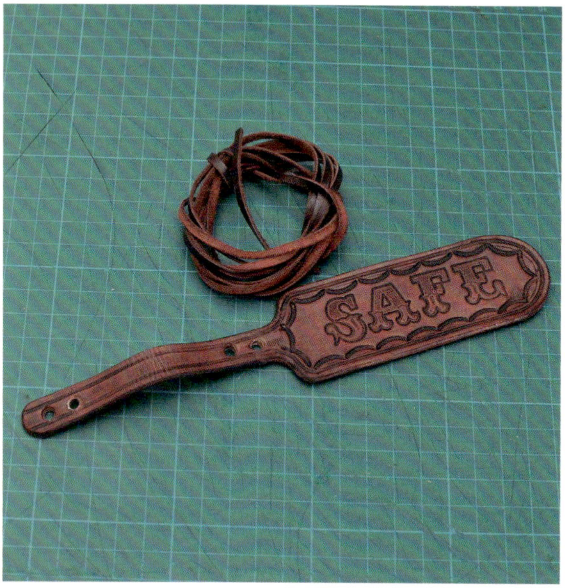

13 Legen Sie das dünne Ende um und lochen Sie zwei Löcher durch beide Lederlagen

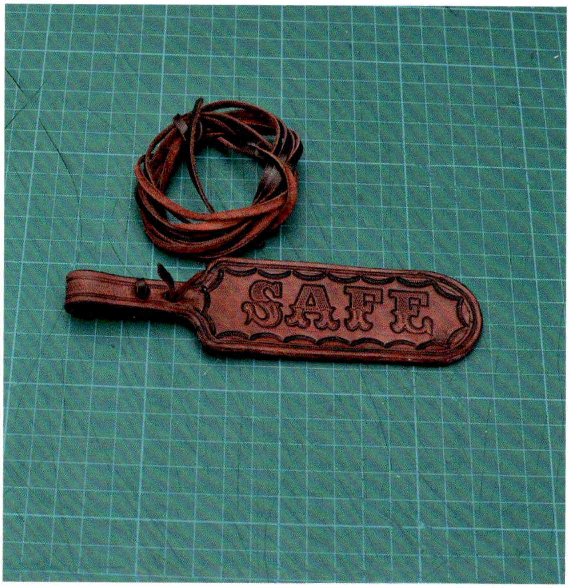

14 Mit einem dünnen Flechtriemen verbinden Sie die beiden Enden (siehe Schritt 15 und 16)

VERSCHLAUFEN

Um zwei Lederriemen miteinander zu verbinden können Sie dünne Flechtriemen nutzen. Dazu lochen Sie den Riemen mit zwei oder vier Löchern, je nach Breite des Riemens.

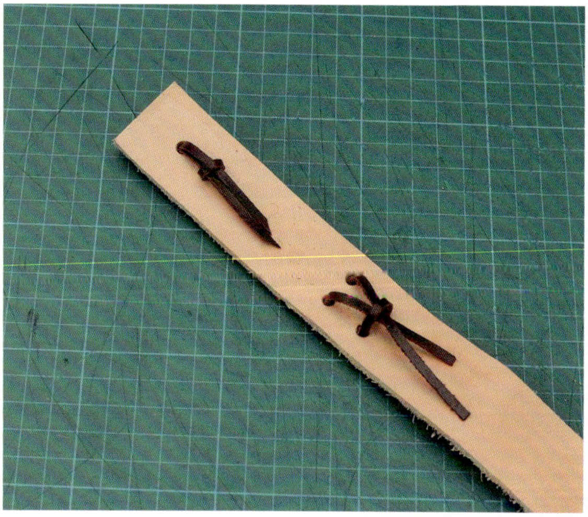

15 Oben das einfache Verschlaufen mit zwei Löchern, unten mit vier Löchern

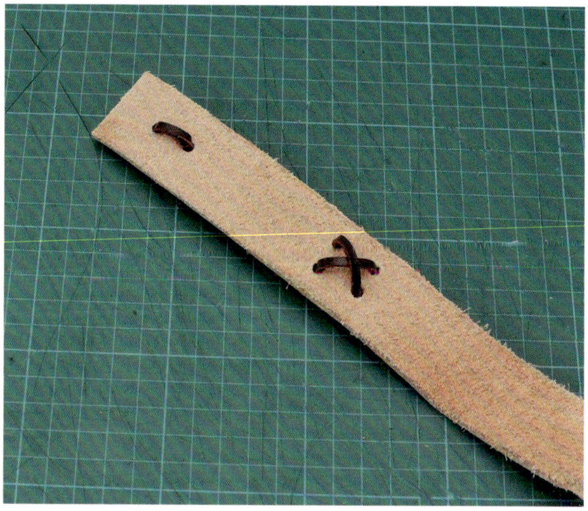

16 Das Verschlaufen von der anderen Seite aus gesehen

Wenn Sie etwas mehr Aufwand betreiben möchten, schneiden Sie gemäß Bild einen Anhänger zu und nieten diesen zu einer Schlaufe, in den der Schlüsselring eingehängt wird.

Einige Schlüsselbunde sind einfach zu umfangreich, um sie noch in der Hosentasche unterzubringen, dann ist eine Handschlaufe oder sogar ein Halsriemen hilfreich. Bei diesem Beispiel kommen Sie ohne Nähen oder Nieten aus. Sie können bei kurzen Anhängern statt des Verschlaufens natürlich auch eine Naht oder einen richtigen Niet setzen.

Der Lederstreifen sollte nicht zu dünn sein, damit er sich auch bequem tragen lässt. 15–20 mm sind gut, bei ¾ Zoll können Sie bei den Karabinern auf Standard-Größen zurückgreifen.

Der Fantasie sind keine Grenzen gesetzt und auch längere Schlüsselanhänger, die man um den Hals hängen kann, sind möglich. Beachten Sie bei dieser Variante aber, dass sich der Riemen auf Zug leicht trennen lässt. Versehen Sie den Schlüsselanhänger zu diesem Zweck mit einem Bindfaden oder Druckknopf als Sollbruchstelle – nicht, dass Sie sich versehentlich mit dem um den Hals gehängten Riemen erdrosseln, wenn Sie irgendwo hängenbleiben.

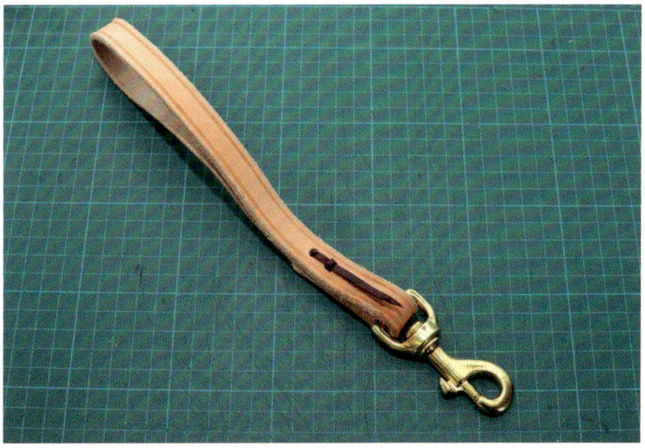

Das Hausmeister-Schlüsselbund ist am Ende mit einem Flechtriemen verschlauft

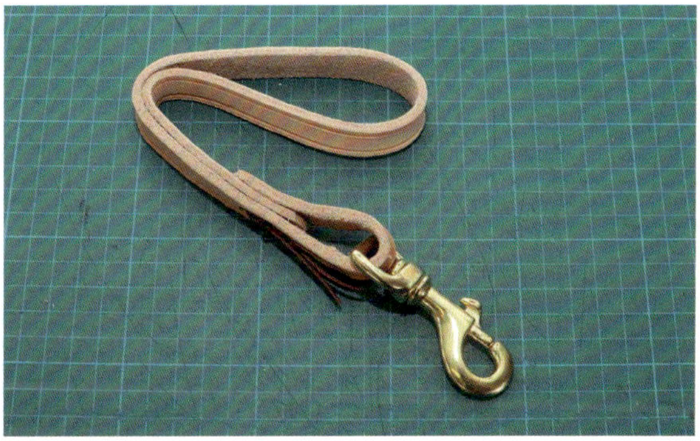

Von der Seite erkennen Sie den Aufbau

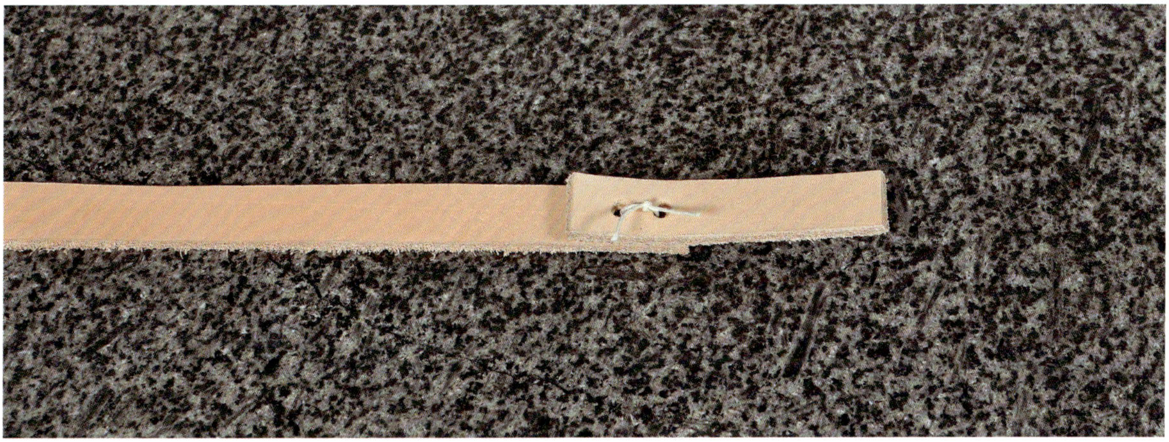

Um eine Sollbruchstelle zu erzeugen, lochen Sie die beiden Enden des Halsriemens mit je zwei Löchern. Legen Sie die beiden Enden übereinander und ziehen Sie einen Faden durch, den Sie anschließend verknoten. An dieser Stelle sollte dann der Faden reißen.

LEKTION 6

Mittelschwere Projekte

Bei den folgenden mittelschweren Projekten sollten Sie bereits einige der einfachen Fertigkeiten beherrschen. Dazu kommen kürzere und längere Nähte, sowie einfache Punzierungen. Die Anzahl der Werkzeuge ist aber auch in diesem Kapitel noch überschaubar und so hält sich auch der finanzielle Aufwand in Grenzen. Die Werkstücke werden aber schon größer und somit auch der Materialeinsatz. Trotzdem sind sie für einen handwerklich geschickten Laien ohne Weiteres nachzumachen, auch wenn Sie dafür natürlich mehr Zeit benötigen werden, als ein Profi. Aber das Ergebnis wird sich durchaus sehen lassen können.

Tragevorrichtung für eine Axt

Material:

2 Lederriemen 14 mm
2 Lederriemen 20 mm
1 Halfterring mit zwei Ösen
1 Geschirrschnalle 20 mm
2 Rollschnallen mit Schlaufe 14 mm

Werkzeug:

Schneidunterlage
Steinplatte
Messer
Ahle
2 Nadeln
Faden
Reifelholz und Kantenzieher
Polierholz und Falzbein
Nähkloben

Eine Axt beziehungsweise ein Beil, das am Gürtel getragen werden kann, ist meiner Meinung nach nicht nützlicher als ein Messer, das am Gürtel getragen wird. Wenn ich eine Axt mitführe, dann sollte der Stiel mindestens so lang sein wie der Unterarm plus ausgestreckter Hand, also etwa 50 cm. Auch bevorzuge ich im Wald ein leichtes Eisen mit einem langen Stiel. So eine Axt passt aber an keinen Gürtel. Hier bietet sich eine Scheide mit einem Schulterriemen für die Axt an. Sie sollten die Tragevorrichtung so konstruieren, dass sich die Scheide für den Axtkopf von der Tragevorrichtung trennen lässt, damit die Axt bei Bedarf am Rucksack befestigt werden kann. Die Tragevorrichtung kann dann zu Hause bleiben und der Axtkopf ist dennoch immer geschützt.

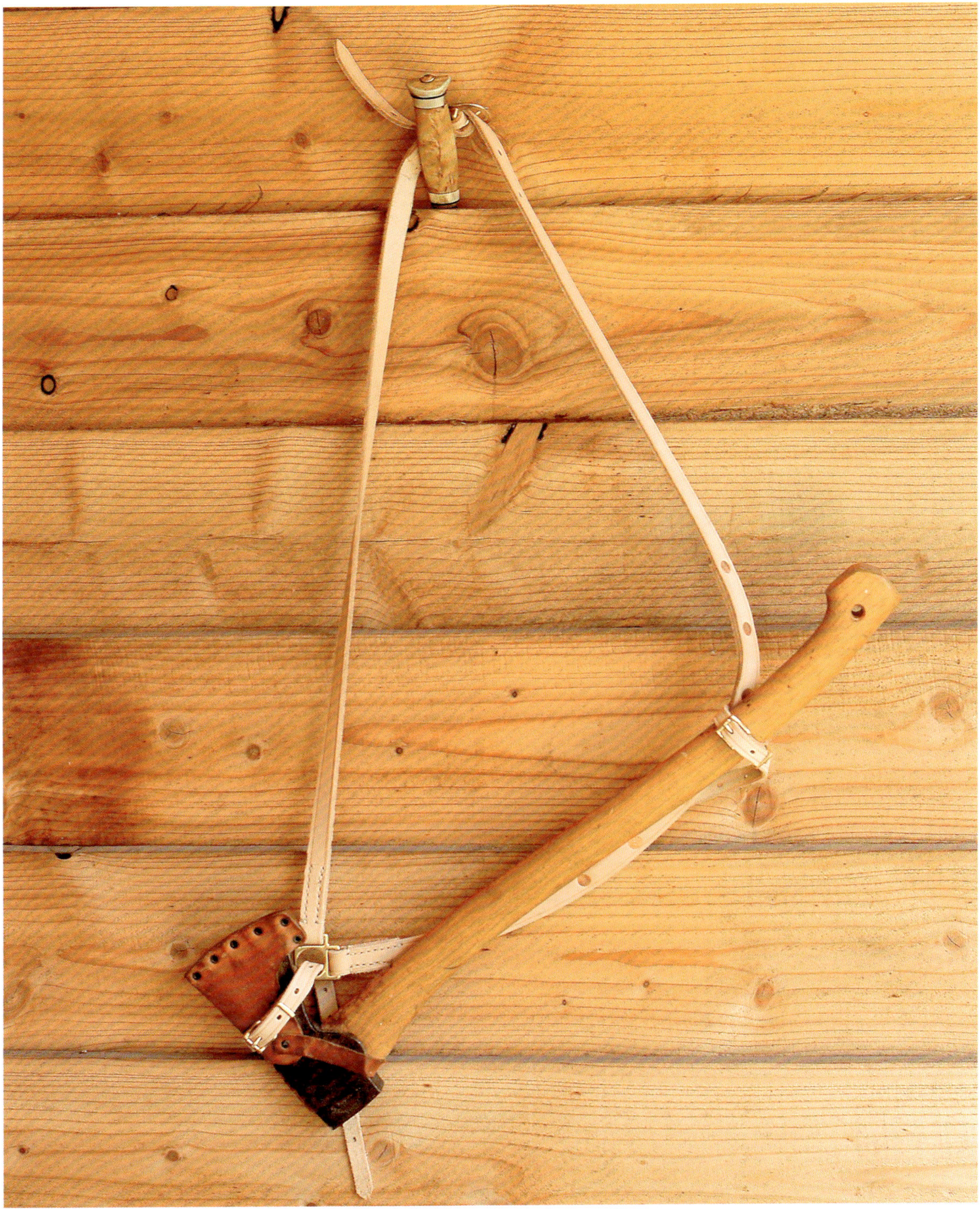

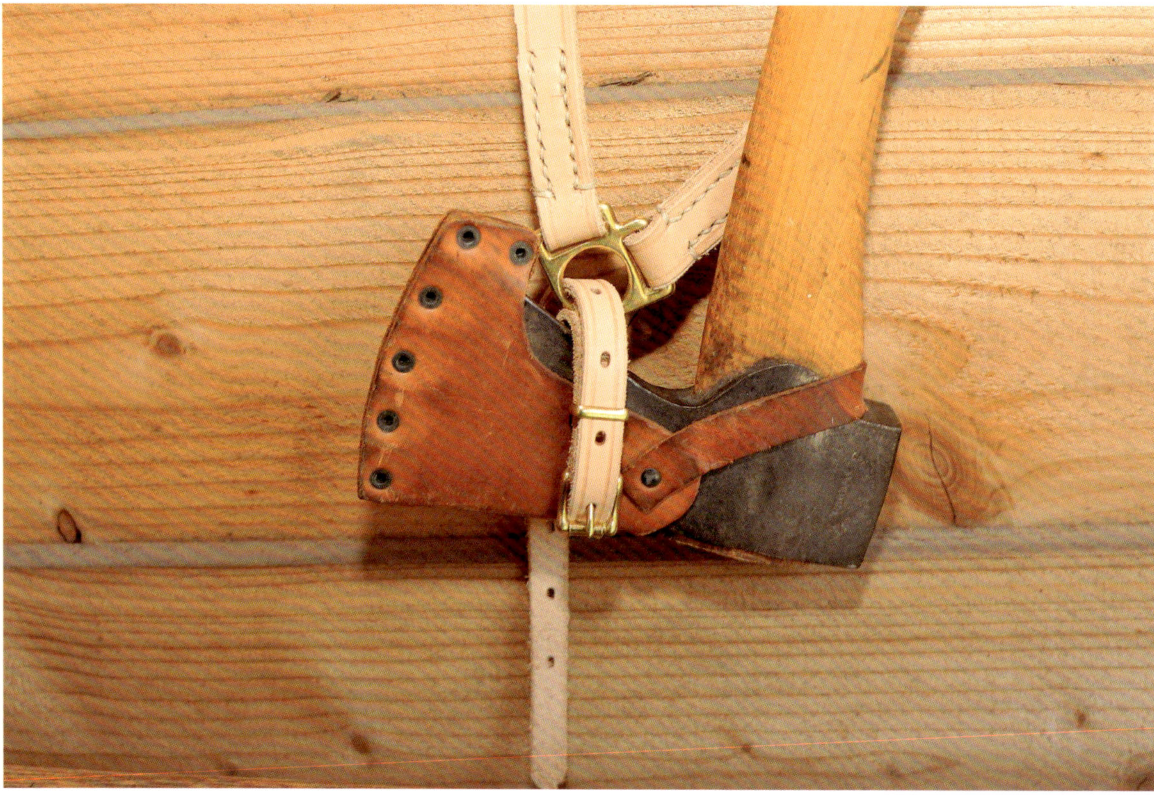

Befestigung des Axtkopfes

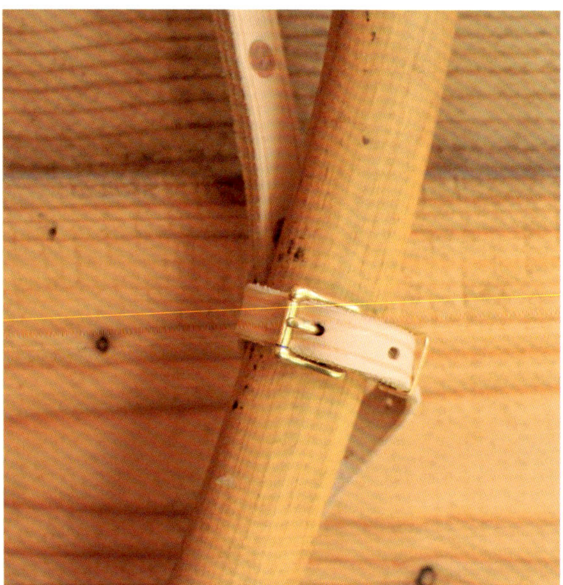

Befestigung des Axtstiels

TIPP
Seien Sie bei der Länge der Tragevorrichtung großzügig, damit Sie diese auch mit dicker Winterkleidung tragen können.

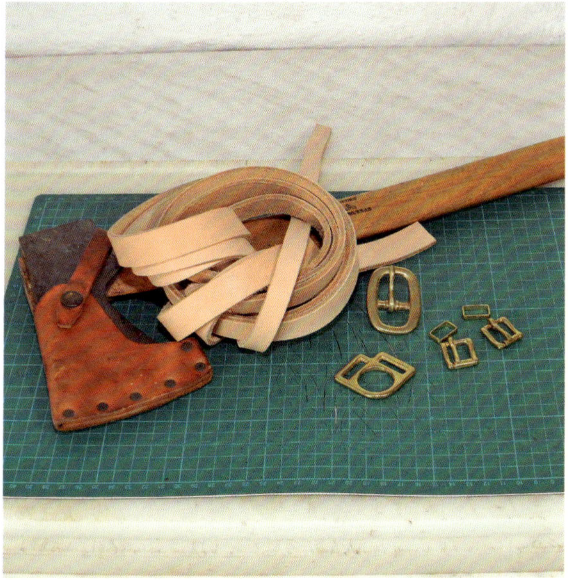

1 Material für einen Axtträger: Zwei breite Riemen, zwei schmalere Riemen, zwei Rollschnallen, eine Geschirrschnalle und ein Halfterring mit zwei Ösen.

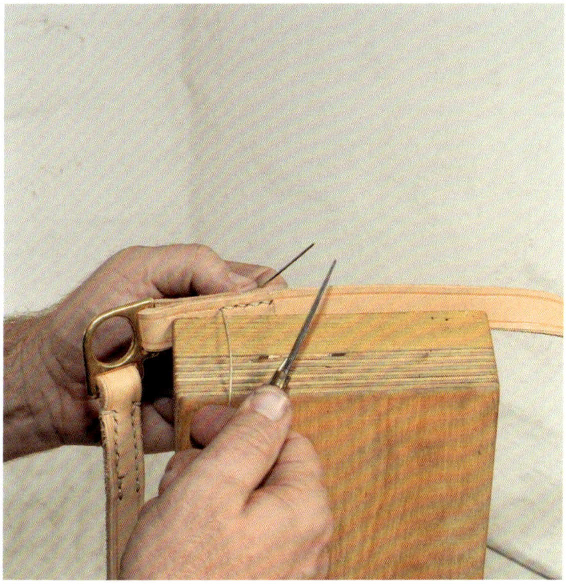

2 Beim Einnähen der Ösen beginnen Sie an dem einen doppelten Ende und nähen mit einem Sattlerstich (siehe ab S. 18) auf die Öse zu

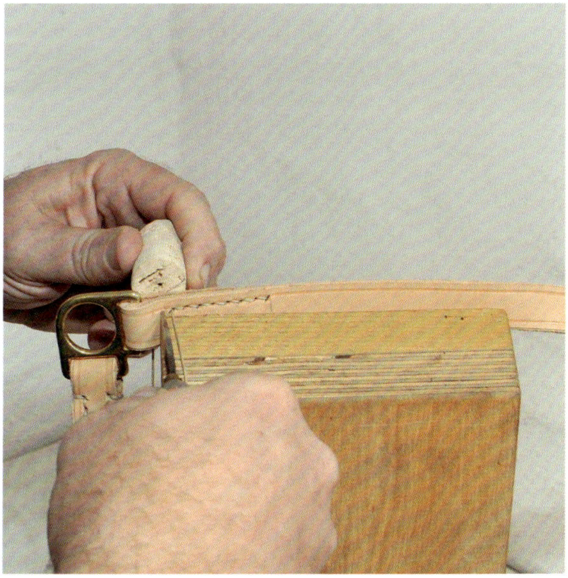

3 An der Öse kann das Durchstechen etwas schwierig werden. Halten Sie einfach von der anderen Seite mit einem Korken dagegen.

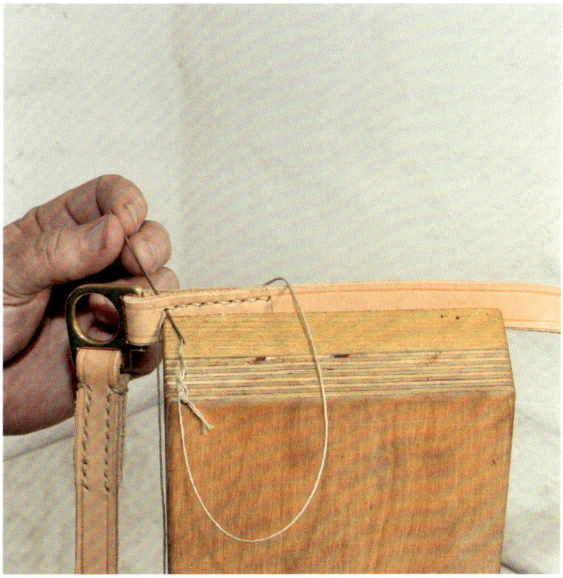

4 Um die beiden Fäden zum gegenüberliegenden Rand zur zweiten Naht zu ziehen, führen Sie beide Fäden über die Kante und stechen die Nadeln so ein, dass diese in der Mitte zwischen den beiden Lederlagen herauskommen

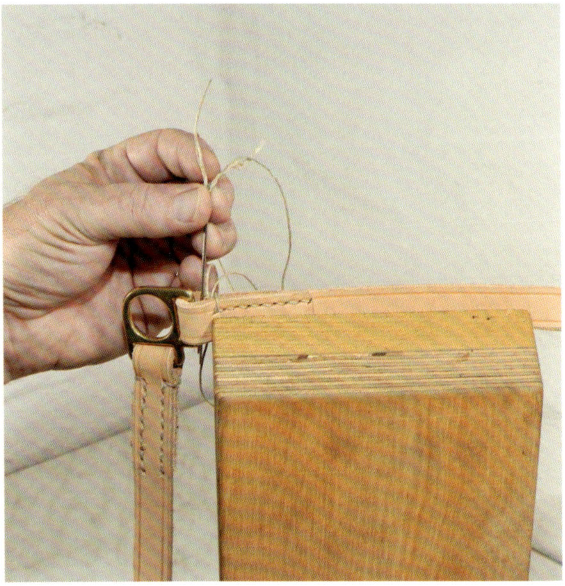

5 Führen Sie jetzt die beiden Nadeln durch die Lederlagen auf die andere Seite

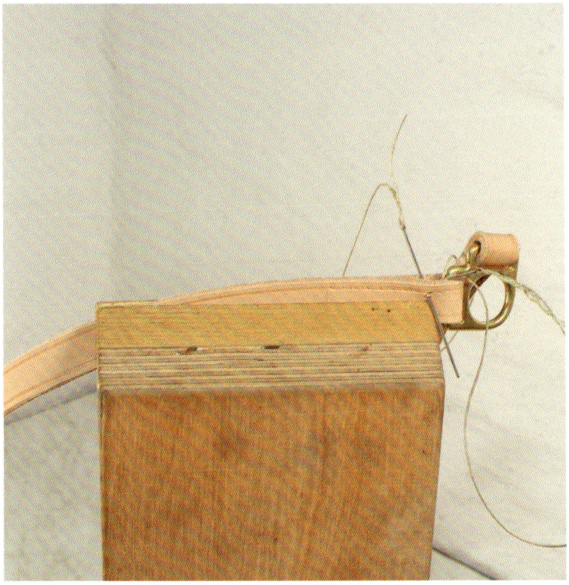

6 Nach dem Umspannen stechen Sie das erste Loch und führen je eine Nadel von innen nach außen

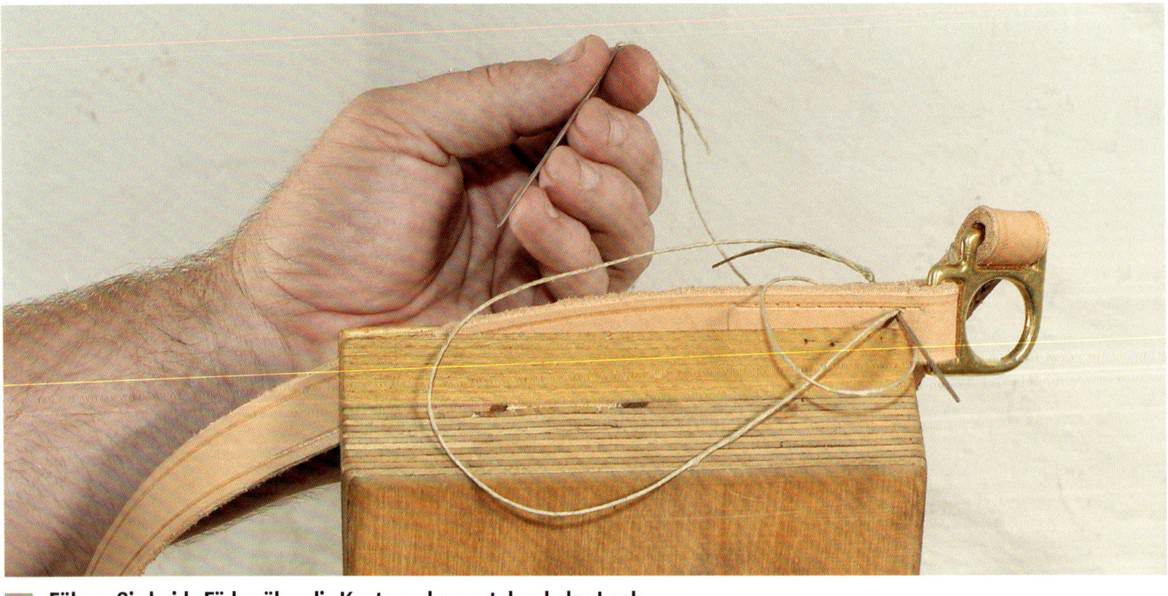

7 Führen Sie beide Fäden über die Kante und erneut durch das Loch

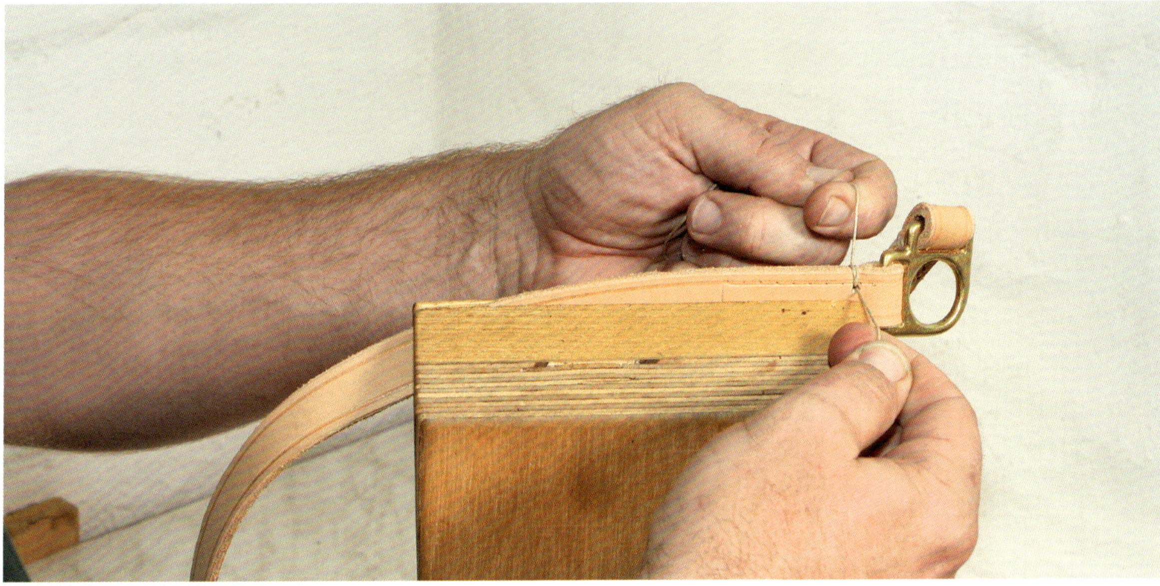

8 Ziehen Sie die Fäden stramm und Sie können jetzt wie üblich weiternähen

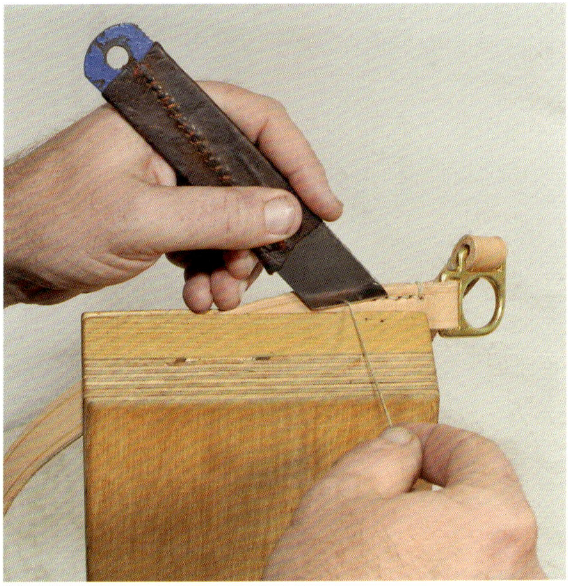

9 Führen Sie den Faden am Ende der Naht zwei Stiche zurück und schneiden Sie den Faden bündig ab

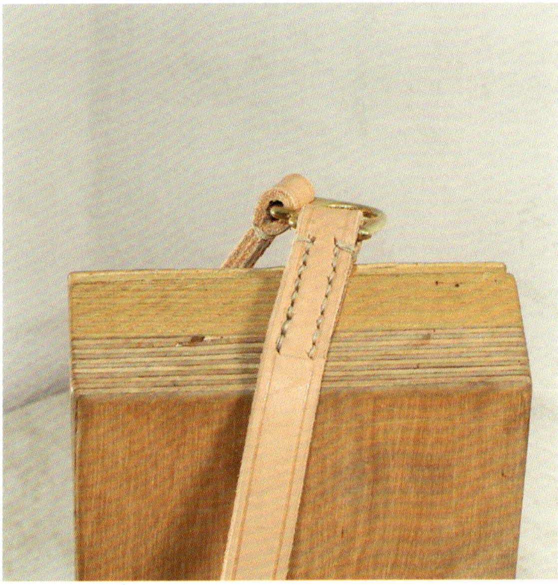

10 Die Öse ist sauber eingenäht

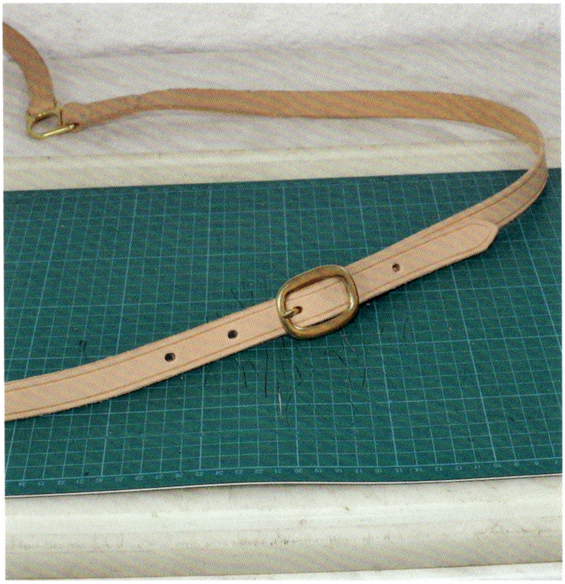

11 Der Riemen kann vorne mithilfe einer Schnalle verlängert oder verkürzt werden

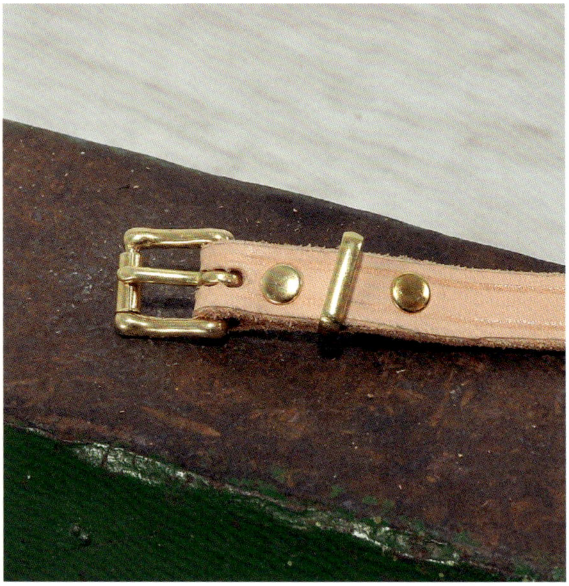

12 Fertigen Sie zwei Riemen an und nieten Sie die Schnallen ein – für eine Naht ist zu wenig Platz

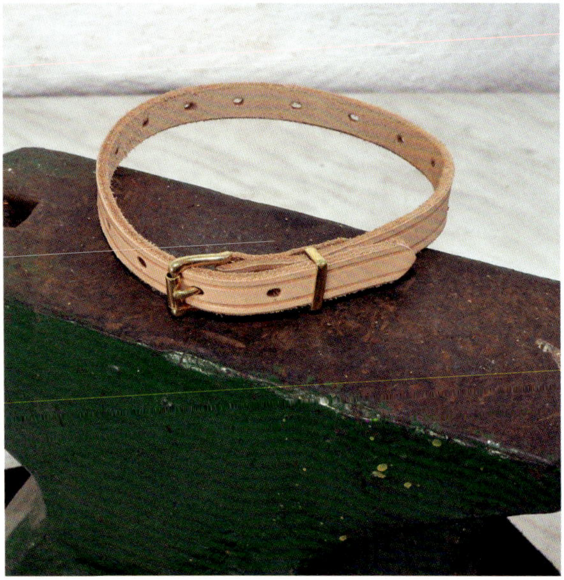

13 Der Riemen wird – anders als bei Gürteln, auf seiner gesamten Länge gelocht, damit Ihre Tragehilfe flexibel ist

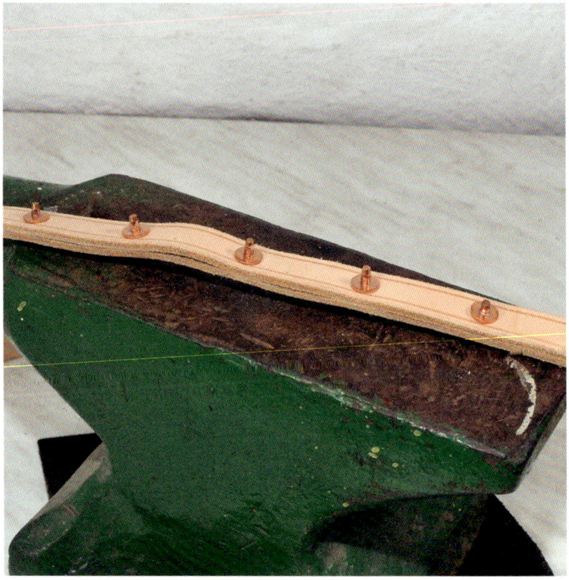

14 Die Rückseite wird mit einem Riemen unterfüttert, der in Abständen genietet wird ...

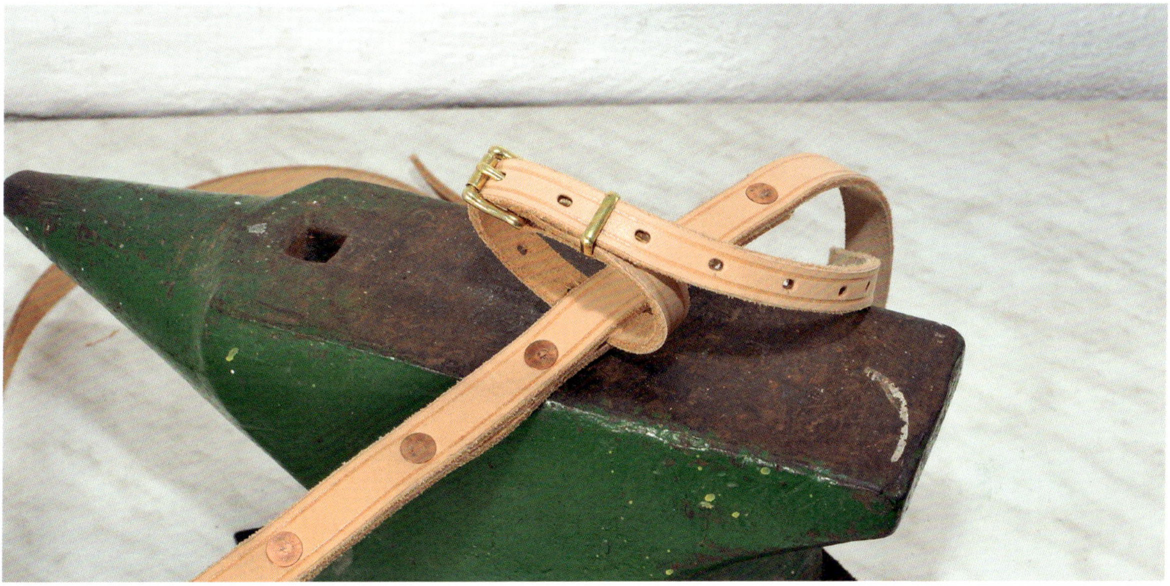

15 ... damit der Riemen, der den Stiel hält, nicht rutschen und auch in unterschiedlichen Höhen angebracht werden kann

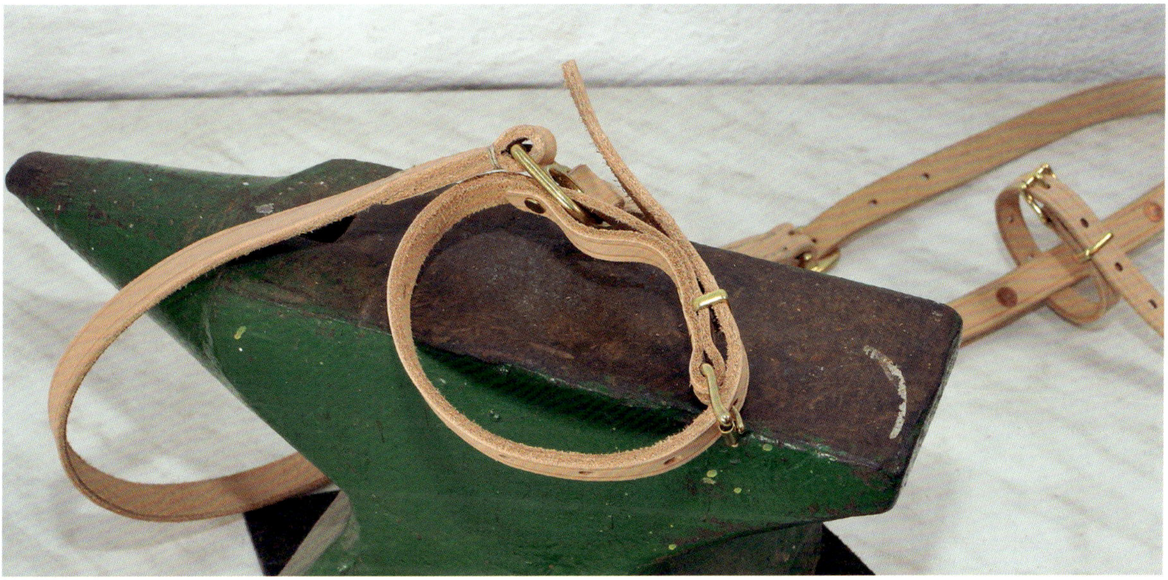

16 An dem unteren Riemen wird eine Seite verlängert und der Halfterring eingenietet, damit der Riemen nicht verlorengeht

Bucheinband

Material:
Blankleder in 2 Stärken

Werkzeug:
Schneidunterlage
Messer
Ahle
2 Nadeln
Faden
Reifelholz und Kantenzieher
Polierholz und Falzbein
Nähkloben

Buchhüllen kennt man vor allem aus der Schulzeit. Mit einer Lederbuchhülle lässt sich aber jedes Buch, das viel benutzt wird, gut schützen und es sieht nebenbei auch noch gut aus und lässt sich individualisieren. In den USA werden Buchhüllen häufig für die strapazierten Familienbibeln genutzt, während hierzulande eine Hülle eher zum Schutz von Notizbüchern gebräuchlich ist. Bei letztgenannten Büchern lassen sich auch kleinere Zettelchen und Visitenkarten gut unter der Lasche aufbewahren.

Bedenken sie bei der Konstruktion, dass gerade bei gebundenen Büchern die Einstecklasche nicht zu nahe am Buchrücken liegen sollte, damit sie sich auch einfach anlegen lässt.

Bei den Taschen für den Buchdeckel sollten Sie die Kanten vor dem Vernähen brechen und bearbeiten. Achten Sie aber darauf, dass Sie auf der Innenseite, die zu der anderen Lederseite zeigt, nur so weit die Kanten brechen, wie dieser Teil auch frei liegt, denn unter der Naht darf die Kante nicht gebrochen werden.

Für das Punzieren bieten sich Initialen oder themenbezogene Motiveisen an, die Sie nur in zwei diagonal angeordnete Ecken setzen – denn weniger ist oft mehr. Dazu kommt dann noch ein einfacher Rand und der Bucheinband ist fertig verziert.

TIPP
Die großen Flächen und gerade Linien einer Buchhülle sind ideal für Punzierungen, mindestens aber für Randmotive oder Initialen geeignet.

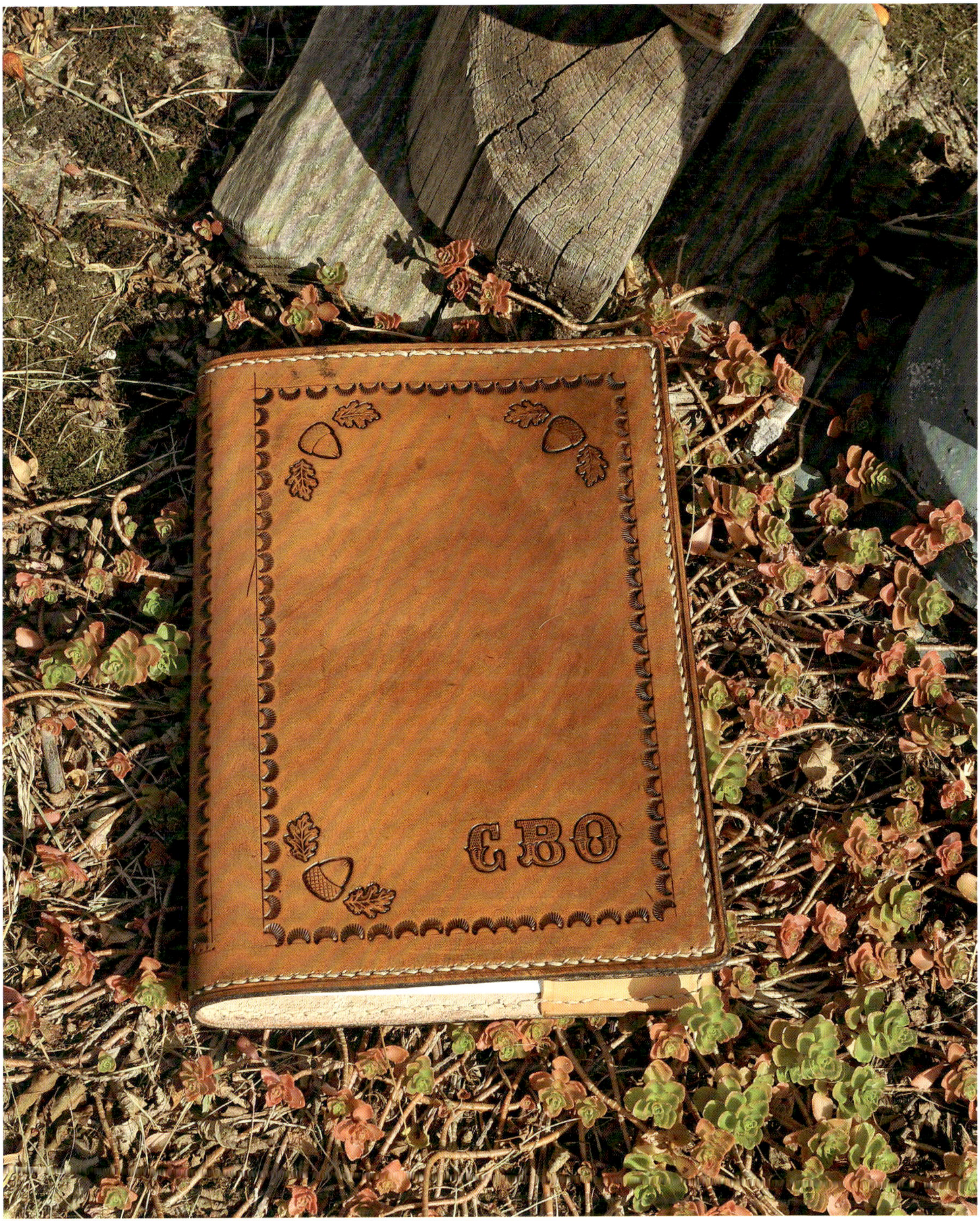
CBO

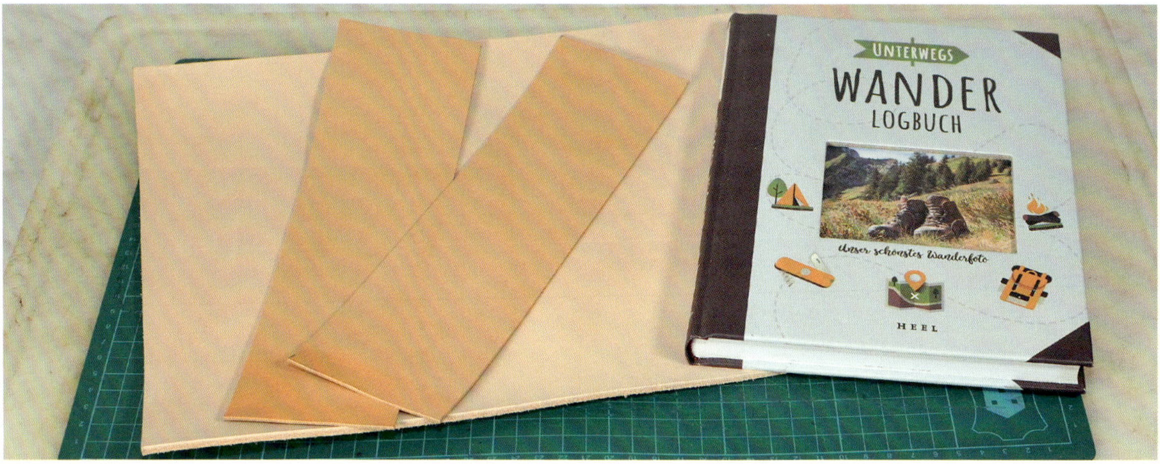

1 Schneiden Sie drei Lederstücke grob zurecht, das Leder für die Laschen sollte deutlich dünner als der Umschlag sein

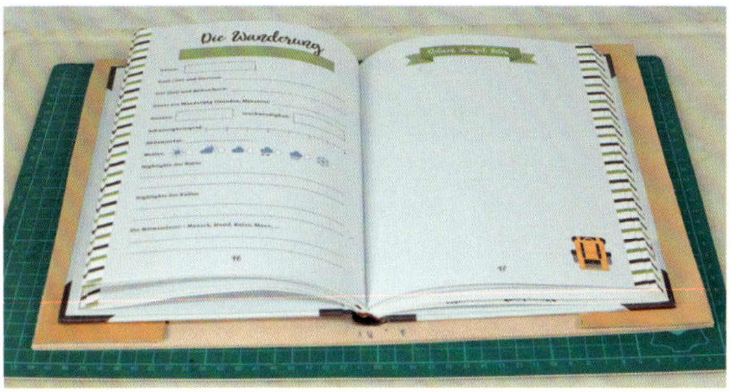

2 Das Buch dient als Schnittmustervorlage

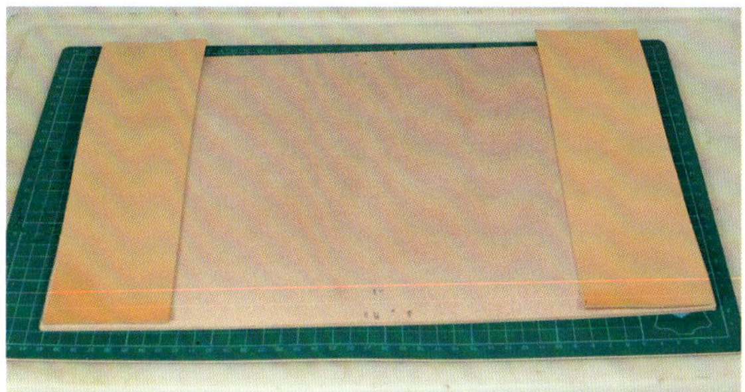

3 Das Leder für die Laschen sollte etwas größer als der Umschlag sein, denn es wird später alles verklebt und zusammen bündig abgeschnitten

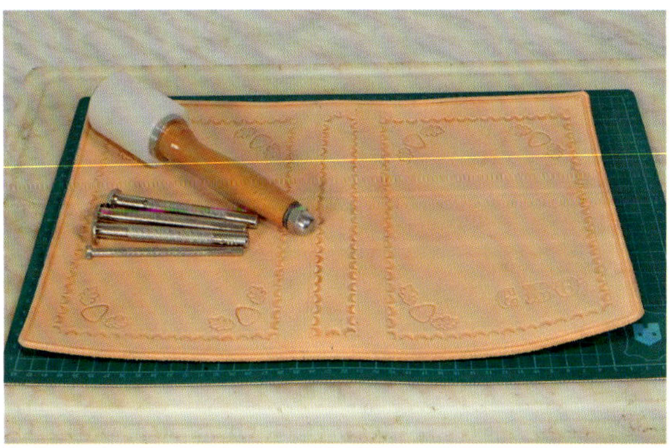

4 Punzieren Sie das Leder und bringen Sie die Rille zum Versenken der Naht und die Löcher für den Nahtabstand an

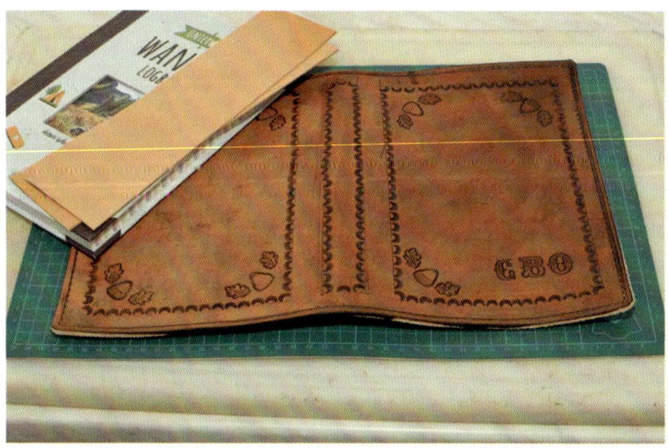

5 Nach dem Patinieren geht es mit dem Annähen der Laschen weiter

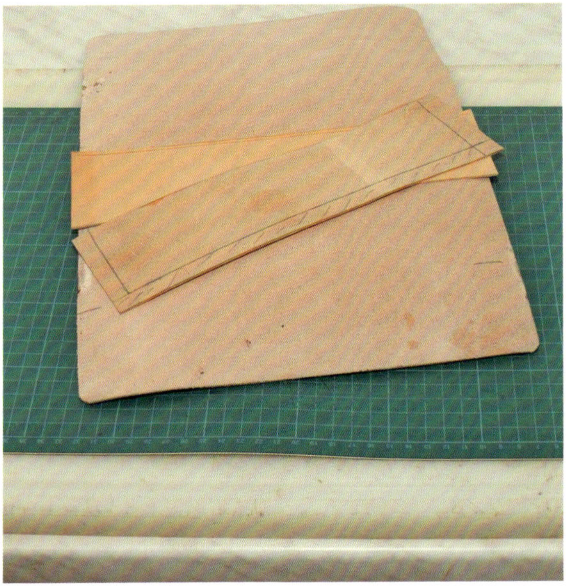

6 Die Laschen sollten an drei Seiten überstehen

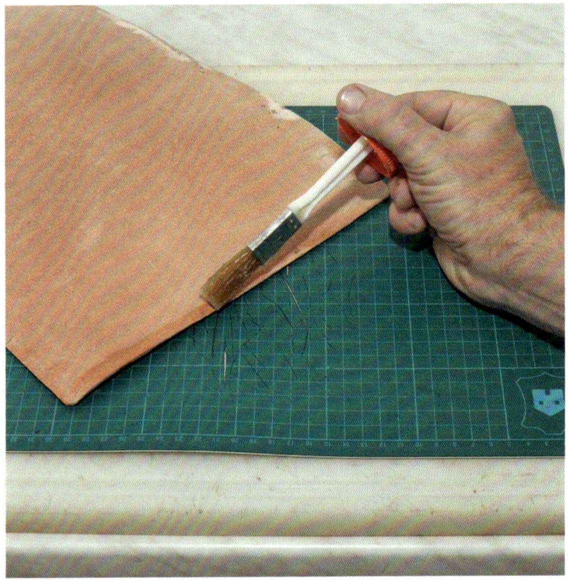

7 Um das Nähen zu vereinfachen, kleben Sie die Laschen auf das große Lederstück

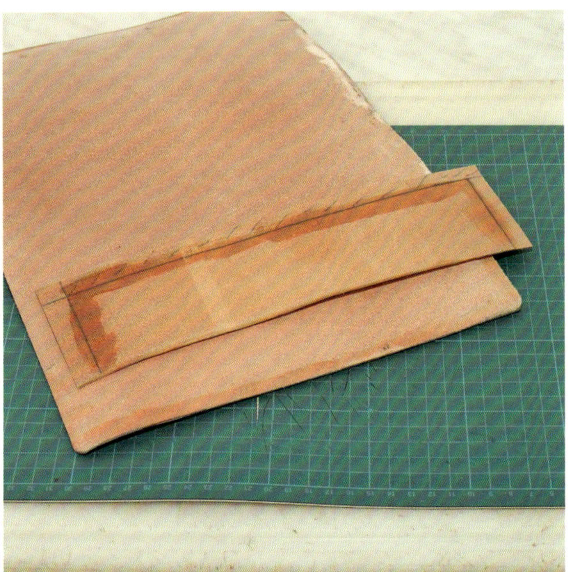

8 Streichen Sie die Klebeflächen mit einem Lederkleber ein und lassen Sie ihn antrocknen

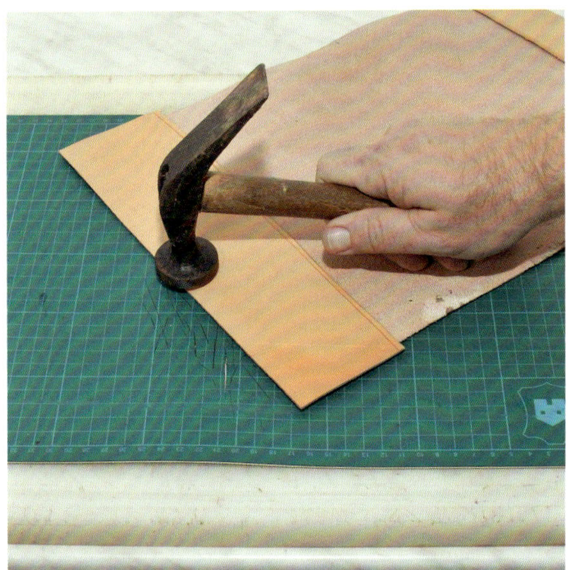

9 Legen Sie die Stücke aufeinander und klopfen Sie diese mit einem sauberen und glatten Hammer fest

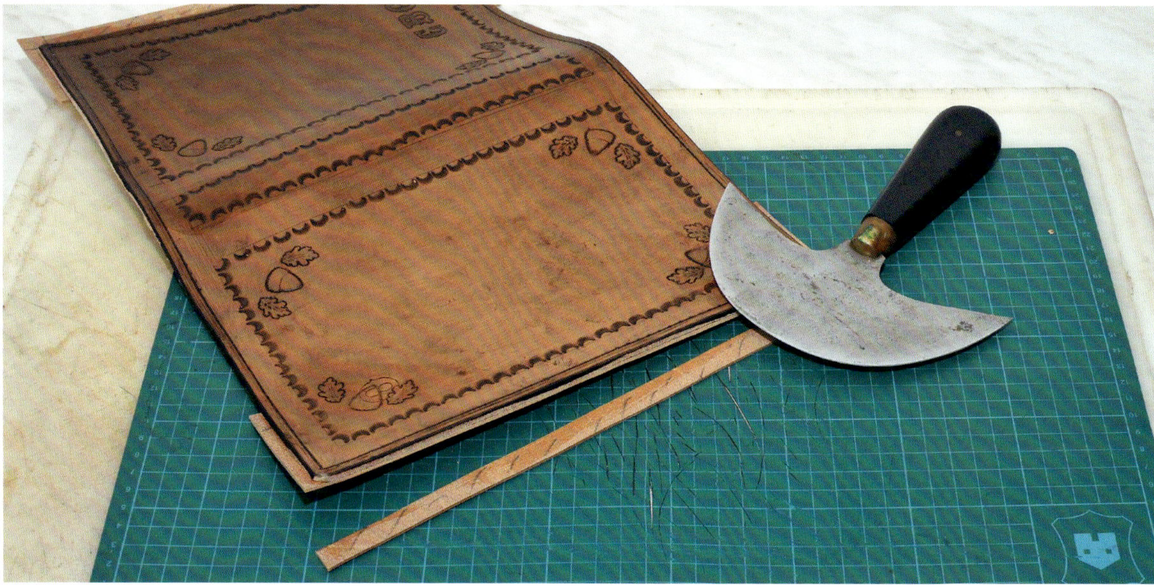

10 **Schneiden Sie das dünne Leder der Laschen bündig mit der Kante vom dicken Leder ab. Nutzen Sie die Kante vom dicken Leder als Führung.**

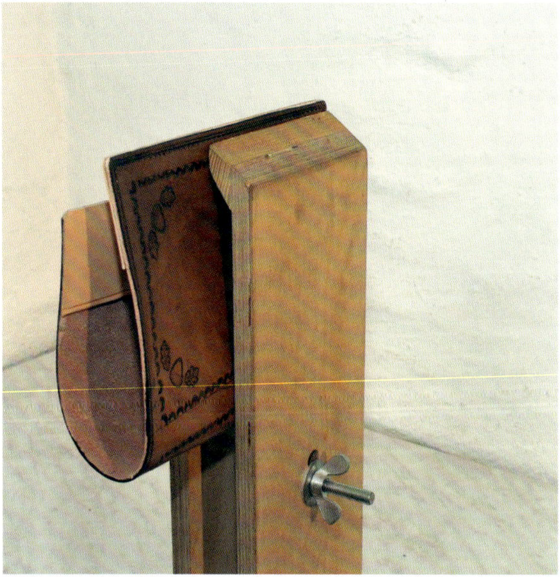

11 **Spannen Sie die Buchhülle in einen Nähkloben und beginnen Sie mit dem Nähen an der unteren rechten Kante**

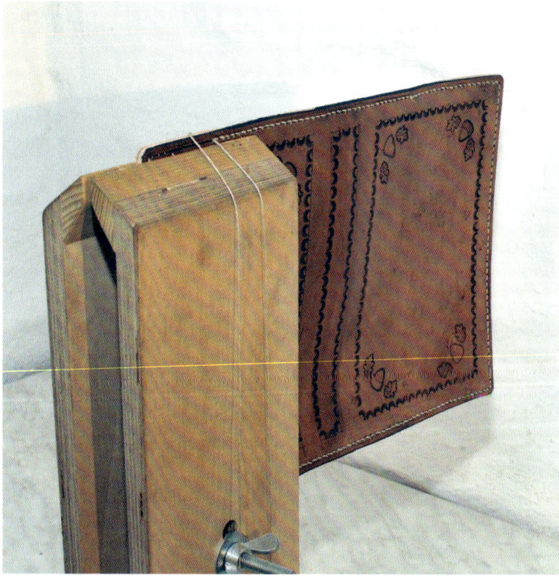

12 **Die lange gerade Naht wird mit einem Sattlerstich (siehe ab S. 18) in einem Zug genäht, dabei müssen Sie 3- bis 4-mal einen neuen Faden verwenden**

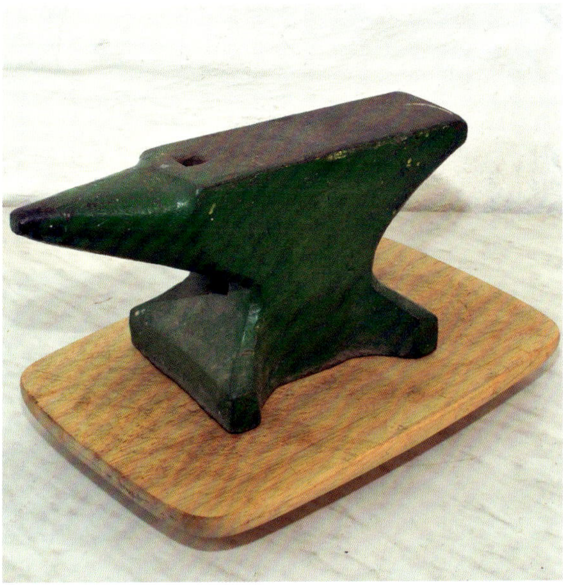

13 Legen Sie das Buch probehalber in die Hülle und beschweren Sie es über Nacht, damit sich das Leder glättet

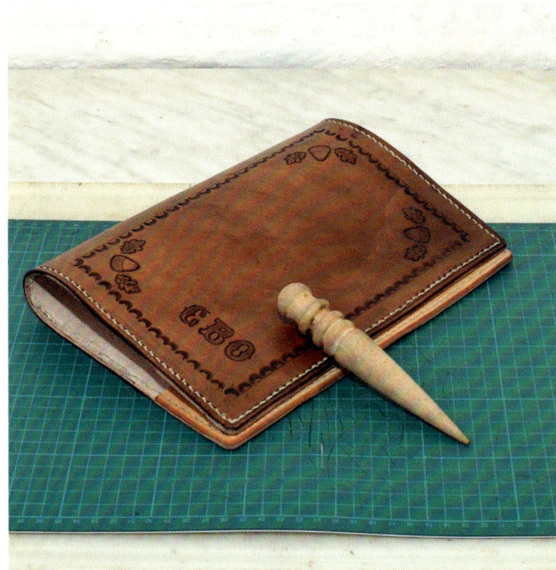

14 Brechen, färben und polieren Sie die Kante

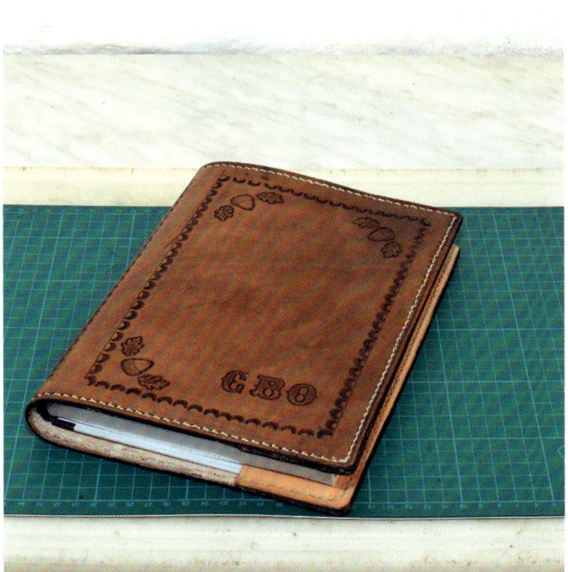

15 Eine Buchhülle aus Leder ist ein Schmuckstück und schützt zugleich

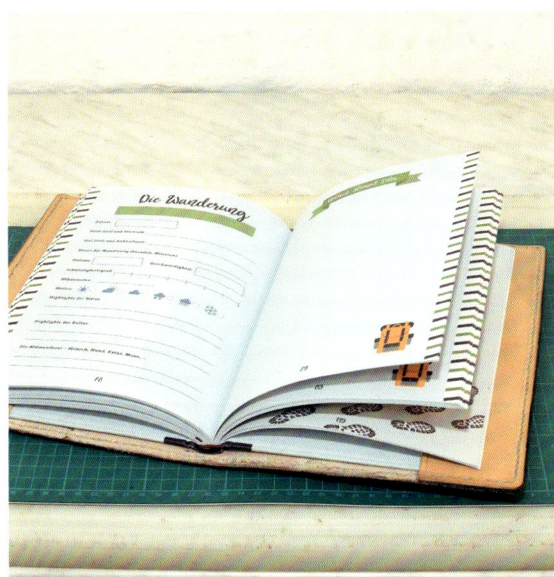

16 Durch das Gewicht des Leders bleibt das Buch aufgeschlagen liegen

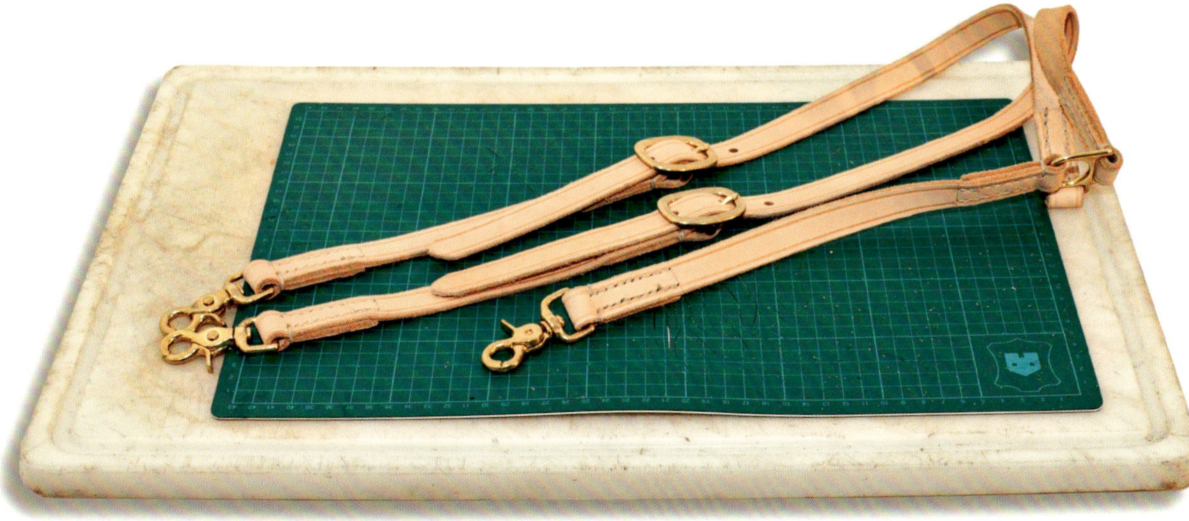

Hosenträger

Material:
Lederriemen
3 Scherenkarabiner
Ring oder Halfterring mit zwei Ösen
2 Geschirrschnallen

Werkzeug:
Schneidunterlage
Messer
Ahle
2 Nadeln
Faden
Reifelholz und Kantenzieher
Polierholz und Falzbein
Nähkloben

Hosenträger sind ein Ausdruck von Tradition und zurzeit wieder unheimlich angesagt. Ursprünglich hatten sie einen ausschließlich praktischen Nutzen, heute finden sich Hosenträger auf Laufstegen und auf vielen Covern von Modemagazinen.

Was liegt da näher, als sich mit einem handgemachten Accessoire noch stärker hervorzuheben? Dabei bieten Hosenträger nicht nur einen rustikalen Touch, sondern bringen auch noch einen wirklichen Mehrwert mit. Bei über der Kleidung sichtbar getragenen Hosenträgern sind Schnallen zum Verstellen der Träger unbedingt erforderlich, denn sie tragen zum rustikalen Aussehen bei. Wer inzwischen die Hemden nicht mehr in, sondern über der Hose und die Hosenträger unter dem Hemd tragen muss, der sollte vorher Maß nehmen und auf die auftragenden Schnallen verzichten.

Die unteren Enden werden mit Scheren-Karabinern ausgestattet, die in die Gürtelschlaufen eingehängt werden. Das schont den Gürtel beziehungsweise die Hose, denn die Klemmelemente der handelsüblichen Hosenträger müssen, um auch schwere Hosen sicher zu halten, sehr stark klemmen oder mit Zacken versehen sein. Außerhalb der Anzugsmode gibt es nur noch wenige Hosen, bei denen Knöpfe für Hosenträger angebracht wurden. Beispielsweise bei jagdlichen Lederhosen oder den Feldhosen der Bundeswehr. Die Hosenträgervariante mit Karabinern hat einen entscheidenden Vorteil: Wenn Sie mal die Hose herunterlassen müssen, dann müssen Sie nur drei Karabiner öffnen und die Hosenträger bleiben unter der Oberbekleidung. Sie müssen bei dieser Variante also keine Kleidungsstücke ablegen, um die Hosenträger herunterzustreifen.

Wenn Sie Hosenträger selbst nähen wollen, dann sollten diese jeweils aus einem Rückenstreifen und zwei Schulterstreifen bestehen. In der Mitte vom Rücken werden sie Y-förmig zusammengenäht oder mit einem Ring gefasst. Die Hosenträgerenden mit den Karabinern können Sie entweder vernieten oder vernähen, beides sieht rustikal aus – nähen ist natürlich aufwendiger. Die getrennten Riemen mit der Schnalle für die Höhenverstellung können Sie ebenfalls nieten oder nähen. Denken Sie bei der Höhenverstellung daran, dass Sie, wie bei einem Gürtel, nur maximal fünf Löcher vorsehen sollten und der Dorn der Schnalle in der Normalposition im mittleren Loch stecken sollte. Zu viele Löcher und zu lange Enden sehen gerade bei Maßanfertigungen immer schlecht aus und erwecken den Eindruck, als ob man etwas von der Stange gekauft hätte. Ich schlage daher statt der fünf nur drei Löcher ein, wobei das mittlere die ideale Länge festlegt.

Maß nehmen

Beim Ausmessen ist es wichtig, dass Sie möglichst genau vorgehen und zuvor mit einer Schnur ein Muster fertigen. Davon können Sie dann die Maße abnehmen und eine Zeichnung oder sogar ein Schnittmuster anfertigen. Um die Schnallen beziehungsweise Karabiner einzunähen, sollten Sie 6 cm zum eigentlichen Lederstück dazurechnen, davon entfallen 4 cm auf die Naht und 2 cm benötigen Sie als Abstand bis zum Umschlagpunkt, an dem die Schnalle beziehungsweise der Karabiner sitzt.

TIPP
Für ein Rückenteil aus Leder sollten Sie zum Anzeichnen des Winkels eine zweite Person um Hilfe bitten, bei einem Ring oder einem fertigen Metallteil schiebt sich alles von selbst zurecht.

TIPP
Fetten Sie Leder, das mit Ihrer Bekleidung in Berührung kommen könnte nicht zu stark.

HINWEIS
Als Naht hat sich eine Länge von 2 Zoll bewährt, zum Umschlag 1 Zoll, bei Schnallen 2 Zoll mit einem Schlitz von 1 Zoll. Auf die 2 Zoll Naht passen genau 10 Stiche. Wenn Sie ein Messgerät mit Zollangaben haben, dann kann es also durchaus einfacher sein, wenn Sie mit Zoll arbeiten.

Manchmal – je nach Lederart – kann es vorkommen, dass sich die Riemen in den ersten Wochen des Tragens dehnen. Sie erkennen es daran, dass der Riemen etwas dünner geworden ist und das längliche, unbenutzte Loch nun länger ist als die anderen. Meist haben sich zu diesem Zeitpunkt aber schon hässliche Abdrücke durch die Schnalle auf dem Leder gebildet. Ich würde in diesem Fall dann lieber das Rückenstück kürzen und nachnähen oder es komplett austauschen, denn das ist unkomplizierter und sieht besser aus, als auf das nächste Loch auszuweichen.

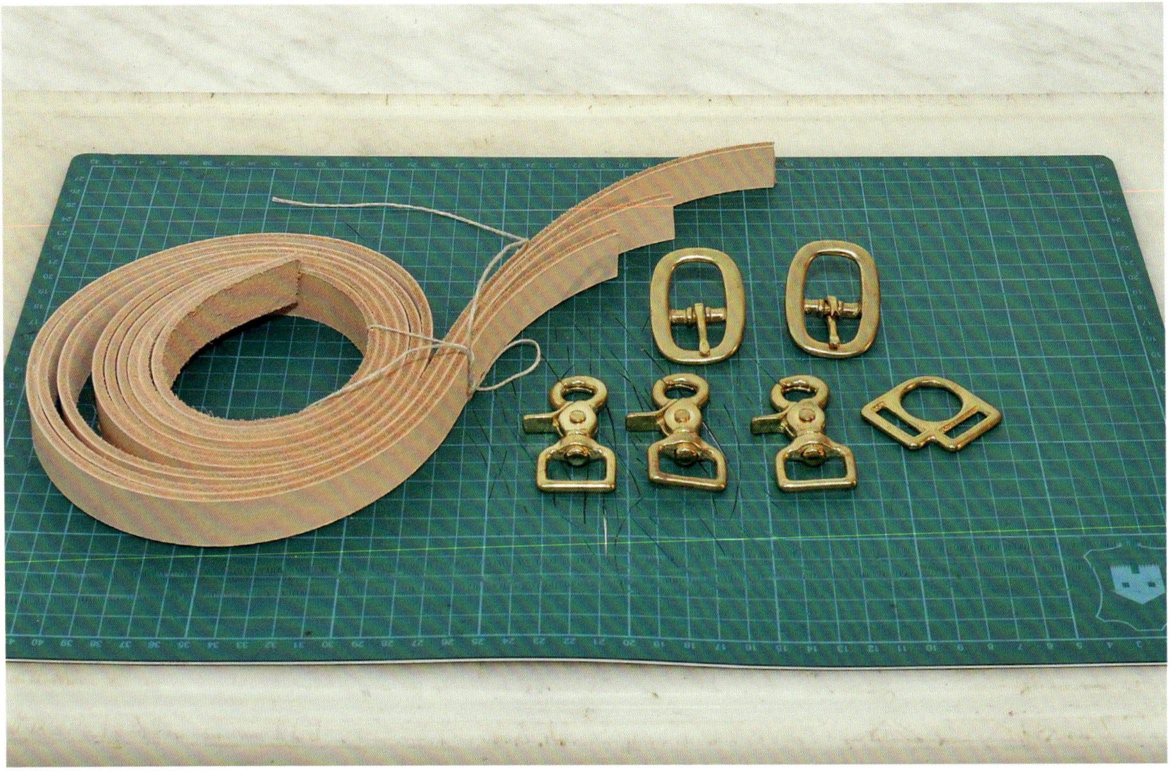

1 **Material für einen Hosenträger: Lederriemen, ein Halfterring mit zwei Ösen, zwei Geschirrschnallen und drei Scherenkarabiner.**

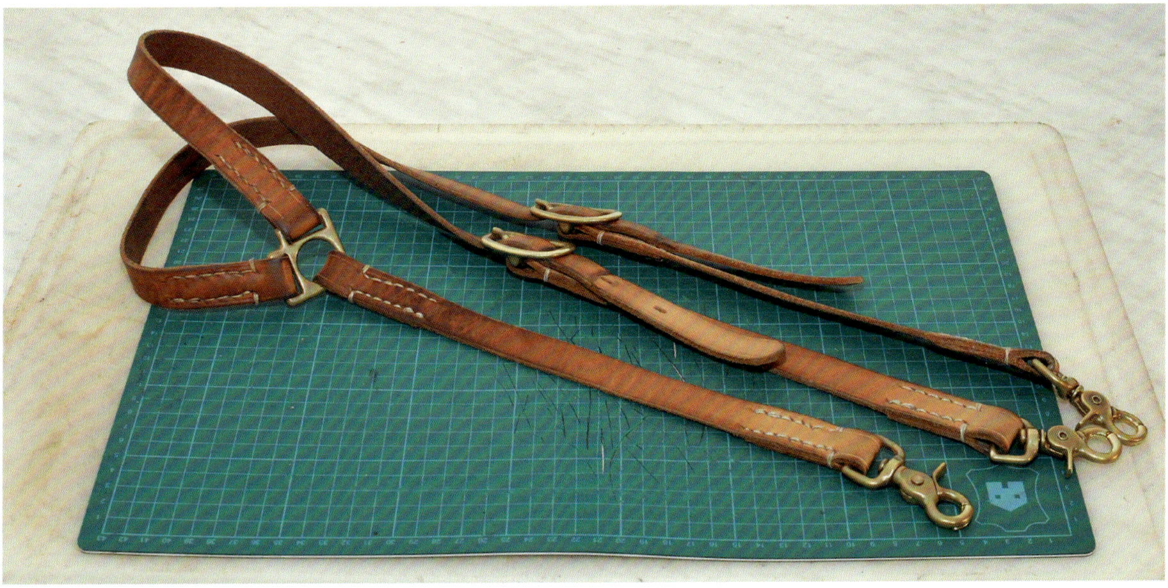

2 Alte Hosenträger dienen als Muster für die Länge

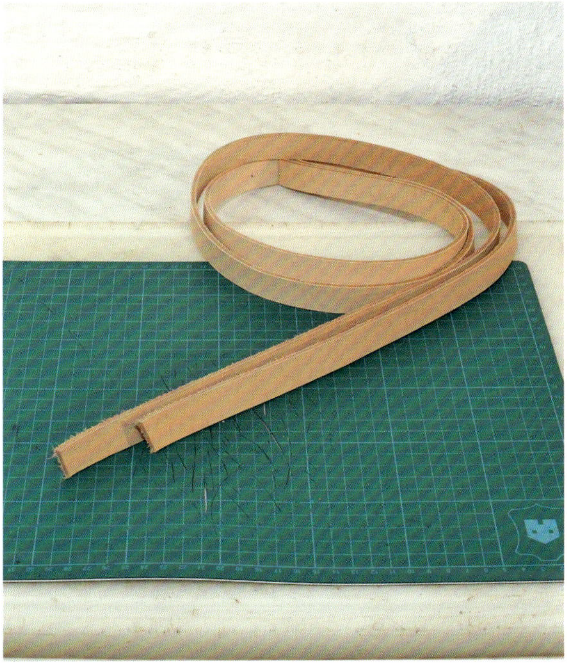

3 Dohnen Sie die Riemen vor. Hier ist der Unterschied zwischen gedehntem und nicht gedehntem Riemen gleicher Ausgangslänge gut erkennbar.

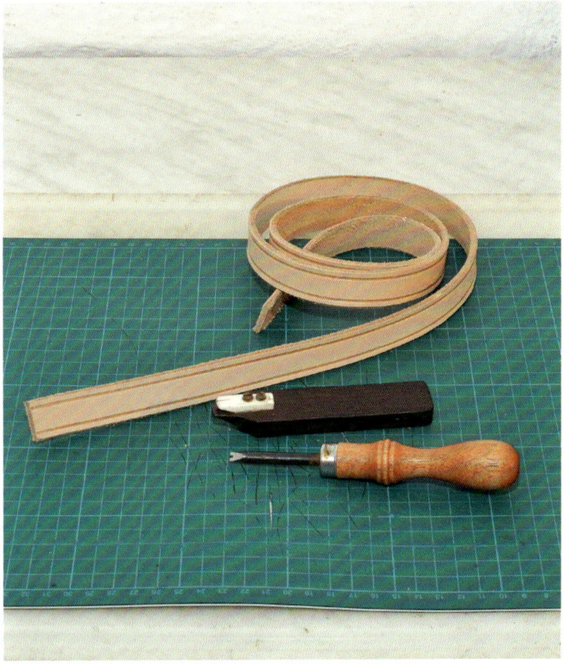

4 Ziehen Sie eine Schmucklinie und brechen Sie die Lederkante

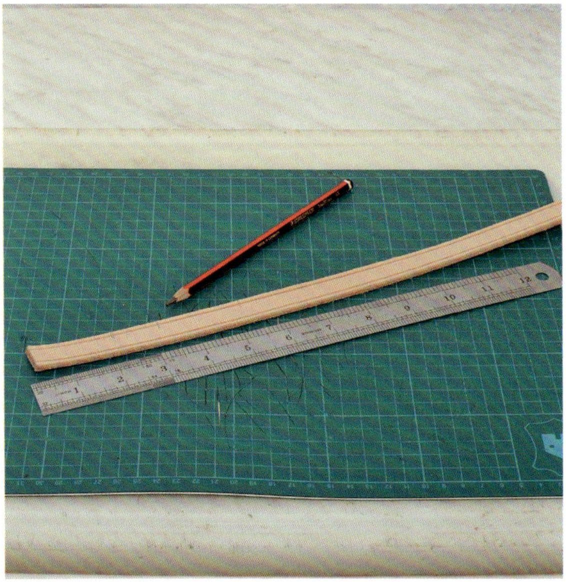

5 Zeichnen Sie die Nähte mit einem weichen Bleistift an, dieser lässt sich mit einem Radiergummi leicht wieder entfernen

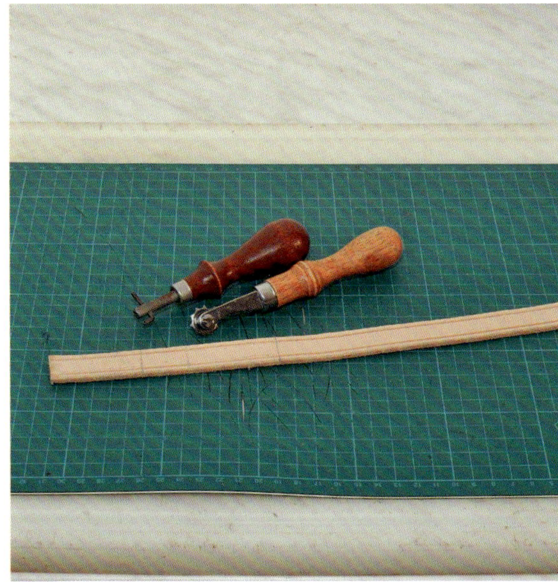

6 Ziehen Sie eine Rille zum Versenken der Naht und markieren Sie den Abstand der Stiche

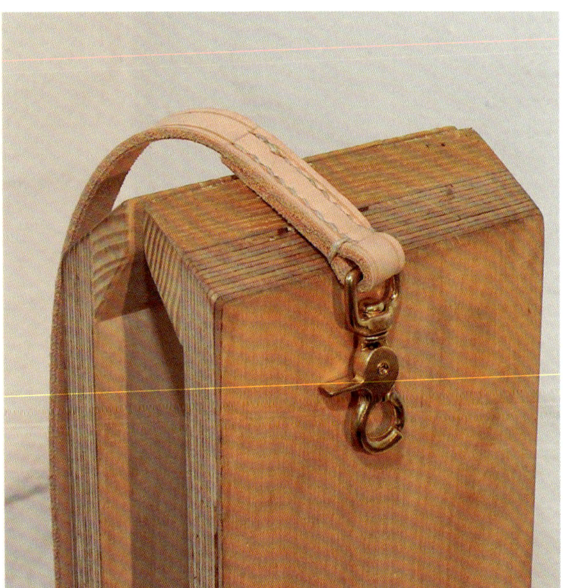

7 Nähen Sie zunächst die Scherenkarabiner ein (siehe hierzu Schritt 2–10 ab S. 77)

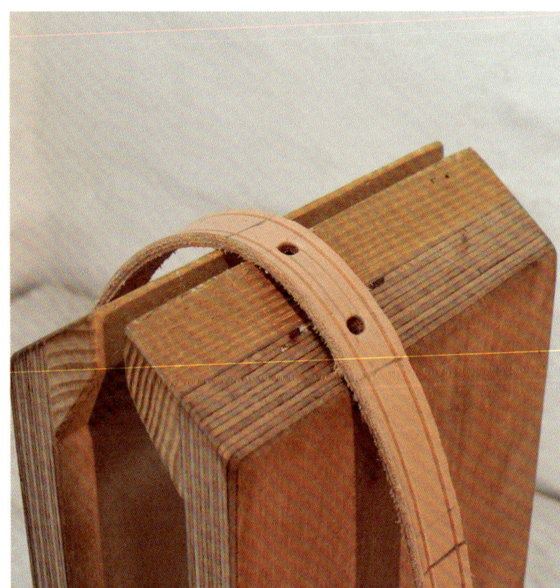

8 Lochen Sie den Schlitz für den Schnallendorn zunächst an den beiden Enden des Schlitzes

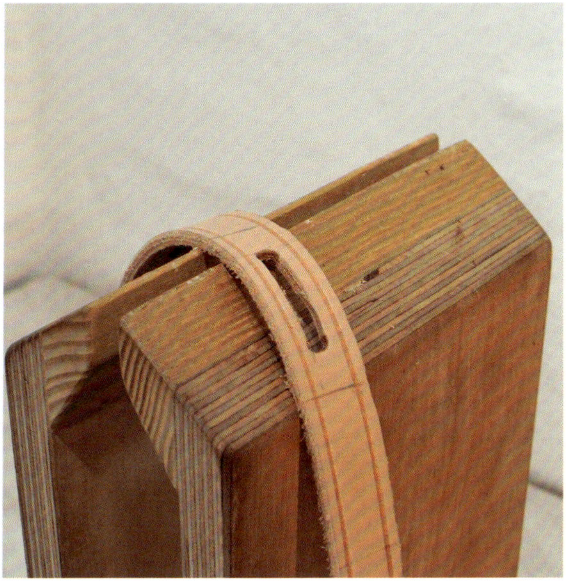

9 Verbinden Sie die beiden Löcher und entfernen Sie das Leder in der Mitte

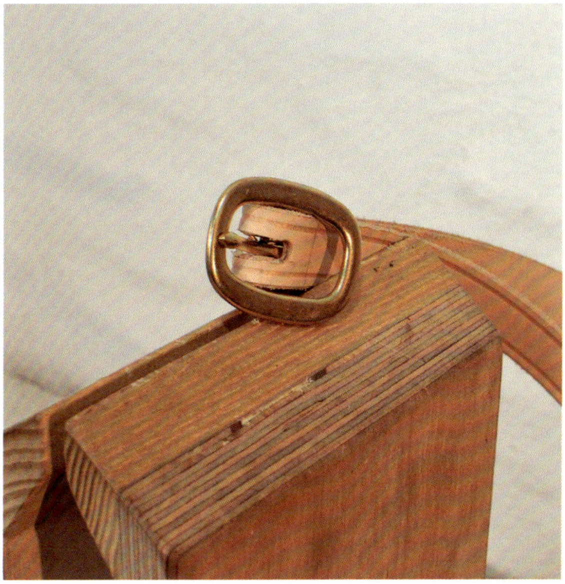

10 Für die Schnalle müssen Sie am Umschlag 2 Zoll Platz vorsehen, damit diese auch gut zu bedienen ist

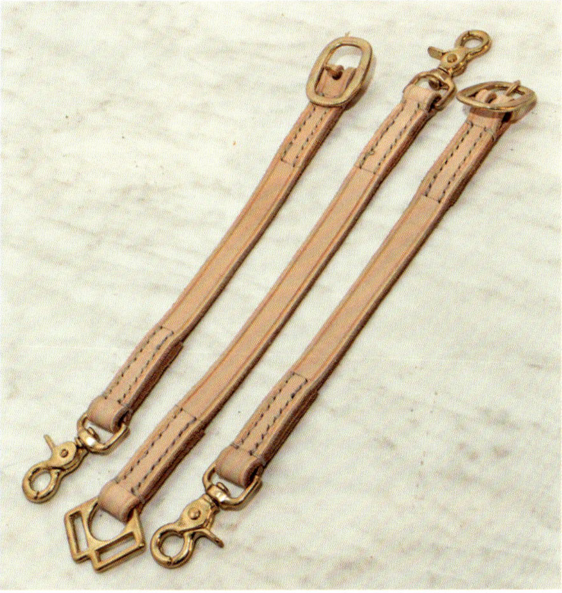

11 Die drei Teile mit Nähten an jedem Ende. Danach werden die Schulterriemen in den Halfterring eingenäht (siehe ebenfalls ab S. 77).

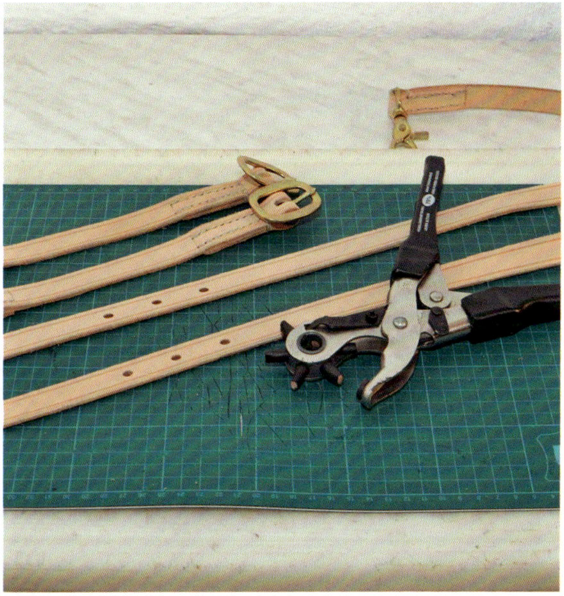

12 Lochen Sie die Schulterriemen nach Möglichkeit mit einem ovalen Loch ausreichender Größe

LEKTION 7

Anspruchsvolle Projekte

Für dieses Kapitel mit anspruchsvollen Projekten sollten Sie bereits eine längere Naht sauber und gleichmäßig nähen können. Außerdem benötigen Sie einige Werkzeuge, die sich nicht in jedem Werkzeugkasten befinden. Im Großen und Ganzen sind die Projekte aber nicht viel schwieriger, aber umfangreicher als bisher. Sie beanspruchen einige Stunden Arbeit und größere Lederstücke, was sie auch teurer und einen Misserfolg ärgerlicher machen.

Flaschenhalter/Würfelbecher

Material:
Blankleder

Werkzeug:
Schneidunterlage
Messer
Ahle
2 Nadeln
Faden
Reifelholz und Kantenzieher
Polierholz und Falzbein
Nähkloben

In den USA ist es durchaus üblich, dass beim BBQ Getränkedosen oder Bierflaschen in einen isolierenden Can-Wrap gesteckt werden. Einen solchen Lederüberzug selbst zu fertigen verleiht dem Ganzen noch mehr Klasse, lässt sich wunderbar individualisieren und verschenken. Da die Form und Herstellung identisch sind, lässt sich auf diese Weise auch wunderbar ein Würfelbecher kreieren. Bei der Ausgestaltung der Lederoberfläche sind der Fantasie keine Grenzen gesetzt.

Wenn Sie den Überzug als einfache Röhre ausarbeiten, dann ist das Projekt schnell und einfach gefertigt, die Flasche steht sicher und fest und Sie müssen nur darauf achten, dass Ihnen die Flasche nicht nach unten aus dem Überzug herausfällt. Das Herausrutschen verhindern Sie, indem Sie den Überzug fest greifen und so die Flasche fixieren.

Sie können auch einen Boden einnähen, dann steht zwar die Flaschen nicht immer ganz sicher, denn dazu muss er sehr präzise gefertigt werden, aber dafür kann die Flasche beziehungsweise Dose auf keinen Fall mehr herausrutschen. Letztere Variante benötigen Sie auch, um einen Würfelbecher zu fertigen.

Bei diesem Projekt werden die beiden Enden des Leders auf Stoß genäht; Sie können aber auch

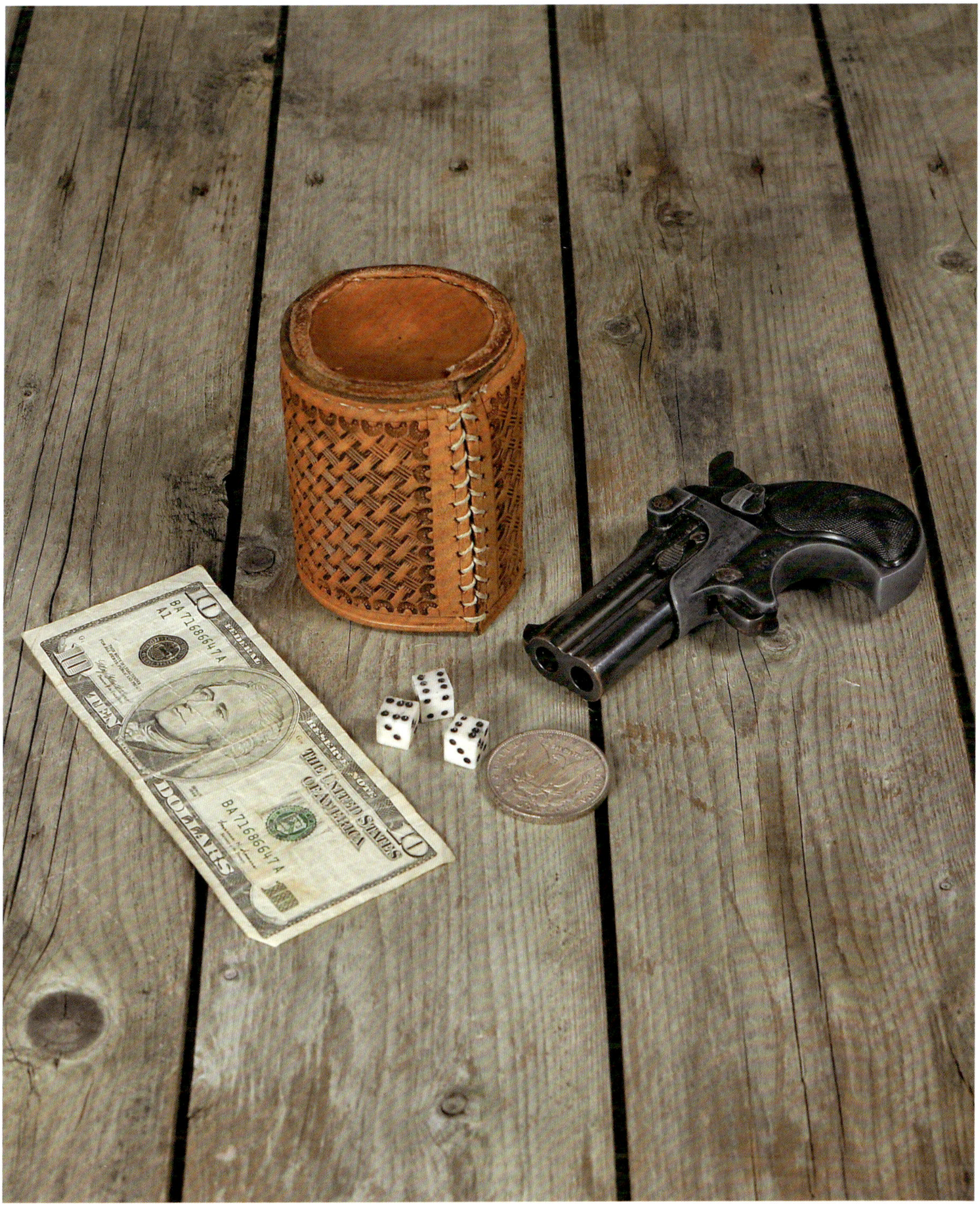
THE UNITED STATES OF AMERICA
DOLLARS

Lederriemen als Flechtwerk verwenden. Wichtig ist, dass Sie das ausgeschnittene Leder vor dem Nähen an die Flasche anpassen, damit es später auch genau passt. Bei der Nähmethode sind Sie recht flexibel, vom Baseball-Stich bis zum Flechten mit Lederriemen ist vieles möglich. Beachten Sie aber, dass bestimmte Techniken – wie bei Flechtwerk – innen auftragen und dann eventuell der Überzug zu eng sitzt und die Flasche nicht mehr passt. Beim Würfelbecher können Sie sich die Verbindung aber gefahrlos aussuchen.

TIPP
Die große Fläche des Flaschenhalters beziehungsweise Würfelbechers bietet sich geradezu für Initialen und eine Punzierung mit Flechtmuster an.

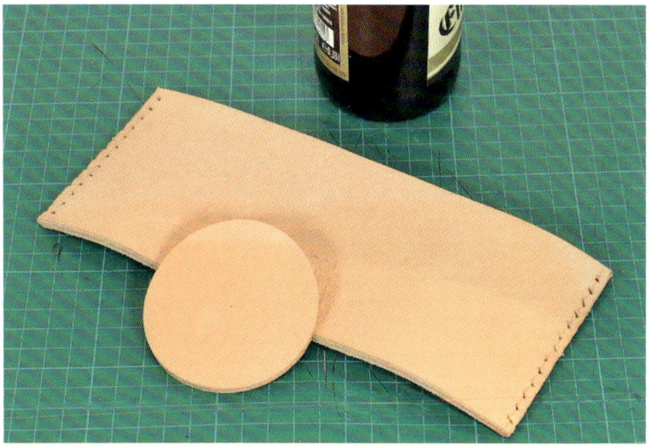

1 **Schneiden Sie zwei Stücke Leder aus. Das rechteckige Stück muss auf Stoß um die Flaschen passen und das runde Stück muss dem Umfang des Flaschenbodens entsprechen.**

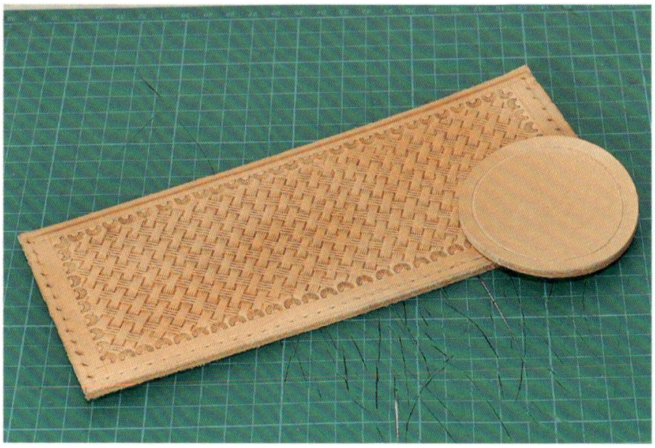

2 **Das große Stück bearbeiten Sie oben an der Kante und punzieren es nach Geschmack, die Löcher für die Baseballnaht sollten Sie schon jetzt vorstechen**

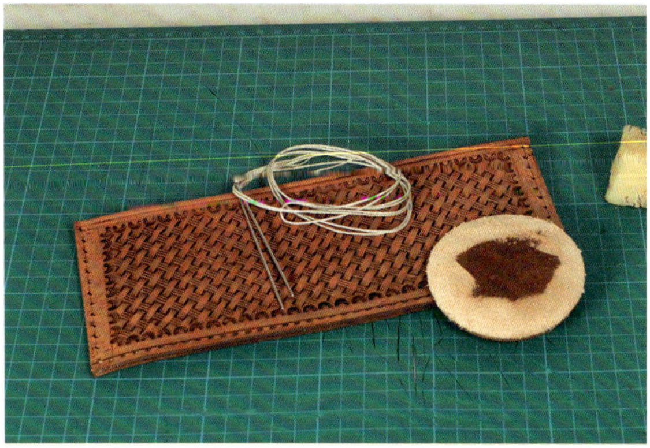

3 **Patinieren Sie das punzierte Stück und dünnen Sie den Rand des runden Leders auf die Hälfte aus**

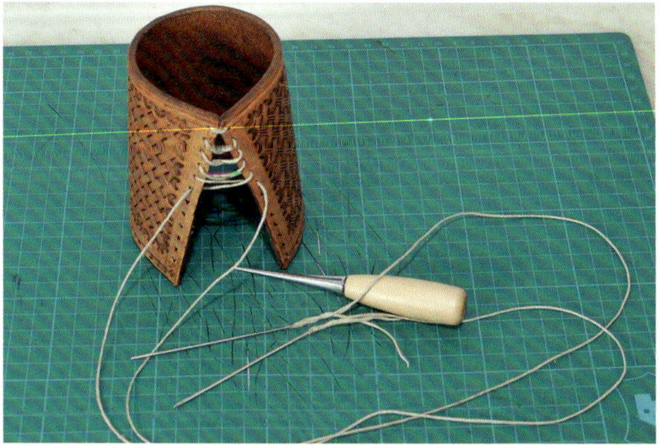

4 **Nähen Sie mit einer Baseballnaht das erste Stück zusammen (siehe ab S. 23)**

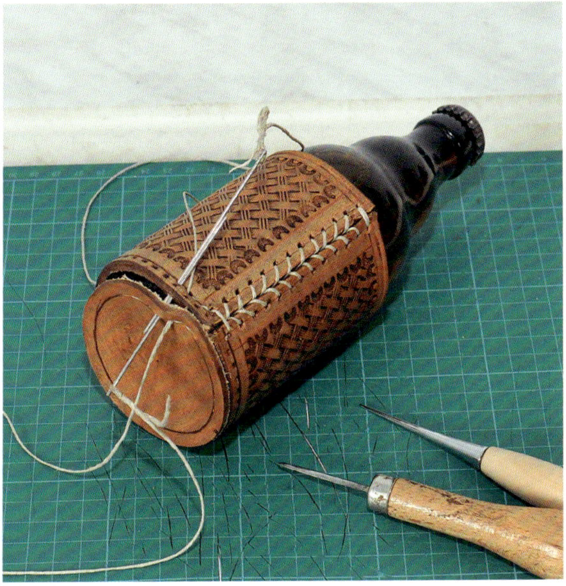

5 Um den Boden einzunähen stechen Sie mit der scharfen Ahle schräg durch die beiden Lederlagen und arbeiten mit einem Sattlerstich weiter (siehe ab S. 18)

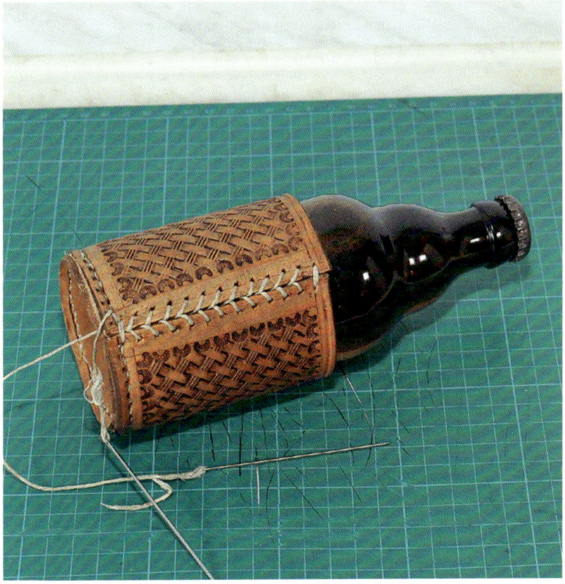

6 Der Boden sieht jetzt noch etwas komisch und krumm aus und steht auch über, dazu kommen wir im nächsten Schritt

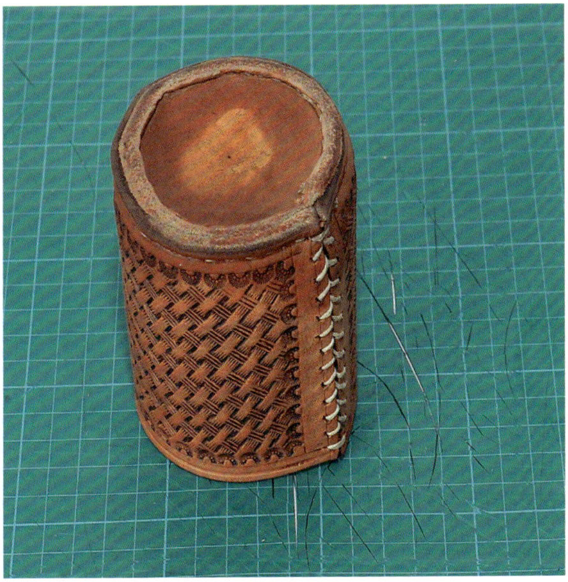

7 Weichen Sie den Boden in handwarmem Wasser ein, drücken Sie den Boden zurück und schleifen Sie die beiden Kanten glatt

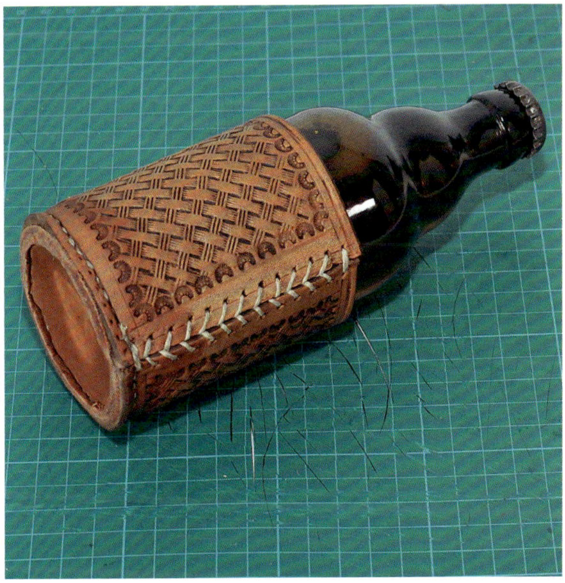

8 Jetzt steht der Flaschenhalter nur auf dem Rand, der Boden ist nach innen gewölbt und kann nicht kippeln

Wasserdichte Feldflasche aus Leder

Material:
Blankleder
gedrechselter Stopfen
Erbsen
Bienenwachs

Werkzeug:
Schneidunterlage
Messer
Ahle
2 Nadeln
Faden
Trichter
Reifelholz und Kantenzieher
Polierholz und Falzbein
Nähkloben
Holz zum Stopfen
Heizplatte und Backofen

Eine Flasche aus Leder, die auch noch wasserdicht ist? Das geht, und das Nähen an sich ist auch nicht einmal besonders anspruchsvoll. Sie brauchen lediglich eine einfache Sattlernaht, die an anderer Stelle schon beschrieben ist (siehe ab Seite 18). Als Verschluss kann ein konischer Stopfen dienen, den Sie entweder im Vorfeld drechseln oder in Form eines Korkens kaufen können.

Bei diesem Projekt wird das Leder nacheinander nassgeformt, gehärtet und mit Bienenwachs getränkt, was es dann wieder anspruchsvoll macht. Lederflaschen wurden in früherer Zeit als bruchsichere Feldflaschen geschätzt, aber auch als wasserdichte Behälter für Schwarzpulver oder andere Dinge genutzt, die nicht nass werden sollten, wie Salz oder Gewürze. Im Dreißigjährigen Krieg waren sie auch als Kugelbeutel weit verbreitet, da sich der Soldat durch den langen Flaschenhals immer nur eine einzelne Kugel in die Hand schütten konnte.

Als Leder kommt nur vegetabil gegerbtes Blankleder in Frage, weil es sich gut nassformen und härten lässt und auch das Bienenwachs komplett aufnimmt, was es wasserdicht macht.

Schnittmuster

Das Schnittmuster ist recht einfach gehalten. Sie legen zwei Lederstücke aufeinander und schneiden beide zugleich aus. Bei einem runden Körper ist das simpel, bei einer Flasche mit parallelen, geraden Seiten ziehen sich die Seiten nach dem Nassformen etwas in die Mitte und die Flasche wirkt tailliert. Das in Schritt 1 gezeigte Schnittmuster hat sich für eine Feldflasche mit Umhängeriemen bewährt.

Übertragen Sie zunächst das Schnittmuster auf das Leder. Zur Not können Sie dieses auch auf zwei Pappstücke oder auf Kunststoffdeckel von Schnellheftern zeichnen und mit einem Tacker zusammenheften. Auf diese Weise können Sie beispielsweise die Größe des Flaschenhalses besser abschätzen. Schneiden Sie das Leder aus, brechen Sie die Kanten, zeichnen Sie die Nahtlinie an und versenken Sie diese. Markieren Sie nun den Lochabstand und vernähen Sie die beiden Lederstücke, mit der Fleischseite nach innen, fest und sauber miteinander. Schlagen Sie nun die Löcher für den Schulterriemen ein und polieren Sie die Kanten rundum. Damit ist die meiste Arbeit schon getan.

HINWEIS

Dickere Lederlagen sollten Sie mit einem Bohrer durchbohren, weil Lochpfeifen durch ihre konische Form das Loch oben sehr aufweiten würden. Legen Sie ein weiches Holz unter und bohren Sie vorsichtig durch das Leder und einen halben Zentimeter in das Holz hinein, damit das Leder nicht ausreißt.

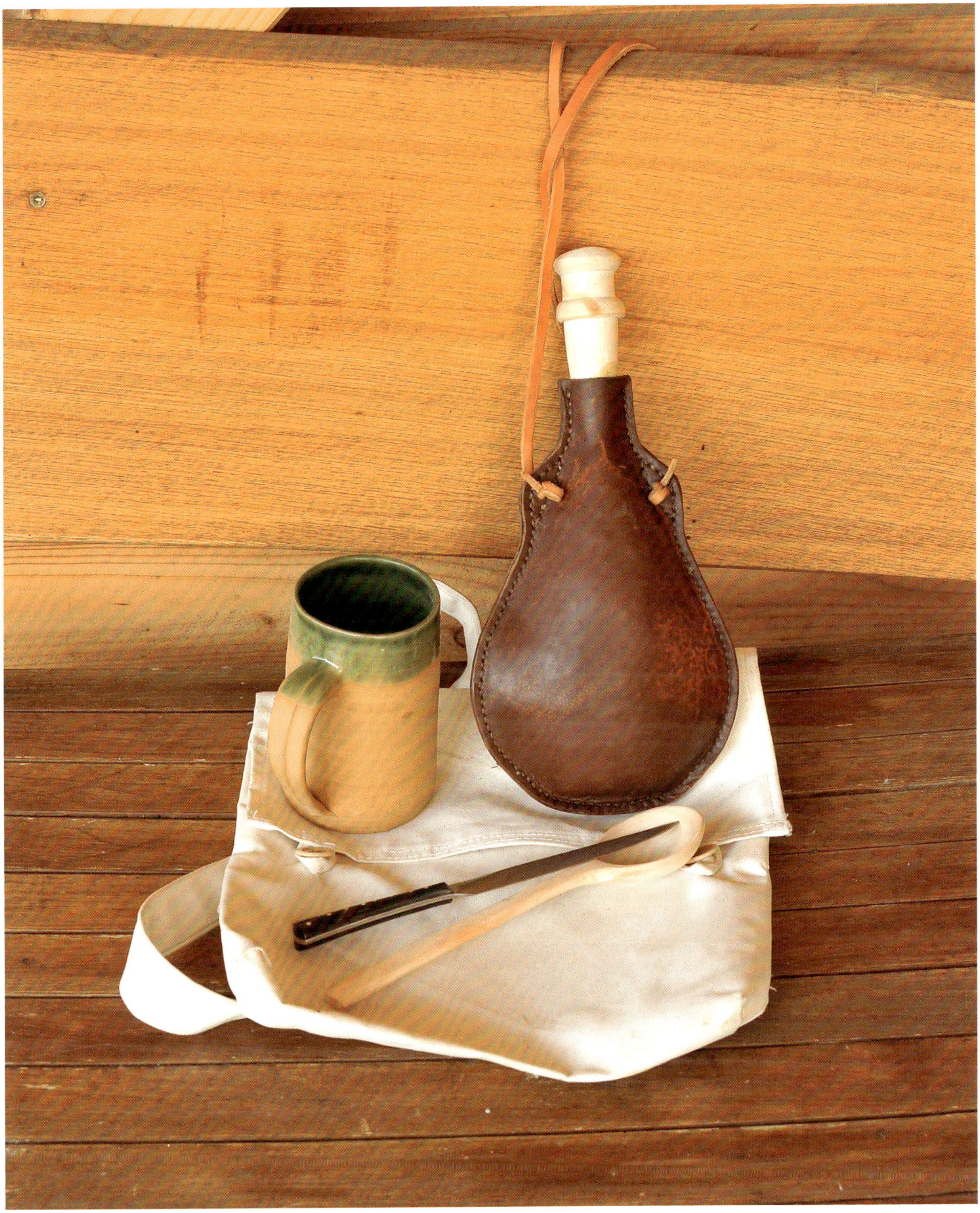

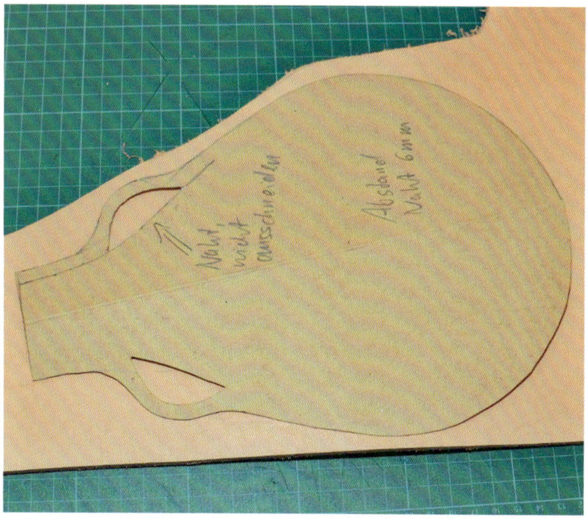

1 Legen Sie das Schnittmuster auf das Leder und zeichnen Sie die Umrisse mit einem weichen Bleistift an

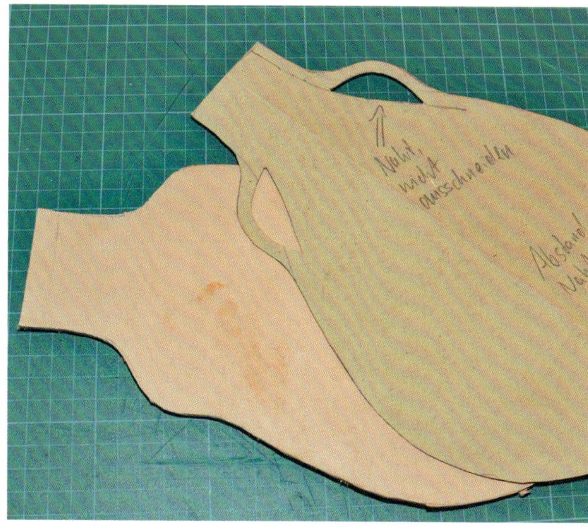

2 Das erste Stück ist ausgeschnitten

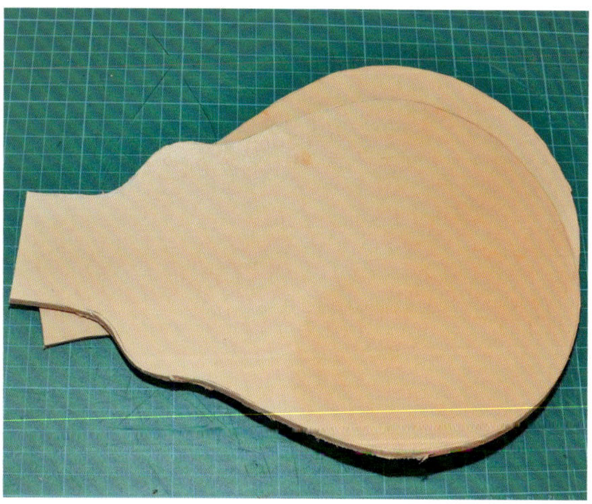

3 Die beiden Stücke sind hier nicht genau deckungsgleich, darum muss nachgearbeitet werden

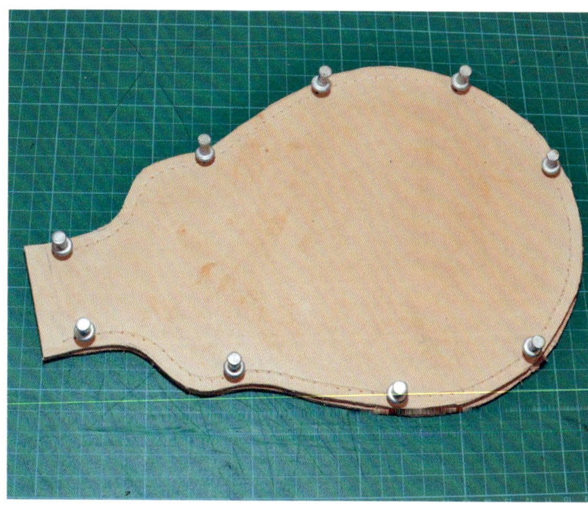

4 Ziehen Sie eine Rille mit 6 mm Abstand, markieren Sie den Lochabstand, heften Sie die beiden Lederstücke aufeinander und schneiden Sie beide Kanten passend zu. Dann können Sie auf der anderen Seite die Rille ziehen, um die Naht zu versenken.

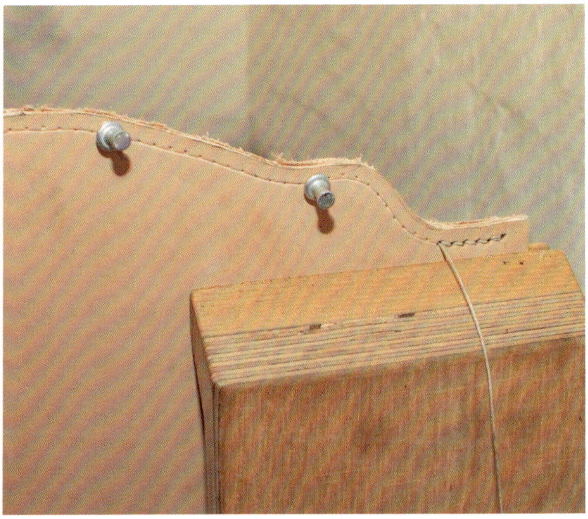

5 Jetzt können Sie die beiden Lederteile mit einer Sattlernaht (siehe ab S. 18) vernähen, dazu nutzen Sie die kleinste Ahle, die noch durch das Leder geht, um so kleine Löcher wie möglich zu stechen

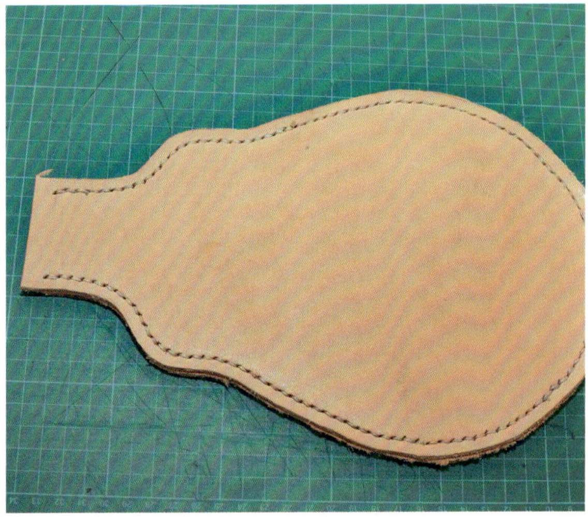

6 Die Außenlinie ist sauber vernäht

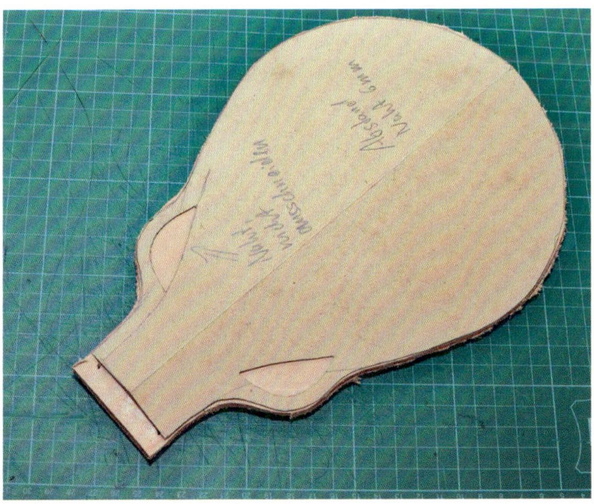

7 Mit der Schablone zeichnen Sie die inneren Nähte an

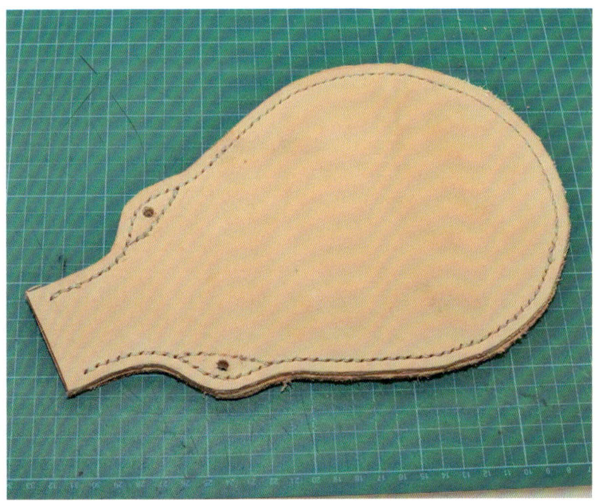

8 Die inneren Nähte sind fertig und das Leder wurde mit einem 6-mm-Bohrer gelocht

Nassformen

Eine Flasche braucht natürlich noch ein gewisses Innenvolumen. Um das zu erhalten, müssen Sie zunächst das Leder in handwarmem Wasser einlegen, bis es sich gut vollgesogen hat. Weiten Sie mit einem Holzdorn zunächst den Flaschenhals, um dann mit einem Holzstab die beiden Lederseiten voneinander zu lösen.

Setzen Sie nun in den Flaschenhals einen Trichter ein und füllen Sie getrocknete Erbsen oder Maiskörner in den Korpus. Mais erhalten Sie unter der Bezeichnung Popcorn-Mais für wenig Geld in jedem Supermarkt, getrocknete Erbsen sind ebenfalls überall erhältlich. Füllen Sie immer einige Löffel Erbsen ein und stochern Sie mit dem Holzstab nach. So weiten Sie nach und nach die Flasche, bis die gewünschte Form und das Volumen erreicht sind. Die Flasche sollte dann mit den Erbsen prall gefüllt sein. Setzen Sie nun den Stöpsel probehalber ein und formen Sie damit den Flaschenhals.

Legen Sie die so verschlossene und mit den Erbsen gefüllte Flasche bei Zimmertemperatur zur Seite, bis das Leder wieder vollkommen trocken ist. So trocknet und härtet das Leder, auf keinen Fall sollten Sie dieses Verfahren durch eine zu hohe Temperatur beschleunigen. In diesem Fall würde das Leder dabei „verbrennen" und nicht nur hart, sondern auch spröde werden oder sogar schrumpfen. Sobald das Leder komplett ausgetrocknet ist, können Sie die Erbsen wieder aus der Flasche entfernen. Kontrollieren Sie anschließend mit einer Taschenlampe, ob auch wirklich das letzte Korn aus der Flasche entfernt wurde.

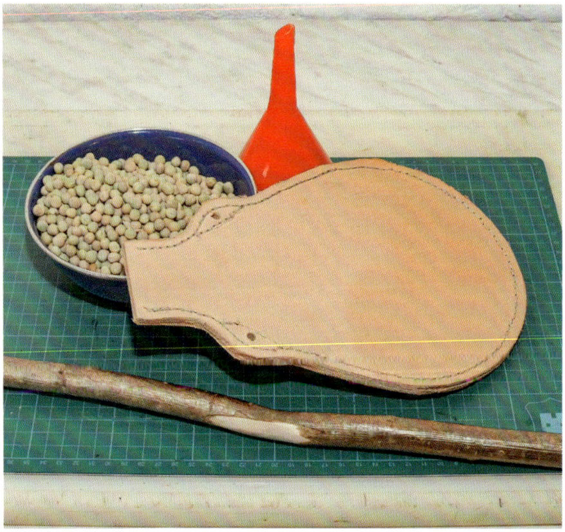

9 **Zum Ausweiten der Flasche benötigen Sie: trockene Erbsen (oder Maiskörner), einen Trichter und einen Stab zum Nachstochern**

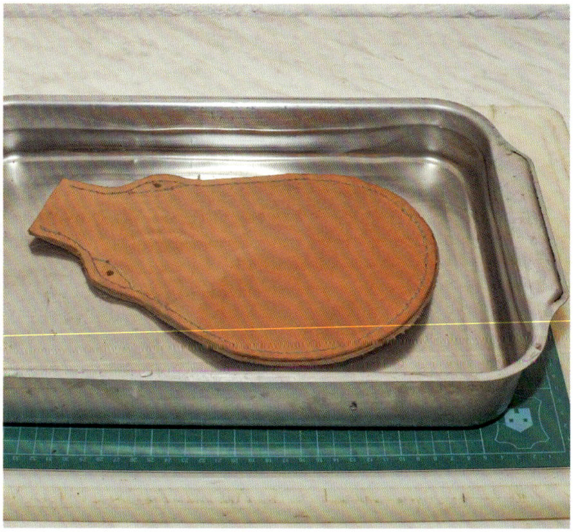

10 **Legen Sie das Werkstück in handwarmes Wasser, damit es sich vollsaugen kann**

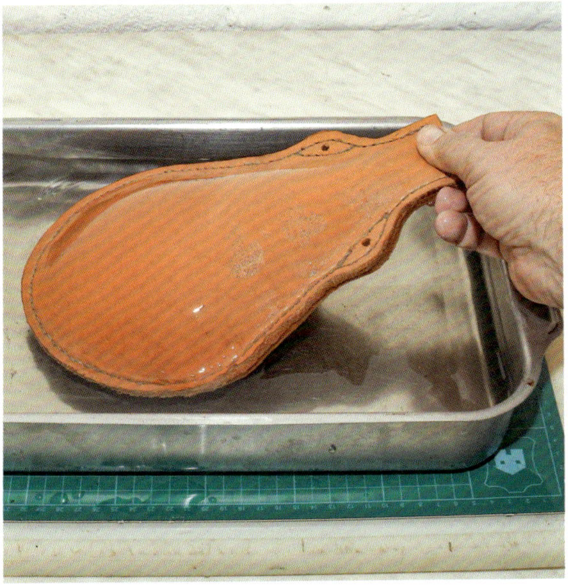

11 **Sie können auch mit einem Trichter etwas Wasser in die Flasche füllen, damit sie sich bereits etwas ausdehnt und sich auch von innen gut vollsaugt**

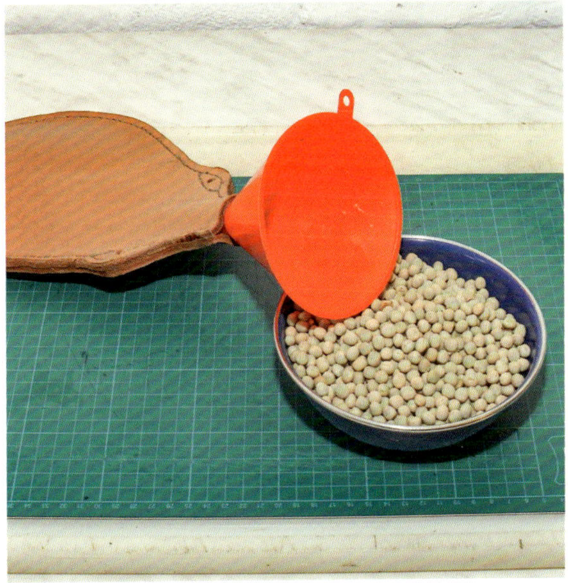

12 **Stecken Sie einen Trichter in die Flaschenöffnung und füllen Sie die Erbsen ein**

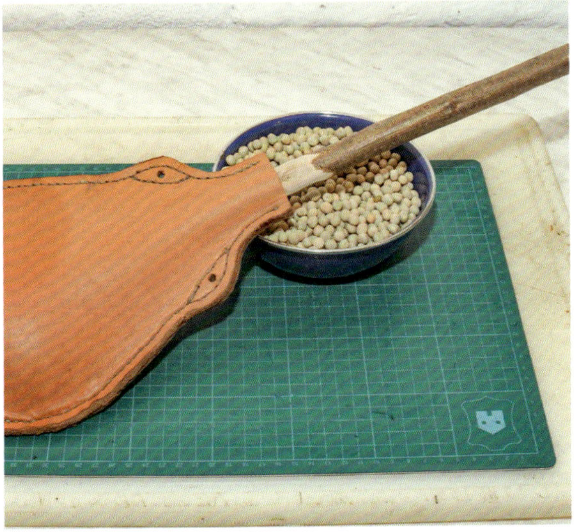

13 **Stochern Sie mit dem Stock kräftig in den Erbsen, um Platz für die nachkommenden Erbsen zu schaffen**

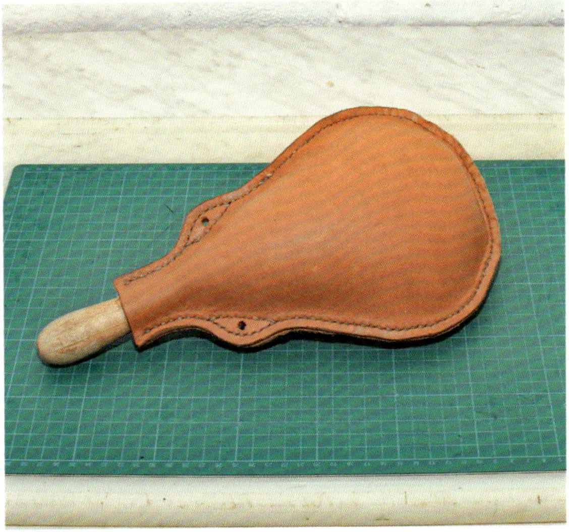

14 **Ist die Flasche bis zum Hals stramm gefüllt, und Sie kommen mit dem Stock nicht mehr zwischen die Erbsen, schließen Sie die Flasche mit dem Holzstopfen und lassen sie langsam trocknen**

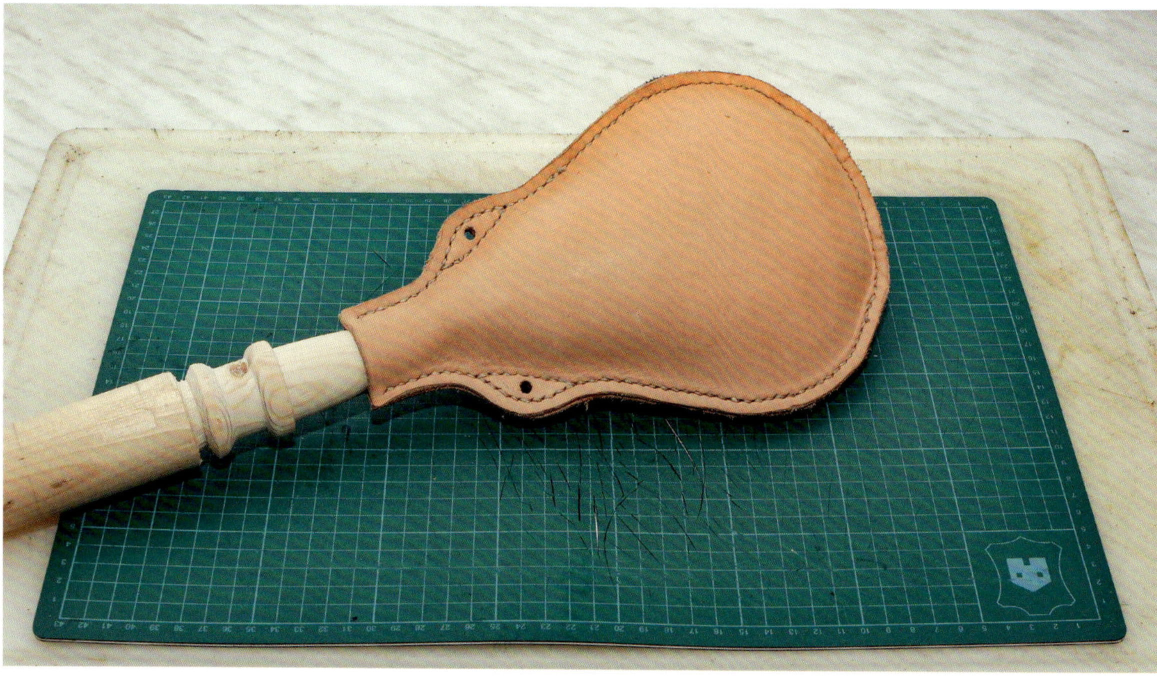

Die getrocknete Flasche mit dem gedrechselten Stopfen, der aber noch nicht abgesägt wurde

Der Stöpsel

Wenn Sie den Stöpsel drechseln möchten, dann sollten Sie möglichst hartes Holz wählen, das sich gut drechseln und polieren lässt. Lassen Sie beim Drechseln zunächst einen langen Griff am Stöpsel stehen und drechseln Sie das Ende erst dann passend, wenn Sie mit dem Sitz zu 100 % zufrieden sind. Wichtig ist, dass der Winkel sehr schlank gewählt wird und dass Sie darauf achten, dass der Stöpsel an einer möglichst langen Fläche rundum sauber anliegt; auch an der Seite mit der Naht.

Behandlung mit Bienenwachs

Verwenden Sie Bienenwachs, um das Material zu härten und wasserdicht zu bekommen. Das Wachs erhalten Sie bei jedem Imker, der es aufbereitet und zum Verkauf anbietet. Es ist zugegebenermaßen nicht ganz günstig und Sie brauchen auch wenigstens 1 Kilogramm, um damit arbeiten zu können. Sie verbrauchen zwar nur einen geringen Teil davon, aber je mehr Masse Sie haben, desto langsamer kühlt es ab und desto besser lässt es sich verarbeiten.

Flüssiges Bienenwachs ist so feuergefährlich wie Benzin und Sie sollten es nur auf einer elektrischen Platte erhitzen und nicht etwa auf einem Gasherd oder gar Spiritusbrenner.

Um die Flasche von innen mit dem Bienenwachs zu behandeln, legen Sie diese zunächst bei 80 °C in den Ofen, bis Sie die Flasche gerade noch mit der Hand anfassen können. Ich nutze gerne dafür meinen Dörrautomaten. Das Wachs können Sie in der Zwischenzeit in einem Topf erwärmen, es sollte ebenfalls nicht heißer als 80 °C werden. Gießen Sie das Wachs durch einen Trichter in die Flasche und schwenken Sie diese, damit das Wachs alle Stellen der Innenwand erreicht. Gießen Sie dann das überschüssige Wachs aus, bevor es zu kalt wird. Legen Sie die Flaschen nun für mindestens 10 Minuten zurück in den Ofen und halten Sie das übrige Wachs im Topf weiterhin auf 80 °C. Gießen Sie immer wieder neues Wachs in die Flasche und schwenken Sie sie dabei. Gießen Sie das Wachs zurück und legen Sie die Flaschen zurück in die Wärme, bis die Außenseite des Leders anfängt speckig zu glänzen und dunkel zu werden. Das ist das Zeichen dafür, dass das Wachs die komplette Dicke des Leders durchdrungen hat.

Jetzt sollten Sie die Außenseite und ganz besonders die Nähte mit heißem Wachs und einem Pinsel behandeln. Gießen Sie nun etwas Wachs in die Flasche, setzen Sie den Stöpsel ein und stellen Sie die Flasche auf den Kopf, damit das Wachs auch die Nähte um den Stöpsel auffüllt.

Zum Schluss sollten Sie die Flasche einige Tage durchtrocknen lassen, anschließend mit einem weichen Lappen polieren und abschließend auf Dichtigkeit prüfen.

Solch eine Lederflasche ist natürlich nicht so pflegeleicht wie eine Flasche aus Kunststoff, daher sollten Sie diese nach jeder Benutzung ausleeren, öffnen und kopfüber aufbewahren, damit sie trocknen kann und nicht schimmelt.

Wer auf Nummer Sicher gehen möchte, der kann für die Innenimprägnierung auch Fassdichte oder Brauer-Pech nutzen. Das ist ein natürliches Harz, das zum Versiegeln von Fässern verwendet wird. Schmelzen Sie dieses analog zum Bienenwachs und gießen Sie es in die angewärmte Flasche. Schwenken Sie diese und gießen Sie das überschüssige Pech wieder aus. Das Pech muss nicht trocknen und darum reicht es, wenn es abkühlt. Dann ist es hart, wasserdicht, geschmacksneutral und lebensmittelecht. Allerdings sollten Sie Hochprozentiges nicht zu lange in der Flasche lagern, da der Alkohol Teile vom Pech ablösen könnte.

HINWEIS

Bevor Sie jemandem eine solche Lederflasche zeigen, sollten Sie ihn darüber aufklären, dass man diese nicht zusammendrücken darf. Dabei splittert die Versiegelung und die Flasche ist nicht mehr brauchbar und Sie müssen das Versiegeln wiederholen. Komischerweise versucht fast jeder, der zum ersten Mal eine solche Flasche in der Hand hält, diese zusammenzudrücken.

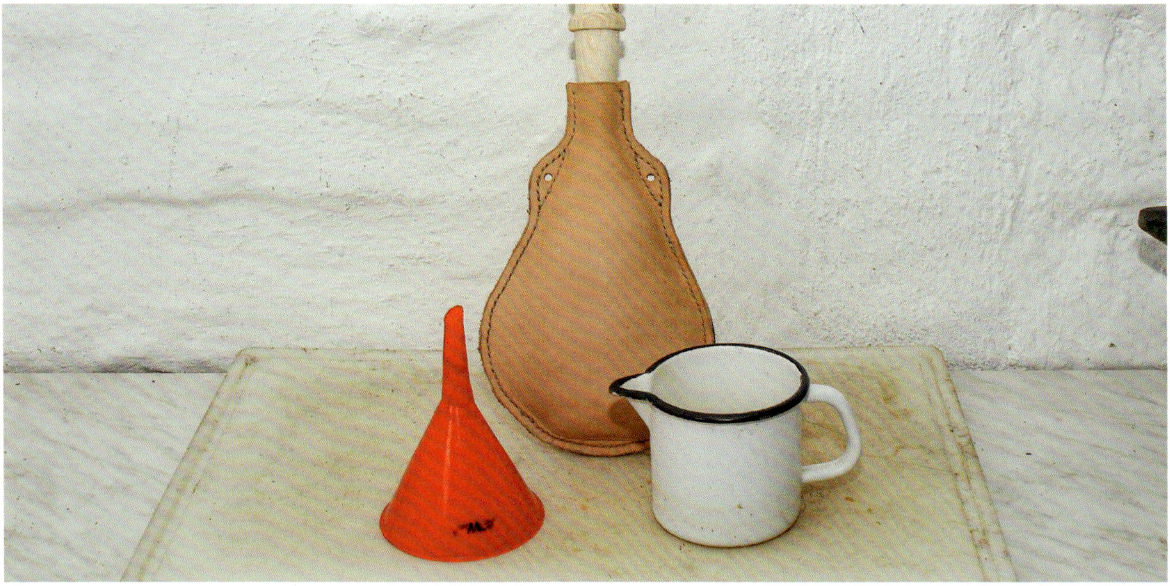

15 **Zum Tränken mit Bienenwachs brauchen Sie einen Trichter und einen Topf mit Bienenwachs**

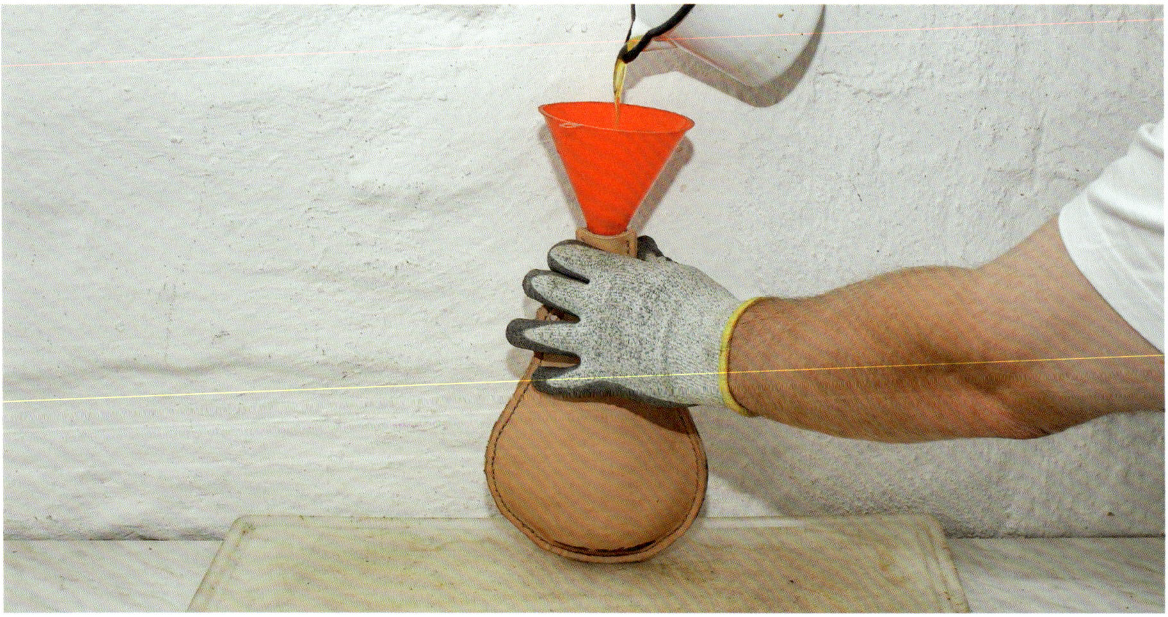

16 **Schmelzen Sie das Wachs auf 80 °C und gießen Sie es in die vorgeheizte Flasche**

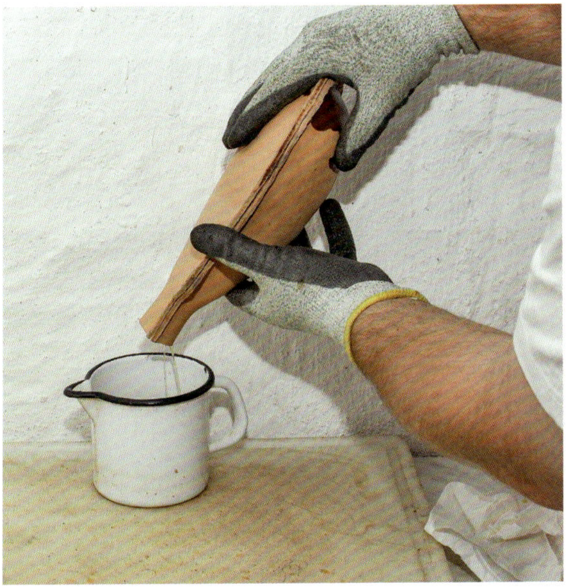

17 Schwenken Sie die Flasche und gießen Sie das Wachs zurück, bevor es fest wird. Hier ist Eile geboten.

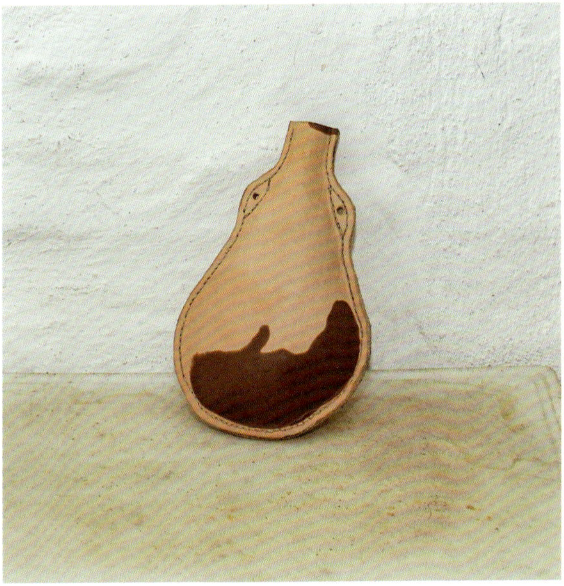

18 Schon nach kurzer Zeit durchtränkt das Wachs das Leder und färbt es dunkel

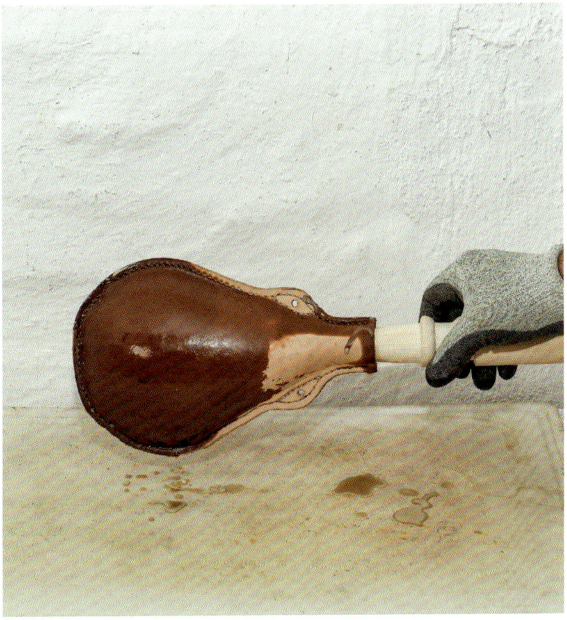

19 Beim zweiten oder dritten Befüllen stecken Sie den Stopfen in die Flasche und schwenken sie so, dass auch der obere Teil mit dem Wachs „behandelt" wird

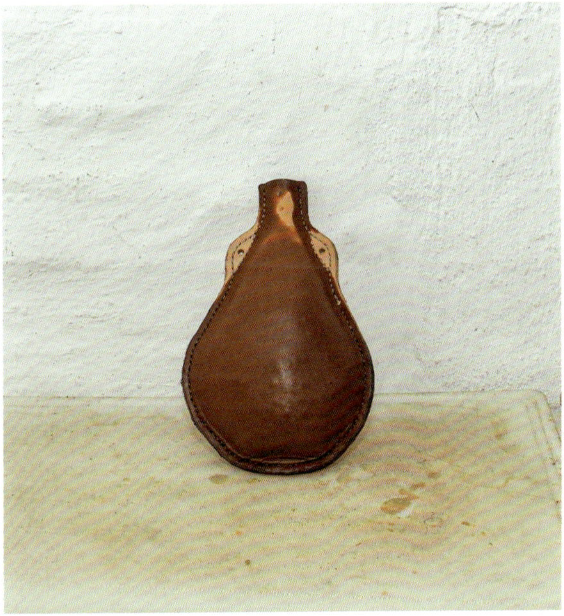

20 Nach drei bis vier Durchgängen ist die Flasche fast vollständig durchtränkt und nur die abgenähten Stellen wurden noch nicht richtig erreicht

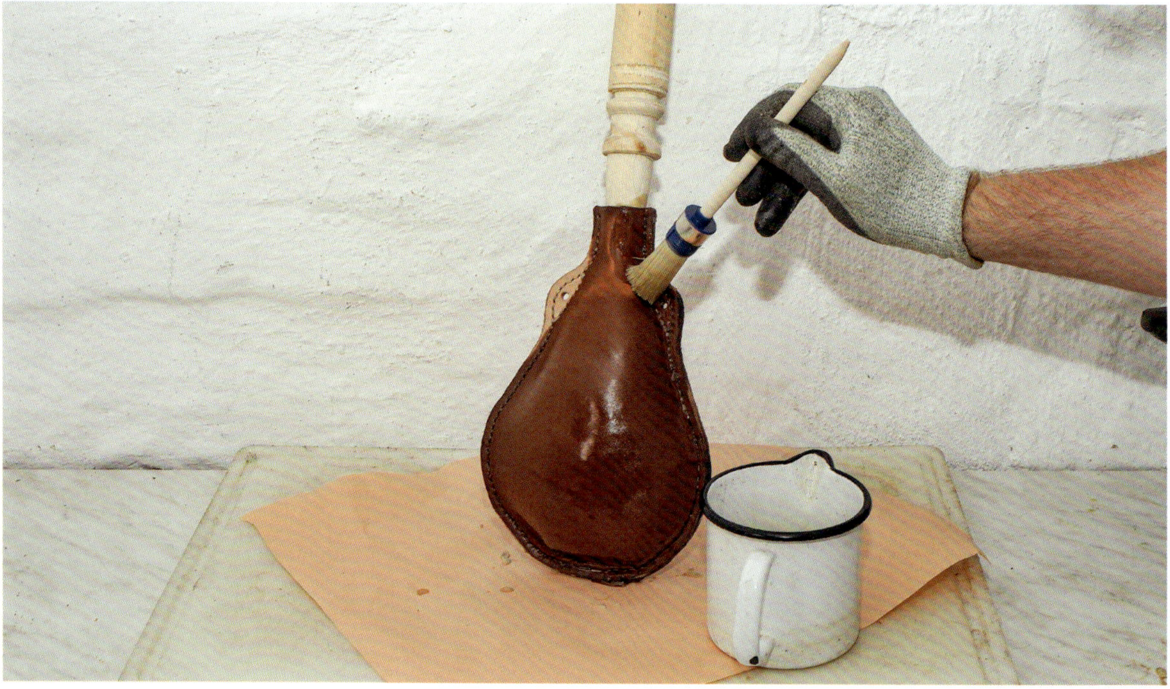

21 Erhitzen Sie die Flaschen und das Wachs erneut und pinseln Sie die nicht erreichten Stellen von außen ein

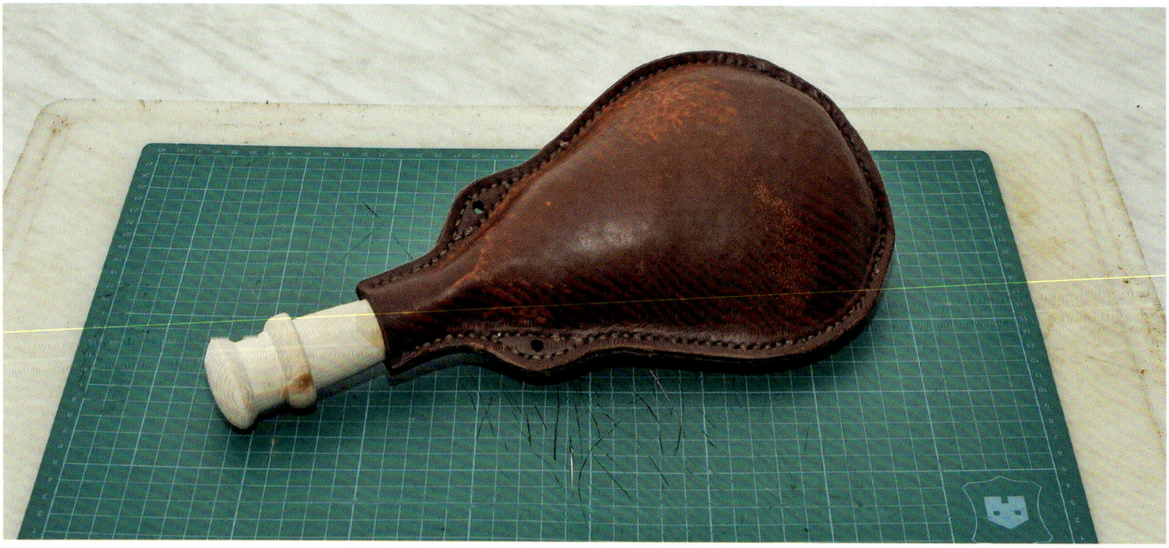

22 Nach 1–2 Stunden im warmen Ofen ist die Flasche vollständig durchtränkt. Sie können die Außenseite abwischen und die Flasche auskühlen lassen.

Bücher und Webseiten

Das große Buch der Lederpflege
Himer, Kim; Himer, Axel
HEEL Verlag

Encyclopedia of Rawhide and Leather Braiding
Grant, Bruce
Cornell Maritime Press

Faszination Leder
Fuchs, Karlheinz; Fuchs, Manuel; Derichs, Leo
Chimaira

Leather Braiding
Grant, Bruce
Cornell Maritime Press

Leatherworker.net (Forum)
www.leatherworker.net

Leder brennen
Parsons Y. Michele
Heel Verlag

Leder nähen
Bothe, Carsten
Heel Verlag

Lederarbeiten
Gärtner, Michael
Heel Verlag

Lederinfo.de
www.leder-info.de

Lederlexikon
www.lederpedia.de

PRO-LEDER
Deutsches Fachmagazin für die Lederbranche
www.pro-leder.de

The Art of Hand Sewing Leather
Stohlman, Al
Tandy Leather Co.

The Leatherworking Handbook
Michael, Valerie
Cassell

Hersteller und Händler

Bähr-Sattlerbedarf
Eckeseyer Str. 52
58089 Hagen
www.sattlerbedarf-shop.de
Leder, Nieten, Nadeln, Punziereisen, Lederpflegemittel

Billys Westernshop
Caspar-Voght-Str.42
20535 Hamburg
http://www.billyswesternshop.de
Lederwaren, Schmuck, Bücher, Buckles

Carsten Bothe
Blumenstraße 2
31167 Bockenem
www.carstenbothe.de
Ledernähkurse

Der kleine Messerladen
Allensteiner Str. 45
D-56566 Neuwied
www.der-kleine-messerladen.de
Leder, Nähfaden und -sehne, Lederkleber, Lederfinish, Lederfarbe, Karabiner, Nieten

Dictum GmbH
Gottlieb-Daimler-Straße 3
94447 Platting
www.dictum.com
Lederpflege, Näh-, Schneid-, Stanz- und Stempelwerkzeug

Die Ledermacher
Molkereistraße 8
86681 Fünfstetten
www.ledermacher.de
Leder, Lederfarben, -finishs, -pflege, Punziereisen, Bücher, Kurse

Dürnberger-LederPunzierLaden
Dürnberg 1
83417 Kirchanschöring
www.die-duernberger.de
Leder, Bausätze, Punzierstempel, Lederfarbe, -pflege, Werkzeug, Schnittmuster, Nieten, Kurse

Heiko Kappey Sattlereibedarf + Lederhandel
Achardstraße 10
31319 Sehnde
www.kappey.de
Werkzeug, Lederpflege, -farben, Kleber, Leder, Metallwaren

Jagdhundebedarf Falkenberg
Rochusstr. 16
63457 Hanau
www.Jagdhundebedarf-falkenberg.de
Werkzeug, Material und vor allem Stanzteile und Gürtelzuschnitte

Langlauf Schuhbedarf GmbH
Am hohen Teich 11
44359 Dortmund
www.schuhbedarf.de
Klebstoffe, Lederfarbe, -pflege, Werkzeug, Leder

Leather Stamps Tools
Sergey Neskromniy
Varna, Bulgarien
www.leatherstampstools.com
Prägestempel

Leder Baumann
Herzog-Wilhelm-Straße 27
80331 München
www.leder-baumann.de
Leder

Leder und Sattlerbedarf
www.ds-leder.de
Leder, Punzierbedarf, Lederfarben, -finishs, Zubehör, Werkzeuge, Stanzteile, Bücher, Anleitungen, Kurse

Leder-Futzi
Kleine Bahnhofstraße 8 a
16356 Ahrnesfelde / OT Blumberg
www.lederfutzi.de
Lederfarben und -pflege aus eigener Herstellung Made in Germany – Lederfarben, Lederpflege, Anleitungen

Lederhammer
Mühlstraße 64
64283 Darmstadt
www.lederhammer.de
Lederhandwerk und Lederhobby, Punzierbedarf, Lederpflege, Werkzeuge, Bücher

Lederhandlung Flach
Sternstr. 19/Hof
24103 Kiel
www.leder-flach.de
Leder, Bastelsets und Nähzubehör

Lederhaus Giese & Bruhm GmbH
Sonnenwall 69-70
47051 Duisburg
www.lederhaus.de
Leder, Nieten, Lederfarben, Ledergarn, Zubehör

LederHobby
Seestrasse 103
13353 Berlin Wedding
www.leder-hobby.de
Leder, Punzierbedarf, Lederfarben, Finishs, Zubehör, Werkzeuge, Bausätze, Anleitungen, Bücher, Kurse

Ledershop-Chiemgau
Marderweg 40d
86169 Augsburg
www.lederwerkzeugladen-chiemgau.de
Prägestempel, Punziereisen, Lederfarbe, -kleber, -finish, Bastelsets, Vorlagen, Bücher

Lederversand Berlin
Krossener Str. 32
10245 Berlin
www.lederversand-berlin.de
Leder, Pflegemittel, Farben, Kleber

Lederkram
www.lederkram.de
Leder, Punzierbedarf, Lederfarben, Finishs, Zubehör, Werkzeuge, Stanzteile, Anleitungen und Lederwissen

LEDERZENTRUM GmbH
Raiffeisenstraße 1
37124 Rosdorf
www.lederzentrum.de
Lederfarben und -pflege

Miller Custom Leather & Tool Co.
1203 S 55th St, Temple, TX 76504
www.etsy.com/shop/LeatherToolsByClay
Werkzeuge

Nordisches Handwerk
Carl-Gauß-Str. 3 b
D-23562 Lübeck
www.nordisches-handwerk.de
Leder, Nieten, Riemen, Ringe

Rickert-Werkzeug
Neunkirchener Strasse 56
91207 Lauf an der Pegnitz
www.rickert-werkzeug.de
Leder, Punziereisen, 2D- und 3D-Stempel, Lederfarbe, -kleber, -finish, Werkzeuge, Bausätze, Anleitungen

Tandy Leather Factory, Inc.
1900 SE Loop 820, Fort Worth, TX 76140, USA
www. tandyleather. com
Leder, Punzierbedarf, Lederfarben, -finishs, Zubehör, Werkzeuge, Bastelsets, Bücher, Anleitungen

Land & WERKEN

Back to the roots! Die starke Reihe bei HEEL

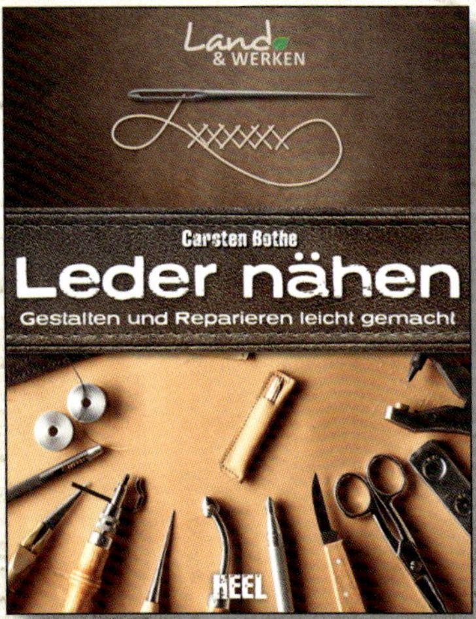

112 Seiten, zahlreiche Farbfotos,
183 x 225 mm, Paperback
ISBN 978-3-95843-180-5

€ 12,99

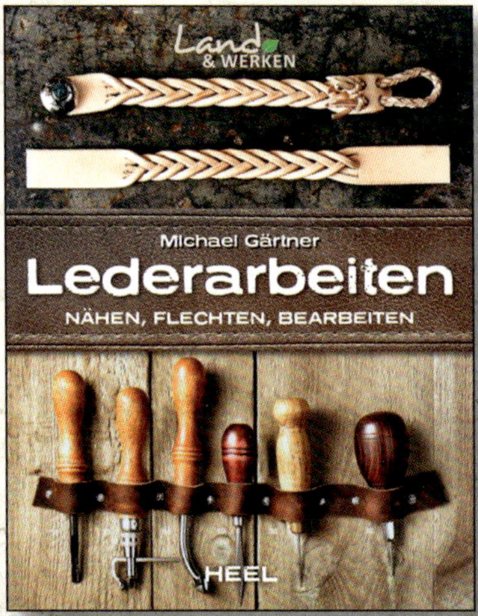

128 Seiten, zahlreiche Farbfotos,
183 x 225 mm, Paperback
ISBN 978-3-95843-493-6

€ 14,99

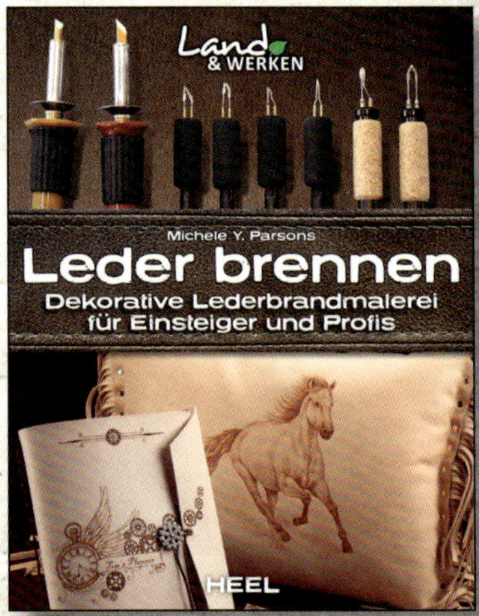

160 Seiten, zahlreiche Farbfotos und Abbildungen, 183 x 255 mm, Paperback
ISBN 978-3-96664-010-7

€ 16,99

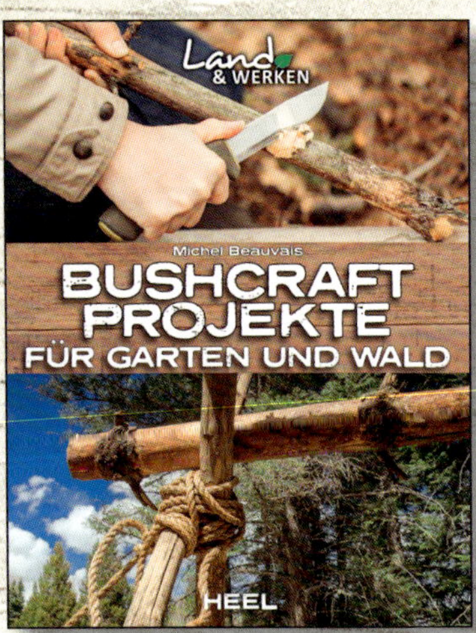

96 Seiten, zahlreiche Farbfotos,
183 x 225 mm, Paperback
ISBN 978-3-95843-952-8

€ 12,99

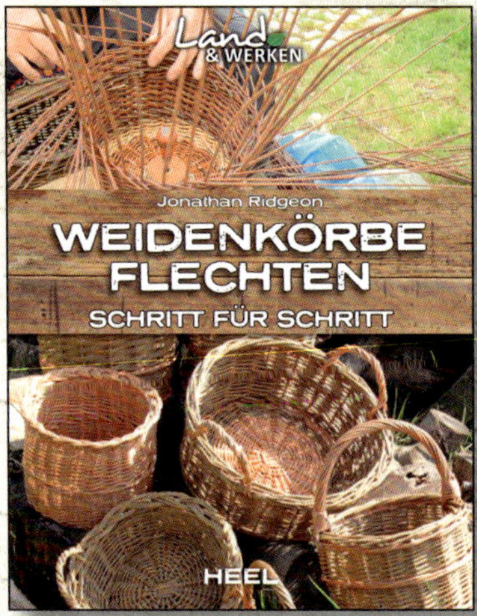

144 Seiten, über 280 Farbfotos und Abbildungen, 183 x 255 mm, Paperback
ISBN 978-3-95843-364-9

€ 16,99

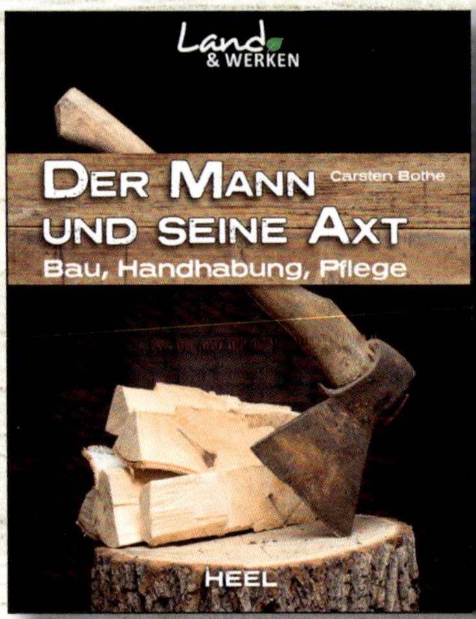

80 Seiten, zahlreiche Farbfotos,
183 x 225 mm, Paperback
ISBN 978-3-95843-177-5

€ 9,99

Unser komplettes Programm erhalten Sie in jeder Buchhandlung und unter www.heel-verlag

HEEL Verlag GmbH | Gut Pottscheidt | 53639 Königswinter